国家社会科学基金重大委托项目
"蒙古族源与元朝帝陵综合研究"
（批准号 12@ZH014）
学 术 成 果

张久和　刘国祥　主编

中国古代北方民族史

乌桓卷

何天明　著

科学出版社

北京

内 容 简 介

《中国古代北方民族史·乌桓卷》从七个方面对东胡族和乌桓历史做了较为详细的研究。内容涉及乌桓史文献史料、研究概况、乌桓族源，历史变迁，经济类型，社会组织与管理要素，与游牧诸族和中原政权的关系，习俗与原始崇拜和信仰。研究者针对乌桓源流、乌桓山以及学界有争议的一些历史问题展开讨论，并对乌桓在中国历史上的地位给予肯定。

本书适合于从事历史学、考古学、民族学等方面的专家、学者以及对北方民族史感兴趣者参考阅读。

图书在版编目（CIP）数据

中国古代北方民族史. 乌桓卷 / 张久和，刘国祥主编；何天明著. —北京：科学出版社，2021.8
ISBN 978-7-03-069009-8

Ⅰ.①中… Ⅱ.①张… ②刘… ③何… Ⅲ.①乌桓-民族历史 Ⅳ.① K289

中国版本图书馆 CIP 数据核字（2021）第 104870 号

责任编辑：孙 莉 雷 英 蔡鸿博 / 责任校对：邹慧卿
责任印制：吴兆东 / 封面设计：张 放

科学出版社 出版
北京东黄城根北街 16 号
邮政编码：100717
http://www.sciencep.com

北京厚诚则铭印刷科技有限公司印刷
科学出版社发行 各地新华书店经销

*

2021 年 8 月第 一 版 开本：720×1000 1/16
2025 年 2 月第三次印刷 印张：12 1/4
字数：247 000
定价：128.00 元
（如有印装质量问题，我社负责调换）

国家社会科学基金重大委托项目"蒙古族源与元朝帝陵综合研究"（批准号12@ZH014）学术成果编辑委员会

总 顾 问：陈奎元
学术顾问（以姓氏笔画为序）：
　　陈高华　徐光冀　曹永年

主　　编：王　巍　孟松林
副 主 编：刘国祥　白劲松

编　　委（以姓氏笔画为序）：
　　王大方　王志浩　乌　兰　邓　聪　田广林
　　史家珍　白丽民　朱　泓　乔　吉　刘正寅
　　齐木德道尔吉　齐东方　安泳锝　孙英民
　　李玉君　李存信　李延祥　何天明　汪立珍
　　沈睿文　张久和　陈永志　陈星灿　林梅村
　　杭　侃　周　慧　周力平　宝音德力根　赵志军
　　袁　靖　夏正楷　倪润安　高洪才　曹建恩
　　常　海　梁　云　朝　克　塔　拉　魏　坚

《中国古代北方民族史》编辑委员会

编辑单位

中国社会科学院考古研究所

中国社会科学院蒙古族源研究中心

内蒙古自治区文物局

内蒙古大学历史与旅游文化学院

内蒙古自治区社会科学院历史研究所

呼伦贝尔博物院

呼伦贝尔学院民族历史文化研究院

编辑委员会

主　　编：张久和　刘国祥

副 主 编：何天明　白劲松

编　　委（以姓氏笔画为序）：

　　　　　王　洁　王丽娟　王海城　田广林　丛德新
　　　　　包文胜　冯　科　闫向东　孙英民　李春林
　　　　　吴　飞　沈睿文　张文平　陈永志　陈星灿
　　　　　胡玉春　袁　刚　倪润安　徐昭峰　殷焕良
　　　　　曹建恩　崔剑锋　梁　云　魏　坚

《中国古代北方民族史》工作组

组　　长：刘国祥　白劲松

副组长：孙　莉　陈桂婷　王　珏　冯　科

成　　员（以姓氏笔画为序）：

于伯乐　于昊申　王　苹　王石雨　王东风

田彦国　白志强　邝漫华　任　翔　刘玉莹

刘旭东　刘江涛　孙　冰　宋岩金　张　宇

张克成　林　睿　哈　达　姜天华　栗媛秋

曹　磊　康准永　雷　英　燕云辉

作者简介

何天明，男，1982年毕业于内蒙古大学历史系。内蒙古自治区社会科学院历史研究所二级研究员、内蒙古大学外聘硕士研究生导师。曾任内蒙古自治区社会科学院历史研究所副所长、所长。内蒙古自治区有突出贡献的中青年专家，享受国务院政府特殊津贴专家。主要研究方向为契丹史、辽史以及中国古代北方民族史。公开出版、刊发学术著作和论文130余篇（部）。其中，独立撰写著作2部，译著1部，参与主编和撰写著作13部。代表作有《辽代政权机构史稿》《中国北方草原古文化祭》。曾任国家社会科学基金重大委托项目子课题"草原文化史论"主持人之一，国家社会科学基金特别项目"中国北方民族关系史"主持人、总统稿，完成国家社会科学基金项目和内蒙古自治区哲学社会科学基金项目数项。先后获得省部级奖7项，其中集体一等奖3项，二等奖1项；个人二、三等奖3项。

北方民族史是中国历史的有机组成部分

——《中国古代北方民族史》（代序）

张久和　刘国祥

《中国古代北方民族史》（十卷本）经过策划、组织、研究和编辑工作，即将付梓。这是倡导者、组织者、研究者和编辑者诸同仁共同努力的结晶。面对多年来北方民族史领域丰富的学术成果，选择十个民族、按照大体一致的体例进行进一步的系统研究，力求在学术上有所推进，这对每一位研究者都具有很强的挑战性。今天，我们怀着惴惴之心把十部书稿呈送于学界，以求在学术难点、值得深度研讨的问题等方面引发更为深入的思考，探求更为全面、更为系统的学术研究途径，以期共同推进中国古代北方民族史的研究。

长期以来，前辈学者对中国古代北方民族史的研究取得了丰硕成果。中国国内，马长寿先生《乌桓与鲜卑》、林幹先生《匈奴通史》、田余庆先生《拓跋史探》、周伟洲先生《敕勒与柔然》、段连勤先生《丁零、高车与铁勒》、薛宗正先生《突厥史》等论著，基本都是以族别史体例研究北方民族史的力作，解决了许多悬而未决的问题，探寻出一些值得借鉴的研究方法，启迪着学者们的思路。1977年由内蒙古自治区蒙古语文历史研究所历史研究室、内蒙古大学蒙古史研究室编写出版的《中国古代北方各族简史》，2003年林幹先生的《中国古代北方民族通史》，在北方民族的通史性成果方面具有开创性。其他国家和地区的学者也向学界奉献了学术亮点独特的论著。法国汉学家德吉涅《匈奴、突厥、蒙古及其他西方鞑靼人通史》、英国学者巴克尔《鞑靼千年史》、法国史家勒内·格鲁塞《草原帝国》等著作，均涉及多个欧亚草原游牧民族的历史。

近些年来，随着改革开放各项文化事业的蓬勃发展，各族人民日益增长的物质文化、精神文化需求不断提高，对历史的关注度不断强化，北方民族史研究也越来越受到重视，促进了相关研究向前发展。学术成果的积累，科研团队的形成，研究出版经费的保障，为全面系统地研究中国古代北方民族史，编纂和出版北方民族史著作带来了机遇，提供了条件和保证。这部十卷本的《中国古代北方民族史》就是我们的一个初步尝试，付梓之际，诚待学界赐正，并期待对学术发展、社会文化进步有所裨益。

一

中国古代北方民族在广义上是对历史上曾经活动在中国古代北方地区的各个民族的总称；学界也有从狭义上专指以蒙古高原及周边地区为主要活动地域、以游牧业为主要生产生活方式、操阿尔泰语系诸语言的各民族的看法。国内学界一般将其简称为"北方民族"；国外研究者基于不同的认识，称其为"马背民族""骑马民族"等。从狭义上讲，中国古代北方民族的历史，既包括蒙古族兴起以前的诸北方游牧民族史，又包括古代蒙古史。由于蒙古族兴起后，经过多个世纪的漫长岁月，已经由一个古代民族逐渐发展为现代民族，而且，早期蒙古史一般又与元史、北元—明代蒙古史、清代蒙古史及近现代蒙古史形成了比较完整的研究体系。因此，学界一般就将中国古代北方民族史的研究对象集中在公元前3世纪至公元13世纪活动在蒙古高原及周邻地区的各个民族，并形成了以族别史为特征又大体可以按照时间顺序研究的北方民族史研究体系。这些古代民族主要涉及匈奴、东胡、乌桓、鲜卑、柔然、敕勒—高车、铁勒、突厥、薛延陀、回鹘（回纥）、黠戛斯、契丹、库莫奚、室韦—达怛等各个游牧民族的历史。至今，学界针对这些民族的研究，已经涉及族源、政治、经济、风俗习惯、文化传承等各个方面，成果颇丰，学术争议点亦较多。而经过对各个民族历史的专题研究，努力寻求中国古代北方民族整体发展的历史规律仍然是有待突破的重点与难点。

中国历代汉文典籍中有关北方民族的历史记载是从事研究的基本史料。《史记》《汉书》《后汉书》《三国志》《晋书》《魏书》《北齐书》《周书》《隋书》《北史》《旧唐书》《新唐书》《旧五代史》《新五代史》《辽史》等纪传体史书，《资治通鉴》《续资治通鉴长编》等编年体史书，《通典》《通志》《文献通考》等典志体史书，《唐会要》《五代会要》等会要体史书，《元和郡县图志》《太平寰宇记》等地理总志以及《太平御览》《册府元龟》等大型类书以及其他体裁的古籍，均保留着与北方民族历史有关的史料。不过，由于各类史籍的成书年代不同，后出史书往往与先成史书有着抄录关系，内容也存在程度不同的沿袭继承；而且，随着历史的发展和情况的变化，后出史书又常常收录了为先成史书所不载的资料，增加了某些新的内容，加大了辨别取舍的难度。另外，各代史家对北方民族资料掌握的多寡不同，取舍角度有别，记述方式有异，所记内容与实际情况可能有一定出入，或存在误记错记等情况，也必须因时、因地、因人，因事详加考辨，方可在不断的研讨中逐步接近真实。尤其值得注意的是，由于历代中原史家不同程度地受到时代、民族、地域、立场和思想文化等诸方面的局限，也在相关文献中反映出对北方民族的歧视和偏见。基于上述，尽可能全面、系统地占有研究北方民族历史的汉文文献史料，并且进行详细比对、辨析，探明史源关系，明确史料价值，摒弃各种偏见，坚持客观评判的标准，在研究北方民族历史工作中显得格外重要。除了汉文史料以外，粟特文、突厥文、回鹘文、契丹文、西夏文、蒙古文、波斯文等文字的文献，多为北方民族记载的其自身的历史活动，有其不同的视角、内容、观点和方法，虽因文字的掌握与识读存在较大的难度，但对于全面深入研究北方民族历史文化却具有独特珍贵价值。中国学界不乏倡导和践行利用多语种文字史料进行综合研究的专家学者。

中国古代历史文献，记载内地王朝史一般都较为系统和丰富，相比之下，同一部古籍中有关北方民族史的史料则显得零散和匮乏。仅以记录北方各民族历史内容最多、最系统、相对可靠的正史即"廿四史"为例，与北方民族有关的史料主要是列传中的各族专传和纪、传、志、表当中的散见史料，系统性与涵盖面均存在误漏，甚至难以成章，形成研究中的诸多难题。因此，除了稽考、辨析、使用文献史料作研究以外，利用考古资料进行北方民族史研究也是学界传统。百余年来，北方民族的物质文化遗存有多少不等的发现，相关资料和研究成果相继发表，程度不同地为研究者提供了难得的研究依据。匈奴遗存主要集中在外贝加尔、蒙古国和中国境内的北方草原地带，发表的考古资料与研究性成果较多。其中，蒙古国境内的诺彦乌拉、高勒毛都，中国境内的桃红巴拉、阿鲁柴登等匈奴墓葬，为研究匈奴历史文化提供了珍贵的实物资料。乌桓的考古学文化虽然没有确论，但学界对夏家店上层文化、井沟子墓地、平洋墓葬、西岔沟墓群的探讨，对探究乌桓史有着重要的参考价值。拓跋鲜卑早期遗存主要集中发现于中国内蒙古呼伦贝尔地区，嘎仙洞遗址，扎赉诺尔、完工、孟根楚鲁、拉布达林墓葬等资料，为研究早期拓跋鲜卑史提供了重要依据。柔然考古学文化虽尚未被正式识别出来，但高昌文书等出土文献与《茹茹造像碑题记》《魏开府仪同长广郡开国高公妻茹茹公主闾氏墓志》等碑刻墓志丰富了柔然史资料。重要的突厥卢尼文碑有《暾欲谷碑》《阙特勤碑》《毗伽可汗碑》，与回鹘有关的碑铭有《磨延啜碑》《铁尔痕碑》《九姓回鹘可汗碑》等，在叶尼塞河流域发现的碑刻资料则多与黠戛斯有关。突厥、回鹘、黠戛斯的碑铭资料为研究提供了新的视角和维度，是研究北方民族历史文化的珍贵史料。此外，中蒙联合考古队确定了蒙古国的四方形遗址为回鹘贵族墓地，从而填补了回鹘考古学文化领域的空白，为研究回鹘历史文化提供了宝贵的考古资料。契丹的考古遗存早期以平民墓葬为主，辽朝建立后的耶律羽之家族墓、陈国公主与驸马合葬墓、吐尔基山辽墓、萧贵妃墓等资料，对契丹早期历史文化的研究也有重要参考作用。库莫奚考古目前可以确定的是《大王记结亲事碑》《奚国质子热瓌墓志》等十余通属于奚人的碑刻材料，内容或为史书所未载，或可与文献史料相印证，具有珍贵的史料价值。室韦考古学文化的发现、识别和研究，对于探索蒙古族族源具有重要学术意义。西乌珠尔、谢尔塔拉、岗嘎等墓葬资料的研究与运用，无疑使室韦历史文化的研究内容变得更加充实可靠和丰富多彩，并为蒙古族发祥、兴起于呼伦贝尔提供了确凿证据。总之，与北方民族相关的考古资料，在很大程度上有效地起到了与文献交互印证、补充文献记载之不足、纠正文献记载之错谬的作用。因此，充分结合运用考古资料研究北方民族史，将考古学与历史学密切结合是十分必要的。

先秦时期，北方民族已见载于史册。荤粥、猃狁、诸戎狄与商、周及春秋时期北方诸侯国，东胡、匈奴、林胡、楼烦与战国时期北方的燕、赵、秦诸国均有和战关系，东胡、匈奴、丁零等北方诸民族之间亦关系密切。秦末汉初，匈奴势力强大，东破东胡，西击月氏，北服丁零，控制蒙古高原及其周边，第一次建立了统一中国古代北方地区的游牧政权，与中原政权共同缔造着祖国的历史。东胡被击溃后，溃散的部众分别据保乌桓山和鲜卑山，因山名族，称乌桓、鲜卑。两汉时期，乌桓先后三次南迁，逐步进入中原北部，与汉、鲜卑、匈奴等融合。东汉时期，匈奴衰弱，南匈奴南迁入塞，北匈奴连续遭逢东汉联军攻击，最后远走西域，留下了值得重视的历史文化。蒙古高原上的匈奴余部并入鲜卑，鲜卑由此渐盛，继匈奴之后控制大漠南北，建立了地分东中西三部的部落军事大联盟。联盟瓦解后，鲜卑逐渐分化形成慕容、宇文、段、拓跋、秃发、乞伏诸部。魏晋南北朝时期，各支鲜卑渐次南迁，逐鹿中原，加入到民族大迁徙大融合浪潮之中。慕容、宇文、段、拓跋等部相互征伐，宇文战败，从中分化出契丹、库莫奚二部。同期，鲜卑后裔室韦见于文献著录，与契丹、库莫奚地分南北，活动于东胡及其后裔曾经往来驻牧的地区。吐谷浑自慕容鲜卑分离，迁徙甘青地区，后建立吐谷浑政权，史事绵延，直至唐代。慕容建立前燕、后燕、西燕、南燕，拓跋建立代，秃发、乞伏建立南凉、西秦等区域性政权。匈奴后裔建立有汉、前赵、北凉、大夏等政权。南迁的丁零也建立了翟魏政权。丁零后裔亦以"敕勒""高车""铁勒"等名称为史书所记载，分布于漠南漠北。最终拓跋鲜卑建立的北魏统一中国古代北方地区，形成了南北朝对峙格局。同期，东胡苗裔柔然兴起于大漠南北，建立柔然汗国。南北朝末期，随着柔然的衰败，突厥兴起并灭亡柔然，成为蒙古高原霸主，建立突厥汗国，强盛一时。唐初，突厥汗国被唐灭掉，大量突厥民众曾进入内地。后来突厥贵族重新建立游牧政权，再度控制蒙古高原。隋唐时期，铁勒分化出许多大大小小的部落。其中，铁勒部落中的薛延陀、回鹘在反抗突厥统治的过程中逐步强大起来，薛延陀一度建立政权，称雄漠北，后被唐灭亡。回鹘灭掉东突厥后汗国，建立回鹘汗国，与唐朝关系密切，9世纪中期被黠戛斯击溃。隋唐时期，进入中原的鲜卑逐渐融合于汉族以及各族之中。契丹与奚在突厥、回鹘不断衰落的过程中日益强大起来。唐末，契丹最终兼并奚、室韦等周边各族，随后在五代政权的更迭中得到燕云十六州之地，建立了与北宋对峙的辽朝政权。与蒙古族源关系密切的室韦各部，在唐代又被诸突厥语族部落称为达怛，并为唐朝中原人接受。蒙古族的祖先部落"蒙兀室韦"首见《旧唐书》记载，"蒙兀"是"Mongghol"（蒙古）的最早汉字译写形式。蒙古族发祥于今内蒙古额尔古纳河下游东南。唐朝中期以后，室韦—达怛诸部乘回鹘汗国衰亡之机，陆续西迁蒙古高原核心地带，或南迁至中原北部边塞。不难看出，在数千年的历史长河中，在中国古代北方地区，各个民族名号不断更换，政权轮番交替，与中原的往来绵延不绝、从未间断。辽金时期，与蒙古族有渊源关系的各部逐步壮大。至 13 世纪前后，在语言、地域、文化和经济生活上具有共同性的蒙古高原诸部具备了形成新的古代民族共同体的条件。1206 年，铁木真统一蒙古高原诸部，在继承众多北方民族长期分化和融合历史的基础上，以室韦—达怛部落为核心和主要成分，吸收契丹等蒙古语族和回鹘等突厥语族部落，建立了大蒙古国（Yeke Mongghol Ulus）。至此，蒙古高原上大大小小的部落和民族兴衰演替的历史始告结束，各有名号的部落、民族统一在了"蒙古"名下①，古代蒙古民族共同体初步形成。蒙古族成为北方民族历史文化的集大成者，掀开了中国历史的新篇章。

  北方民族以畜牧、狩猎为生业，"游牧"是其经济形态，"行国"是其政治表征。游牧经济比较脆弱，更多地依赖于自然环境和气候条件，迫切需要农副产品作为生产、生活的补充；农耕经济以定居为主，也十分需要游牧经济产品。游牧与农耕经济之间的差异性、互补性，导致双方谁也离不开谁，形成了互相依存、互相促进的格局。和平时期，官方、民间贸易交换频繁，各取所需；对峙争锋阶段，双方的战争也往往是经济因素在起着诱因和主导作用。许多时候，北方游牧民族及其政权更看重经济利益，更多地从经济角度出发制定策略，采取政治、军事行动；中原农耕民族及其政权包括入主中原的北族政权则常以中心、正统自居，更看重政治名分。经济发展的内在动力，使繁衍生息于蒙古高原及其周边地区的北方民族，掀起了一波又一波的向中原地区的南迁、南进运动，先后建立了统治区域大小不等的政权，与中原农耕民族发生了密切的政治、经济、社会和文化联系。匈奴、柔然、突厥、回鹘、契丹、蒙古等

---

① 亦邻真：《中国北方民族与蒙古族族源》，《内蒙古大学学报》1979 年第 3、4 期。

建立的政权，打通了欧亚大陆草原世界，使得各民族之间的经济文化交流更为频繁，更为广泛，其历史不但是中国历史的有机组成部分，并且也成为亚洲史、欧洲史的研究内容。鲜卑、契丹、蒙古等民族更是建立了囊括中国古代北方地区和中原地区的政权，或统治中国古代北方，或实现了全国大一统，直接把游牧和农耕两种文化融汇在一起，你中有我，我中有你，互相认同，在深刻地改变和创造中国历史的同时，也在潜移默化地改变和重塑着自己。

史实证明，在中国历史上的各个时期，都有北方民族程度不同地参与到创造中国多元历史文化的进程之中，印证了中国的历史是由各民族共同创造的发展规律。

二

中国古代北方民族史历来备受国内外学术界的重视，论著颇丰。但是，由于研究者所处时代不同，立场、价值观、研究方法等有别，加之资料匮乏，今天看来，有些成果多带有时代的烙印，存在争议而尚未解决甚至难以解决的问题较多，在一些具体问题上形成了许多不同的观点，也构建了某些不同的话语体系。近代以来，由于中国陷入半封建半殖民地社会深渊，国家影响力大幅度降低，历史学研究的环境、条件、人才等均遭受到严重的桎梏与影响，在北方民族史研究领域的话语权逐步弱化。与此形成鲜明对比的是，19世纪末以来，西方和日本学界对于中国古代北方民族史的研究日趋深入，其理论方法和研究成果迭出，形成了多种话语体系并存的局面。在试图阐释中国古代北方民族历史进程的时候，对国外学界的相关说法予以关注和述评，明确我们的初步认识和看法，是十分必要的。

（一）西方汉学与"内亚史观"

19世纪末20世纪初，传统汉学在西方逐渐转化为一门独立学科。法国学者沙畹（Édouard Émmannuel Chavannes）将汉文文献与西方实证主义史学相结合，使汉学逐渐发展成为现代化的专门学科。伯希和（Paul Eugène Pelliot）结合文献学与历史比较语言学，发展了历史语言学考证法，沿用了欧洲早期汉学家惯用的"高地亚洲"（la Haute Asie）概念，并将地中海、印度与中国中原地区之间七八百万平方千米的广阔"弓形"地域统称为"中央亚细亚"（Central Asia），认为"中央亚细亚"既是地中海世界、印度与中国中原地区之间的地理屏障，又是这三个文明中心之间的联系纽带，彼此之间联系与影响的程度虽因历史变迁有所差异，但从未间断①。

塞诺（Denis Sinor）在"高地亚洲"概念基础上提出了大体相同于中央欧亚（Central Eurasian）的"内亚"（Inner Asia）理论，他将中央欧亚视为一个不同于周边文明板块的独立的文明区域，其中又可以根据自然环境、经济生活和语言文化的差异，划分出若干的亚文化类型。游牧生产生活方式是这些类型中最为成功的一种②，而不同的亚文化类型在历史进程中逐渐向趋同性发展。中央欧亚在大多数历史时期都是挑战欧亚各大文明的"蛮族"的活动舞台，"传统文明的承载者与来自内亚的蛮族之间的冲突对抗与交流互动，构成了理解人类历史发展的一条基本主线"③。

美国学者傅礼初（Joseph F. Fletcher）是内亚史观的代表人物之一。语言上的优势使他能够打破汉学、阿尔泰学与伊斯兰学之间的藩篱，站在"全史"（Integrative history）的角度来审视内亚在世界历史中的地位和作用，进而总结内亚游牧帝国演变转型的规律性问题。而对20世纪中后期现代社会学、政治学、人类学等社会科学理论的吸收，则进一步促使其从宏观上思考欧亚大陆各地区历史发展的趋同性与合流性问题。他认为，历史现象中存在"关联性"（interconnections）与"延续性"（continuities）现象，而要认识这两种现象，就必须先要对不同地域之间的社会、经济、文化等领域的平行性现象进行研究，考察其内在联系，

---

① 〔法〕伯希和：《高地亚洲》，耿世民译，《民族史译文集》第6辑，中国社会科学院民族研究所，1978年，第1—3页。
② 〔美〕丹尼斯·塞诺：《论中央欧亚》，《丹尼斯·塞诺内亚研究文选》，中华书局，2006年，第5页。
③ 钟焓：《重释内亚史——以研究方法论的检视为中心》，社会科学文献出版社，2017年，第3页。

归纳出欧亚大陆人类社会的整体发展趋势①。

拉铁摩尔（Owen Lattimore）也是20世纪美国著名的内亚史学者，在塞诺提出"内亚"理论之前，拉铁摩尔已在对中国北方田野调查与文献研究的基础上形成了"中国边疆理论"。拉氏关注的"内亚"仅限于当时中国境内的蒙古、东北、新疆、西藏四个地区，并没有后来塞诺所认为的那样广阔。他将中国的这四个边疆地区视作各自具有独立地理环境、社会、经济和政治特征的有机整体，建立了一套历史学与历史地理学、社会生态学相结合的理论体系，用以探究每个边疆地区内部的机制特性，进而考察每个地区与中原地区的关系特征②。拉氏认为，特定的地理环境决定了每一边疆地区的经济形态，进而在经济形态上产生出不同的社会与政治形态。

"内亚史观"从北方民族和内陆边疆的视角来审视欧亚大陆历史的变迁与发展，对于习惯了从中原王朝视角看待内陆边疆与北方民族的中国传统史学来说具有启发和借鉴意义，从方法上讲，有助于推动北方民族史研究的发展。但"内亚史观"片面强调内陆亚洲在地理环境、经济生活、政治传统、文化习俗等方面的独特性、差异性和连续性，罔顾中国古代北方地区与中原地区、北方游牧民族与中原农耕民族之间长期密切的政治、经济、文化联系，淡化双方的共同性和相互影响、互相依存、彼此交融的历史事实，忽视北方游牧民族对中原地区的向心力与相互认同的历史事实，刻意构建"内陆亚洲"文化本位和独立的"内亚体系""内亚传统"，一定程度上存在解构中华民族多元一体民族观和统一多民族国家观的意图。对此，我们应当有清醒认识。在研究中，要把握中国古代北方民族史与所谓"内亚"民族史的本质区别、中国古代北方民族史与中华民族多元一体格局历史发展的内在有机联系和多民族共同创造中国历史的大原则。

---

① Joseph F. Fletcher. Integrative history: parallels and interconnections in the early modern period, 1500-1800 [《全史：论早期近代（1500—1800）的平行化与关联性》]. Studies on Chinese and Islamic Inner Asia. Variorum Ashgate Publishing Limited, 1995, pp.1-35.

② 〔美〕拉铁摩尔著，唐晓峰译：《中国的亚洲内陆边疆》，江苏人民出版社，2010年，《译者的话》第2页。

（二）日本的"东洋史学"

日本明治维新后，国力迅速增长，在"脱亚入欧"思潮影响下，开始向西方列强学习，走上了对外侵略扩张的道路。为了服务其政治需求，以中国、朝鲜等东亚或东北亚国家的历史、地理、文化等为主要研究对象的所谓"东洋史学"应需而兴，而且，与军事侵略目标相关联，提出了一系列论调，在北方民族史研究领域形成了殖民色彩浓郁的"东洋史学"话语体系。

白鸟库吉等人以兰克学派的实证主义为指导，在研究过程中注重文献考证与实地调查有机结合，形成了"东洋史学东京文献学派"，其学术成果在一定程度上促进了北方民族史研究的进一步深入。然而，为日本帝国主义殖民扩张服务的主要目的，却使其论著体现出了强烈的政治意图和鲜明的殖民主义色彩。

白鸟库吉等人着意构建了"满鲜史观"，提出了"间空地论"与"南北二元对抗论"。"满鲜史观"的本质即"满鲜一体论"。认为"满洲"与朝鲜半岛在历史上种族相同，文化习俗与宗教信仰相近，是一个不同于中国内地的独立的历史地理单位①。"间空地"系指三方势力处于均衡态时的缓冲地带，一旦这种均衡态被打破，"间空地"便会被实力相对强大的一方所占据②。在"满洲"和朝鲜半岛的历史上曾多次出现过"间空地"，而这些"间空地"实质上是"无主之地"，不属于中国和朝鲜任何一方③。可以看出，所谓的"间空地论"实际上是在为日本侵占中国东北和朝鲜半岛提供"历史依据"和"学理依据"。

"南北二元对抗论"的核心含义，则是人为地将中国古代北方游牧民族与中原汉族割裂开来。认为历史上的匈奴、夫余、肃慎、乌桓、鲜

---

① 〔日〕旗田巍：《满鲜史の虚像》，《日本人の朝鲜观》，劲草书房，1969年，第138页；〔日〕稻叶君山：《满鲜不可分の史的考察》，《支那社会史研究》，大镫阁，1922年，第299页。
② 张文静：《〈满洲历史地理〉的学术特征及观点倾向》，《史学集刊》2015年第4期。
③ 〔日〕白鸟库吉：《白鸟库吉全集》第十卷，岩波书店，1971年，第152、153页；〔日〕白鸟库吉监修，箭内亘、稻叶岩吉、松井等：《满洲历史地理》第一卷，南满洲铁道株式会社，1913年，第44、45、81页。

卑、室韦、柔然、突厥、契丹、蒙古都是与汉族敌对的"外族"或"外国",整个东亚大陆的历史就是以长城为界的中原汉族与北方民族对抗的历史①。这种论调将"汉地"等同于"中国",刻意突出南北民族间的对抗史,而对各族关系发展中在时间、空间占主要地位的封贡、和亲、互市等和平交流史视若不见。

日本的矢野仁一是"东洋史学京都学派"的代表性人物,主要致力于中国近现代史的研究,是日本中国近现代史研究的重要开创者。在为日本帝国主义侵华提供"理论依据"方面,矢野比白鸟等人更加积极,也走得更远。从20世纪20年代开始,他先后发表了《支那无国境论》《满蒙藏非支那本来领土论》《支那非国家论》《历史上满洲的支那主权无根据论》《日本在满蒙的正当地位》等一系列文章,公开鼓吹"满蒙非中国论""长城以北非中国论""中国非国论"等谬论。在矢野搭建的体系中,中国领土的形成是近代以来列强与清政府交涉的结果,古代中国并没有明确的领土和边境概念,中央政府实际能够控制的领土大多局限在长城以内。矢野的这套理论不仅为日本帝国主义侵华提供了"合理"依据,还妄图解构中国各族人民的国家认同,瓦解抗日斗志,进而达到分裂中国,各个击破的目的,可谓阴毒至极。

20世纪初期,日本史学界为了配合日本军国主义侵略扩张和殖民目的而形成的赤裸裸的话语表述,虽然已经随着时代变迁、社会进步而寿终正寝,但是其论调的变种仍不绝于世,应该引起学界的重视。

(三)泛突厥主义

19世纪后期,为反抗沙皇俄国的民族压迫并与"泛斯拉夫主义"运动相抗衡,"泛突厥主义"思潮在沙俄境内的突厥语族人群中兴起。克里米亚的鞑靼人伊斯梅尔·迦斯普林斯基(Ismail Gasprinskiy)将近代西方历史比较语言学概念中的"阿尔泰语系突厥语族"等同于"突厥民族",人为创造出了一个在现实世界中并不存在的民族,并试图将沙俄境内的突厥语族人群联合起来。泛突厥主义思潮兴起后,很快传入面临崩溃边

---

① 〔日〕白鸟库吉监修,箭内亘、稻叶岩吉、松井等:《满洲历史地理》第一卷,第32、189、199、219、220页。

缘的奥斯曼帝国。被称为"土耳其泛突厥主义之父"的兹亚·乔加勒普（Ziya Gokalp）设想将亚得里亚海至日本海这片广阔地域上的所有突厥语人群统一起来，建立一个"大图兰"国家，这便是所谓的"大图兰主义"。1923年，兹亚·乔加勒普的《突厥主义原理》问世，提出了"三步走实现突厥民族政治联合"的主张①。

泛突厥主义形成后不久，便与泛伊斯兰主义一道通过俄国鞑靼人和奥斯曼土耳其人传入中国新疆地区，催生出了新疆分裂主义。20世纪三四十年代，混乱的时局和外部势力的推波助澜使得泛突厥主义和分裂主义思想在新疆地区大行其道，不但产生了《东突厥斯坦历史》这种新疆分裂主义的代表作，还先后出现了"东突厥斯坦伊斯兰共和国""东突厥斯坦共和国"两个分裂政权。虽然最终都归于失败，但是却扩大了新疆分裂主义的影响。中华人民共和国成立后，泛突厥主义和新疆分裂主义一度得到有效遏制，几乎销声匿迹。但是改革开放后，随着对外联系和交往的日益增多，泛突厥主义和新疆分裂主义再度沉渣泛起，而且呈现出一些新的现象②。在"理论"层面，《匈奴简史》《维吾尔人》《维吾尔古代文学史》等一系列宣扬"维吾尔斯坦一贯独立论"的著作陆续出版。在实践层面，"东伊运""世维会"等恐怖组织先后组建，并在新疆等地制造了多起暴力恐怖事件，对中国国家安全和新疆各族人民的生命财产造成了严重危害。

历史上的"突厥"，主要是指6—8世纪活跃在中国古代北方地区的青突厥人，曾以蒙古高原为主要地域建立过东突厥汗国。但随着745年东突厥后汗国的灭亡，突厥人在之后的漫长岁月中逐渐与其他民族融合，"突厥"已经成为一个历史名词。9世纪以后，出现于欧洲、阿拉伯文献中的"Turk"（汉译为"突厥"）实际上泛指阿尔泰语系突厥语族游牧人，并无民族学上的确切含义③。泛突厥主义既无历史依据，又无现实基础，其人为制造的所谓"突厥民族"与中国古代北方地区的青突厥人没有任

---

① 张玉艳：《泛突厥主义在土耳其的由来与发展》，《国际政治研究》2019年第5期。
② 张玉艳：《新疆分裂主义中的突厥因素研究》，兰州大学博士学位论文，2015年，第225、226页。
③ 亦邻真：《成吉思汗与蒙古民族共同体的形成》，《内蒙古大学学报》1962年第1期。

何民族学上的联系和继承关系，维吾尔族祖先回鹘人与突厥人也没有直接历史源流关系。泛突厥主义完全是19世纪末以来俄罗斯、土耳其等国突厥语族人群中的所谓精英分子，基于唯心史观和历史虚无主义、民族沙文主义的痴心妄想，其"大图兰联邦"的诉求更与现代以主权国家为主体的国际社会格格不入，没有任何实现的可能性。泛突厥主义传入中国后，则演变为分裂主义分子用来谋求新疆独立的工具，并于20世纪90年代后呈现出日益极端化、恐怖主义化的特征。对于泛突厥主义及其各类衍生变种的巨大危害，我们务必要认识明确，高度警惕，并做好与其进行长期不懈斗争的准备。

（四）征服王朝论

1949年，美籍德裔学者魏特夫（Karl August Wittfogel）在与中国学者冯家昇合著的《中国辽代社会史（907—1125）》[History of Chinese Society, Liao（907-1125）]总述中提出了"征服王朝论"。魏氏将中国历史上的王朝，按照社会文化形态划分为"典型中国朝代"和"征服与渗透王朝"。其中，"典型中国朝代"包括秦、两汉、魏、两晋、南朝、隋、唐、两宋、明。十六国诸政权、北朝、辽、金、元、清则被定性为"征服与渗透王朝"。而"征服与渗透王朝"又可根据其对汉文化的态度归为两类，第一类是以十六国诸王朝、北魏为代表的"渗透王朝"，这类王朝在华北地区通过以半和平的渗透而建立政权①，它们对汉文化的态度倾向于吸收；第二类为辽、金、元、清四个"征服王朝"，这类王朝以征服部分或全部汉族居住地而建立政权，其对汉文化的态度倾向于抵制。在"征服王朝"内部，又因对汉文化抵制程度的强弱再细分为三个类别，其中辽、元为文化抵抗型，金为文化让步型，清则介于二者之间，为文化过渡型②。在论述这些文化关系时，魏氏引入了人类学中的涵化（Acculturation）概念，认为"征服与渗透王朝"与汉地之间

---

① 郑钦仁、李明仁译著：《征服王朝论文集》（修订版），稻乡出版社，2002年，第1页。

② 〔美〕魏特夫、冯家昇：《中国辽代社会史（907—1125）总述》，苏国良等译，《征服王朝论文集》（修订版），第51页。

的文化接触会在各种不同的情况中发生，且其接触的程度（Degree）和强度（Intensity）不相同，只要社会没有实现完全融合，文化差异就会一直存在①。

征服王朝论经由田村实造等人传入日本之后，在日本史学界引起巨大反响，成为日本北亚史学界的主要研究课题。根据研究领域和观点的不同，大致形成了三种不同的概念。第一种以田村实造、护雅夫、吉田顺一等为代表，他们大体上赞同魏氏的理论，认为金、清与辽、元并列，都是征服王朝，但要将征服王朝放在北亚世界历史发展的进程中加以讨论②。北亚世界从游牧社会向农牧社会的体制变化，是游牧社会、国家发展为征服王朝的决定性因素。整个北亚游牧民族史以辽为界，可以划分为游牧国家和征服王朝两个时期，征服王朝是游牧社会、国家发展的一个归结③。由于征服部族的北亚属性，征服王朝在政治、军事、经济、文化等方面均呈现出"二元制"的特性。第二种以村上正二为代表。他认为"具有强烈的游牧民的自觉意识（self-consciousness），在其意识之下征服、并统治农耕社会的游牧民王朝"④，才能称之为"征服王朝"。而北匈奴、柔然等纯粹的游牧国家以及南匈奴、北魏等渗透王朝都不能发展为征服王朝，只有继承了突厥帝国和回鹘帝国基于同一语言文化意识的强烈的民族文化意识和游牧都城文化传统的辽、蒙古帝国、元等才能发展为征服王朝⑤，金、清两个王朝则被排除于征服王朝之外。在征服王朝中，辽朝是二元社会，元朝是更多元的复合社会。第三种的代表人物为岛田正郎。岛田对魏特夫的征服王朝论进行了批判，他认为辽朝不建郊

---

① 〔美〕魏特夫、冯家昇：《中国辽代社会史（907—1125）总述》，苏国良等译，《征服王朝论文集》（修订版），第11页。
② 〔日〕田村实造：《中国征服王朝——总括》，李明仁译，《征服王朝论文集》（修订版），第74页。
③ 〔日〕护雅夫：《内陆亚世界的展开·总说》，郑钦仁译，《征服王朝论文集》（修订版），第169页。
④ 〔日〕村上正二：《征服王朝》，郑钦仁译，《征服王朝论文集》（修订版），第114页。
⑤ 〔日〕村上正二：《征服王朝》，郑钦仁译，《征服王朝论文集》（修订版），第120页。

丘，不行郊祀，转而将"祭山仪"①作为国家最重要仪式的做法，是故意对中国王朝政教传统的排斥，故而应当将辽朝置于中国王朝系列之外，视为胡族国家②。

魏特夫试图对中国古代史上的王朝类型提出一种"合理"的解释，但其对中国历代王朝的分类明显是基于中原汉族文化立场的，出发点就是狭隘的，有悖于历史和现实的证据事实。在具体划分过程中，片面地夸大了北方民族王朝"渗透"或"征服"的主导性，与其双向涵化的观点自相矛盾③。故其结论必然是不科学和不能成立的。在日本，征服王朝论则发展出了新的倾向，日本学者更注重从北亚史的视角观察研究征服王朝，并将征服王朝的出现看作是北亚游牧社会历史发展的必然结果。这实际上人为地割断了历史上北方游牧民族与中原汉族之间的密切互动与联系，夸大了游牧社会和游牧经济在历史变迁中的独立性，是对中国社会多元性和统一多民族国家的国家性质的否定。

（五）蒙古地区一贯独立论

"蒙古地区一贯独立论"是 20 世纪中后期以来在蒙古国兴起的一种有关北方民族的认识和定位的话语体系。该理论认为，蒙古地区从公元前 3 世纪匈奴兴起时开始，直到 21 世纪的今天，一贯是独立于中国之外的④。宣扬蒙古地区一贯独立论的主要著作有《关于匈奴的社会制度问题》《匈奴人的经济、社会、文化和族源》等。一些蒙古国学者为了证明"蒙古地区自古以来便是独立的"观点，错误地将匈奴作为蒙古族的族源，认为匈奴、鲜卑、柔然、蒙古等北方民族从种族到经济文化都是一脉相承的，独立地在蒙古高原先后发展起来的。基于此，他们认为，从匈奴单于国、鲜卑部落军事大联盟、柔然汗国到大蒙古国等北方民族政权都

---

① （元）脱脱等：《辽史》卷四十九《礼志一》，中华书局点校本，1974 年，第 834 页。
② 〔日〕岛田正郎：《征服王朝乎？胡族国家乎？》，李明仁译，《征服王朝论文集》（修订版），第 232—234 页。
③ 李志安：《民族融汇与中国历史发展第二条基本线索论纲》，《史学集刊》2019 年第 1 期。
④ 林幹：《中国古代北方民族史新论》，内蒙古人民出版社，2007 年，第 52 页。

是一贯独立的①。

众所周知，蒙古地区在历史上一直是中国的一部分，不同历史时期在蒙古高原上活动的匈奴、鲜卑、柔然、突厥、回鹘、蒙古等都属于中国古代北方民族，这是基本的历史事实。1921年7月，外蒙古在苏俄的支持下事实独立；1946年1月，国民政府承认外蒙古独立，蒙古国从法理上获得了独立地位。可见，蒙古的独立是20世纪才发生的事情。不能因为现在的蒙古国是一个独立国家，就认为蒙古地区是一贯独立的，数千年来活动于蒙古高原的北方民族所建立的政权也是一贯独立的。我们采用谭其骧先生确定的以18世纪50年代至1840年期间的清朝版图为历史上的中国范围，出现在漠南漠北的蒙古族及历史上的北方各民族，都是中国古代北方民族，不能因为曾在今天蒙古国之内活动就不算历史上中国的民族。但我们也不反对蒙古国在写他的历史时把这些北方民族写成他的先民②。

（六）"新清史"与"大元史"

20世纪90年代以来，美国史学界兴起了反对"汉族中心论"、强调清朝统治与历代汉族王朝的区别为特征的"新清史"，其代表人物有路康乐（Edward Rhoads）、欧立德（Mark C. Elliott）、柯娇燕（Pamela K. Crossley）、罗友枝（Evelyn Rawski）等。欧立德曾对"新清史"的学术观点进行过总结，认为"新清史"最关键的学术主张有三条：一是清史研究必须重视清朝的"内亚维度"（Inner Asian Dimension），强调清朝统治的内亚性质③；二是清史研究必须利用满文、蒙古文、藏文、维吾尔文等非汉文资料，尤其是满文资料；三是清史研究必须要有全球视角，立足于全球史语境。从学术研究方法上来讲，"新清史"提倡的充分利用非汉文资料和全球视角是有利于清史研究发展的。但"新清史"片面强调清朝与蒙古、西藏、新疆等地区文化联系的重要性，有意或无意地忽视

---

① 林幹：《中国古代北方民族史新论》，第53页。
② 谭其骧：《历史上的中国和中国历代疆域》，《中国边疆史地研究》1991年第1期。
③ 沈卫荣：《大元史与新清史——以元代和清代西藏和藏传佛教研究为中心》，上海古籍出版社，2019年，第214页。

掩盖满族文化与汉地文化间的密切程度远超前者的历史事实[①]，从而构建清朝"内亚帝国"性质的做法，体现了西方学术界的意识形态偏见和西方的东方主义学术传统的话语霸权。与此同时，日本出现了力图将蒙古族建立的元朝从"古代中国王朝历史"的叙事框架中分离出来，转而把它置于全球史、欧亚史之中，从而形成一种比肩"新清史"的"大元史"叙事模式。元朝和清朝作为中国历史上的正统王朝，其政权和疆域以及多民族的历史文化是由蒙古族、满族、汉族和其他各族人民共同创造的，其统治中国的合法性也受到了当时和后世中国各族人民的普遍认可。因此，将元朝和清朝视为与中国王朝对立的"内亚帝国"缺乏充分的历史依据和法理依据。

通过梳理大略可知，关于19世纪末叶以来北方民族史领域的各种西方话语体系，要么是基于现代西方资产阶级立场和现代民族国家价值取向的认知偏差，要么是为帝国主义侵略中国或者分裂分子割裂中国提供的理论依据。虽然主观动机不同，但二者都是不符合历史事实的错误认识和观点。这些错误认识和观点，对中华民族多元一体的民族观和统一多民族国家的国家观形成了严峻挑战，对我国的民族团结和国家安全可能会产生负面影响，对部分研究北方民族史的学者的理论思维可能会带来一定偏差，对人民群众、高校学生学习和认识中国历史可能会形成一些误导，其危害性不可失防。因此，加强对中国古代北方民族史的全面系统性研究，构建客观科学的话语体系刻不容缓。

三

《中国古代北方民族史》（十卷本）研究的历史上的中国疆域范围和北方民族，按照1981年5月谭其骧先生在"中国民族关系史研究学术座谈会"上的讲话内容作为基本原则来把握[②]。即以几千年来历史发展所自然形成的中国为历史上的中国，以18世纪50年代至1840年这段时期的

---

① 李治安：《民族融汇与中国历史发展第二条基本线索论纲》，《史学集刊》2019年第1期。
② 谭其骧：《历史上的中国和中国历代疆域》，《中国边疆史地研究》1991年第1期。

清朝版图作为历史时期的中国范围。在这个范围内活动的匈奴、鲜卑、柔然、突厥、回鹘、契丹等民族，都是中国历史上的北方民族，这些民族建立的政权都是中国历史上的北方民族政权。

这次撰写的十个民族的历史，以中国历史上活动在蒙古高原及其周边地区的匈奴、乌桓、拓跋鲜卑、柔然、突厥、回鹘、黠戛斯、契丹、库莫奚、室韦为研究对象，以族别史体例为整体设计，每个民族自成一卷，史观、体例、内容安排等力求一致。各卷作者按照编写体例和要求，以唯物史观为指导，吸收借鉴前人研究成果，依据文献和考古资料，对诸民族的族名族源、历史变迁、政治制度、生产生活方式、文化习俗、民族关系、最后流向等尽可能作了较为全面的阐述，对一些具体问题作了较为深入的探讨，提出了自己的看法，对北方民族的历史作用、影响和贡献尽量作了客观的评价。各卷或多或少体现出以下特点：①既有相对一致的结构，又根据具体情况谋篇布局，尽可能完整地呈现各自的学术思路与逻辑特点；各族的历史内容既属于全书整体不可或缺的重要部分，又相对独立成书。②尽可能详细占有史料，注意充分辨析史料的史源关系，运用有价值史料进行研究。③各卷根据具体情况，充分结合运用考古资料，以达到用实物资料证史、补史、纠史的作用，突出历史学与考古学的综合研究。④运用古代民族文字史料，如突厥文、回鹘文、契丹文资料等进行研究。⑤利用汉语音韵学、民族史语文学方法进行研究，辨析相关说法。

《中国古代北方民族史》（十卷本）是作为国家社会科学基金重大委托项目"蒙古族源与元朝帝陵综合研究"子课题而开展研究、编写的一套书稿。选取的十个古代北方民族，既有内在的历史联系，又与古代蒙古族存在或近或远、或直接或间接的渊源关系。通过系统论述匈奴等十个北方民族的历史变迁，可以启发与蒙古族族源有关问题的思考，澄清一些错误认识。

长期以来，中外学界针对蒙古族族源开展了广泛研究，形成有匈奴、东胡、鲜卑、敕勒—高车、柔然、突厥、蒙汉同源、吐蕃、室韦、突厥、吐蕃混合、东夷等十余种观点。中国学界主流看法认为，蒙古族祖源东胡，鲜卑—室韦—蒙古有一脉相承的历史渊源。这一学术观点有着更为充分的历史文献学依据和考古学证据。《旧唐书·室韦传》记载有望建河

（即今额尔古纳河及黑龙江）"其河源出突厥东北界俱轮泊，屈曲东流"，"东经蒙兀室韦之北"。《史集》亦载，远古时期蒙古人居住在"额尔古涅·昆"一带。今内蒙古自治区额尔古纳河右岸是蒙古族发祥地。历史文献的相关记载和研究成果显示，室韦和鲜卑译名根据相同，与早期拓跋鲜卑活动地域相同、语言相通、有代表性风俗习惯相近等特征，可证室韦的主要部分应与早期拓跋鲜卑同源。室韦即南北朝时期入据中原的拓跋鲜卑统治者给予鲜卑后裔的新的汉字译写形式。内蒙古自治区呼伦贝尔市陈巴尔虎旗西乌珠尔墓地、海拉尔区谢尔塔拉墓地和陈巴尔虎旗岗嘎墓地，分别代表了7—8世纪、9—10世纪和8—10世纪的室韦遗存[①]。相关考古遗存的发掘和研究，也为蒙古族主体来源于室韦，以及呼伦贝尔是蒙古民族发源地提供了有力佐证。在呼伦贝尔地区系统开展田野考古调查和发掘工作，为蒙古族族源研究提供系列考古实证资料，同时开展历史学、考古学、民族学、人类学、民俗学、语言学等多学科综合研究，推出具有影响力的蒙古族族源研究领域的学术成果，确立内蒙古呼伦贝尔地区作为蒙古族发祥地的重要历史地位，有助于澄清学术界关于蒙古族族源研究的各种说法，推进相关学术研究的进展。

中国古代北方民族的历史绵延数千年，是中国历史的有机组成部分。中国历史不但包括汉族、北方民族建立的内地（中原）王朝史，也包括北方民族建立的政权史。在中国历史的不同时期，生活在不同地区、经济形态有别、风俗习惯有同有异的多民族之间的相互交往、彼此影响、吸收交融从来就没有停止过。北方民族与中原汉族建立起了密切的政治、经济、社会和文化联系，而建立在中原的北族王朝则无不以中原"正统"自居。北方民族史与内地王朝史有机的融合，不断地推动着中国历史的发展进程。中国古代各民族、各地区的历史共同构成了中国历史的有机整体。中华民族的悠久历史和灿烂文化，是包括北方民族在内的中国历史上各个民族交融共进共同创造的。北方民族是中华文明进程的重要参

---

① 中国社会科学院考古研究所、内蒙古自治区文物考古研究所、北京大学考古文博学院、呼伦贝尔民族博物院呼伦贝尔联合考古队：《内蒙古陈巴尔虎旗岗嘎墓地》，《考古》2015年第7期。

与者和推动者,对中国古代疆域、中西文化交流、中华民族多元一体格局的形成、中国历史文化的发展和进步做出了不可磨灭的贡献。近代以来,汉族和各少数民族的命运共同体更为牢固,共同建立了统一的多民族国家。研究中国古代北方民族史是北方民族历史与考古工作者义不容辞的责任。系统全面研究中国古代北方民族史,清晰梳理其来自哪里去向何方的历史变迁过程,深入探究其政治、经济、社会、文化的内涵及其发展规律,深刻阐释其与中国历史上汉族及其他民族建立的内地王朝政权的关系,充分认识其历史地位、作用与贡献,对深入学习和认识中国史,树立正确的历史观、民族观、国家观,维护民族团结、国家统一局面,铸牢中华民族共同体意识均具有重大的理论和现实意义。

前　言

乌桓史是中国古代北方民族历史的重要组成部分。《中国古代北方民族史·乌桓卷》是一部阐述乌桓族历史的族别史。公元前206年，东胡被匈奴击垮，溃散的余众中主要有两支见诸于汉文史籍，乌桓即其中之一。乌桓族的活动集中在魏晋南北朝以前，徙居中原后逐步失载于史。乌桓族既有本族延续发展、有别于其他游牧民族的历史，也有与匈奴、鲜卑各族以及秦朝、西汉、东汉、曹魏各政权密疏不等的交往，历史影响深远。研究乌桓族的历史，就要尽可能把握乌桓历史发展的纵向脉络，对涉及族源、族名、社会组织、经济特征、风俗习惯、与其他各族和政权的关系等内容给予研判和系统交代，展现乌桓历史发展的全貌。而一部客观、详实地反应乌桓历史的论著，对于中国古代北方各民族历史研究是有着值得重视的学术价值和意义的。当然，由于乌桓在东胡族系各族中历史演变比较独特，活动区域又曾主要在大兴安岭地区，所以，研究乌桓历史对于探讨蒙古民族的族源亦或有一定的启迪。

在对乌桓历史的研究中，学界对于考古发现以及史籍中与乌桓有关的内容始终争议较大，一些尚未形成一致意见的问题都有相当的难度。研究方法也涉及考古学、历史学、民族学、语言学、人类学、历史地理学等多个学科。争议较大的问题主要集中在乌桓名称的由来，乌桓早期活动的地区与乌桓山，乌桓的社会组织以及经济、风俗习惯，乌桓与他族的交融等方面。出现争议的原因，或是对史料的理解不同，或是运用不同学科的方法进行研究所得结论互有冲突，或是考古发现与史籍记载难以吻合。这种学术争鸣是一件好事，可以不断地促使研究者积极地思考，寻求更为科学的研究途径。当然，面对这种学术争议较大的游牧族的历史，要撰写一部有所创新的乌桓史，也是一个不小的学术挑战。史料是历史研究的基础，只有细致、准确地研判史料，才能得出接近于历史实际的结论。可以肯定,"乌桓"这个名称、乌桓的历史是首先系统地见诸于汉文史籍的。在以往研究的基础上,要想推进乌桓史的研究,对汉文史料逐字逐句的辨析仍然格外重要。而重视和运用考古学的成果,尽可能多角度地将历史学与考古学结合起来,从中寻觅消失于文献中的乌桓活动史迹,核查史籍与考古发现可以互证的历史节点,也可以收到很好的效果。切合历史实际地运用语言学、地理学等学科的方法,解析乌桓史中的某些疑团,有利于在研究方法方面拓展思路。

系统全面地研究乌桓历史,必然要涉及到东胡。但东胡的历史活动因年代久远和史料记载简略而争议较大,只有系统勾画出东胡活动的蛛丝马迹,方可理顺乌桓由来的线索。东胡,这个由某些游牧与狩猎古族部落构成的政治实体被匈奴打垮而灭国后,逃离的部落中可见于史籍的有乌桓与鲜卑。对于东胡活动的"大泽"或"大泽东",学界仍在讨论。而参与到学界对"大泽""大泽东"的探讨辨析之中,拿出一点倾向性看法或许也是有意义的。在史籍记载疑点较多的情况下,考古发现为拓展研究乌桓史的眼界提供了难得的线索。夏家店上层文化、平洋墓葬、西岔沟古墓群、和林格尔壁画墓等等,从不同角度启发着学者们的思路。正是因为重视了史料与考古发现的结合,才使得在撰写与东胡有关的章节中,从学术角度把"大泽"、"大泽东"、"东"与"胡"、东胡活动的区域等与大兴安岭地区的关系当作了讨论的重点。这样,作为比较简略的学术通史,可以将学界目前倾向性较强的看法集中分析,并动态地观察东胡的历史活动。在研讨乌桓名称的源流时,也不能仅仅根据史料的粗略记载便视乌桓为东胡,或将乌桓等同于东胡。解决这个问题,除了要了解东胡的历史情况外,更为重要的是关注东胡灭国后才出现的乌桓的历史线索。在乌桓早期历史的细节问题上,针对史料对"乌桓""乌桓山"名称的记载,将乌桓名称的来源系于当时人们口耳相传的历史记忆,似可在研究思路方面略有拓展。此外,鉴于学界对乌桓见诸史籍以后历史的深入、全面地研究,只有尽可能从细微处入手,方能总结乌桓历史发展中值得重视的特点,以达抛砖引玉之目的。

经简单梳理,系统地研究乌桓史,还有一些专题需要涉及。一是学界长期关注的乌桓人向中原地区不断迁徙的问题。以往的研究并没有明确论证其迁徙的性质。一般来讲,游牧民族的迁徙有主动和被动两种特性。乌桓人出于游牧生产和生活需要，有一定主动迁徙的因素，但更为明显的是被动迁徙。这个问题，可以在系统探讨乌桓从起源到消亡的过程得到解决。二是乌桓人的社会组织与管理问题。可以明确地讲，在中国古代北方游牧各族中，乌桓是没有建立本族政权者之一，这致使从政治体制角度研究乌桓史有一定的难度。但没有建立政权，并不标志着没有适合本族习俗的管理系统。乌桓人的邑落组织就是这样一个系统，从中可以窥见乌桓人的权力分配以及各级人物之间的关系，界定其社会性质和状态。三是乌桓人的经济生产。这是研究一个民族历史必不可少的内容。乌桓人与中国古代其他各游牧民族的经济生产相比，并不能一般的等同。乌桓人的经济主要呈现为狩猎业与畜牧业交织在一起发展的特征，且在不同历史时期有一定的变化。早期狩猎业比重较大，迁居五郡塞外后，畜牧业发展迅速，但狩猎业依然为生活中不可或缺的经济类型。游牧与狩猎的长期结合，正是铸就了乌桓骑兵英勇善战的重要因素。四是乌桓与他族的关系。这个问题是乌桓史研究中不易把控的内容之一，涉及民族史研究中的一些理论问题。当乌桓这个名称出现以后，中国古代北方草原地区就逐步呈现出匈奴占据大部分草原，乌桓、鲜卑各据一方，东北和西北地区各族因地制宜生存发展，中原军队与人口时常北上的历史格局。研究乌桓在纷繁复杂的各族交往中扮演了什么角色，乌桓在中国古代历史中处于何种地位等类似问题，必须摒弃"正统观"，突出各族交往和交融的本质和主线，同时也不回避、并且客观地反映各族之间的各种冲突，才能恰切地评价乌桓族在中国古代多民族历史发展进程中的贡献。

目 录

北方民族史是中国历史的有机组成部分
——《中国古代北方民族史》（代序） ································· i
前言 ··· xxi

第一章 乌桓史料和研究概况 ··· 1
  第一节 文献史料 ··· 1
  第二节 研究概况 ··· 5

第二章 乌桓的族源 ·· 16
  第一节 东胡史迹 ··· 16
    一、从地理方位看东胡 ··· 16
    二、东胡史迹探微 ··· 23
  第二节 乌桓山与乌桓 ··· 27
    一、对"乌桓山"的认定 ··· 27
    二、乌桓山与乌桓人的早期活动 ··· 30

第三章 乌桓的历史变迁 ··· 40
  第一节 驻牧"五郡塞外" ··· 40
    一、乌桓迁徙五郡塞外以前的历史 ·· 40
    二、西汉武帝强制乌桓迁至五郡塞外 ··· 42
  第二节 广布"缘边十郡" ··· 47
    一、东汉政权迁乌桓于塞内 ·· 47
    二、乌桓人口发展进入高峰期 ·· 52
  第三节 徙居"中国"，融入他族 ··· 55
    一、乌桓在东汉中后期不断增强的影响力 ······································ 55
    二、乌桓被徙居"中国"后史迹 ·· 61

第四章 乌桓的经济类型……68
第一节 畜牧业与狩猎业……68
第二节 粗放的种植业……71
第三节 手工业……76
一、日常生活用品……76
二、武器和工具等……79
三、食品加工与酿造……81

第五章 乌桓的社会组织与管理要素……84
第一节 乌桓的"邑落"和"部"……84
一、乌桓人比较原始时期的社会组织……84
二、迁徙中社会组织的变化……87
第二节 乌桓社会管理要素……89
一、乌桓对本族的管理要素……89
二、乌桓社会组织和管理要素的变化……96

第六章 乌桓与游牧诸族和中原政权的关系……103
第一节 乌桓与匈奴和鲜卑的关系……103
一、与匈奴的关系……103
二、与鲜卑的关系……106
第二节 乌桓与中原政权的关系……112
一、有战有和叛服无常……113
二、护乌桓校尉的设立与作用……116

第七章 乌桓人的习俗与原始信仰……123
第一节 与衣食居住相关的习俗……123
一、适应游牧生产的衣食习俗……124
二、以"穹庐为宅"的居住习俗……126
第二节 婚嫁丧葬习俗……127
一、婚嫁习俗……128
二、丧葬习俗……132
第三节 原始崇拜与信仰……135

参考书目……143
一、古籍……143

二、专著 …………………………………… 144
　　三、论文集 ………………………………… 145
　　四、期刊 …………………………………… 145
索引 ………………………………………… 148
Abstract …………………………………… 152
后记 ………………………………………… 154
总后记 ……………………………………… 155

第一章　乌桓史料和研究概况

乌桓人在中国古代有千年左右的活动历史，西汉末年至东汉、魏晋时期比较活跃，中国古代文献记载的乌桓历史情况也主要反映其在这几个历史时段的情况。魏晋以后至辽代，乌桓史迹在文献记载中逐渐减少，且难究其真。清代，一些著述中涉及乌桓及乌桓山，以及与此相关的问题，值得注意。考古发现与研究为研究乌桓历史提供了十分宝贵的新线索，把文献记载与考古资料结合起来进行深入分析是推进乌桓史研究的重要途径。

第一节　文　献　史　料

乌桓在中国古代史籍中出现较早，但系统记载乌桓历史的文献却只有《三国志》以及《三国志》注引《魏书》和《后汉书》等几部，其他古籍也或多或少可见与乌桓有关的内容，但多为转抄或对相关史实的考辨。由于乌桓历史与东胡被击垮有着密切的关系，所以，涉及东胡历史情况的《逸周书》《山海经》《史记》等在研究中也被高度重视。东汉时期的刘珍等撰写的《东观汉记》、北齐人魏收的《魏书》、唐代房玄龄等撰写的《晋书》、宋代司马光主持编著的《资治通鉴》、清代梁玉绳撰写的《史记志疑》、清代张穆撰写的《蒙古游牧记》等史籍，也都对乌桓历史或多或少有所涉及、订正或评议。对于不同时代的各类史籍的记述，在研究乌桓历史时均应辨析和参考。

在先秦史籍《逸周书》中，简略地保留有东胡的内容。书中记载的"东胡黄罴""山戎菽"等，对于辨析东胡的源流和活动区域，从动物和植物角度判断其生活地区的自然状况和经济生活都是值得重视的线索。黄怀信等撰、李学勤审定的《逸周书汇校集注》（修订本），广引各部史籍之说，对深入理解史料颇有启发。

另一部涉及东胡点滴史迹的文献《山海经》，也在探讨东胡源流时受到学界的关注。《山海经》大体成书于战国中期至汉代早期，作者尚不清楚。对于此书，学界褒贬不一。这部书中几乎囊括了中国古代早期历史中的神话、地理、历史、民族、动物、植物等丰富内容，共有《山经》五卷、《海经》十三卷。虽然所载内容有些怪诞，但对研究远古时代的历史以及地理有着十分重要的价值。东胡的历史情况在《山海经》中有所反映，特别是将东胡的地理位置定位在"大泽东"，还举出了"夷人""貊国"等与东胡邻近或大体在一个区域内活动的有关古族的地理位置关系，在一定程度上与司马迁《史记》的记载相呼应，至今仍然是学界考察东胡活动区域时参考的重要线索。

西汉时期的史学家司马迁撰写的《史记》是中国古代第一部纪传体史书。这部史籍不仅记载了中原地区上至上古传说中的黄帝时代到西汉武帝时期的历史，而且系统记载了当时活动在北方草原地区的东胡、匈奴、月氏等族的历史。因匈奴与东胡和月氏有多种形式的交往，在一定的历史时期内东胡又比匈奴强大，所以《史记》中针对东胡历史的内容也相对较多。史料中直接或间接记载的关于东胡与匈奴势力的强弱对比，双方所在的主要活动区域和习俗、社会和行政统治形态、政治和经济关系，东胡如何被匈奴击垮，东胡与燕国的地理位置关系以及战和交往等，对研究乌桓的源流都是十分珍贵的史料。而《史记·货殖列传》中提到"乌桓"这个名称，说明当时乌桓已为人们所知，也为探讨东胡与乌桓的历史提供了难得的线索。司马迁撰写《史记》是在汉武帝太初元年（前104）至征和二年（前91），这部史籍中有"乌桓"名称出现，说明司马迁撰写时有相应的依据。

班固亦为汉代史家，其撰写的《汉书》，在体例上基本承袭了《史记》，虽然有取消《史记》的"世家"而将其并入"列传"等改动，但总体仍然是纪传体史籍。《汉书》尊奉刘氏为正统，注重系统地记载西汉时期中原政权历史的方方面面，并在帝王、官僚家族的记述方面着墨较多。对于中国古代北方草原地区匈奴等族的历史，《汉书》没有回避，并且记述了一些《史记》没有载入的内容。乌桓族的一些历史情况，在《汉书》的《纪》《传》《志》各部分都有记载，而且比《史记》略显详细，直接提及乌桓情况的内容比《史记》有所增加。诸如西汉昭帝年间度辽将军范明友在辽东地区对乌桓的打击和迁徙；王莽时期与乌桓的关系，匈奴与乌桓的关系等。如果把《史记》和《汉书》对乌桓的记述结合起来，可以初步得知东胡被击垮以后乌桓历史的走向，与东汉时期乌桓的历史能够在时间和空间上有所连接。

在中国古代文献中，比较系统和全面地记载东胡与乌桓历史的史籍当属范晔的《后汉书》和陈寿的《三国志》。

《后汉书》的作者范晔，生活在中国古代南北朝时期南朝的第一个政权（刘）宋时期。范晔少年好学，博览经史，个性颇强，凡事多有己见。宋文帝刘义隆元嘉九年（432）冬，彭城太妃去世，范晔与兄弟广渊在其下葬的头天夜里酣饮，并以听挽歌为乐，激怒了彭城王刘义康，范晔被降职为宣城太守，"不得志，乃删众家《后汉书》为一家之作"①，时年34岁。可见，这部史籍是范晔在任宣城太守时着手撰写的。中华书局点校本《后汉书》"点校说明"指出了范晔撰《后汉书》是"以《东观汉记》为主要依据，参考各家的著作，自定体例，订讹考异，删繁补略，写成《后汉书》"。可以肯定，"删众家《后汉书》"的过程，就是鉴别、取舍的过程，也说明当时可供参考的文献较多，如王沈的《魏书》、陈寿的《三国志》以及其他一些史籍。范晔在《狱中与诸甥侄书》内也谈到，"既造《后汉》，转得统绪，详观古今著述及评论，殆少可意者"②。以此来看，即便作者有凭主观判断选取内容之嫌，但博览众史，选"可意者"入书却是基本态度。至今，范晔当年参考的史书已经所存无几，《后汉书》保留下来的史料无疑是珍贵的。在这部史籍中，记载了东汉光武帝刘秀建武元年（25）至东汉献帝建安二十五年（220）间近200年的史事。实际上，其对建武元年以前历史的回顾也有一些。值得注意的是，在这部纪传体史书中的《乌桓鲜卑列传》，比较详细地记述了乌桓的历史源流、习俗以及发展迁徙过程、与中原政权和北方草原地区各族的关系，这肯定是有益于系统全面地研究乌桓历史的。当然，在范晔撰写《后汉书》时，王沈的《魏书》和陈寿的《三国志》已经先其成书，《乌桓鲜卑列传》中

---

① （南朝梁）沈约：《宋书》卷69《范晔传》，中华书局点校本，1974年，第1820页。范晔曾任刘义康门下的"冠军将军""秘书丞"。

② 《宋书》卷69《范晔传》，第1830页。

的内容略同于《魏书》和《三国志》，说明范晔在撰写时做了参考和增删，也有保留。但是，不仅《乌桓鲜卑列传》的内容并不完全同于《三国志》和《魏书》，而且，《纪》《传》等内容中出现的与乌桓有关的史迹，也存在许多相异之处。所以在研讨乌桓历史时，《后汉书》仍然是值得细致辨析的重要史料。

研究乌桓历史的另一部史籍《三国志》，不仅记述了中国古代三国鼎立时期魏吴蜀大约60年的历史，还以较大篇幅记述了北方草原地区各族的历史，对乌桓被曹操迁徙到中原地区以前的历史记载较为系统。《三国志》记事相对完整，价值颇高。因其成书年代早于《后汉书》，又有裴松之的大量补注，史料价值尤显珍贵。

中华书局点校本《三国志》，涉及主要作者有陈寿以及为《三国志》作注者裴松之。陈寿（233—297）为西晋时期人，字承祚，西晋巴西安汉（今四川省南充）人，《晋书》有《陈寿传》。陈寿担任西晋阳平令后，撰《蜀相诸葛亮集》。此后，又"撰魏吴蜀《三国志》，凡六十五篇。时人称其善叙事，有良史之才"[①]。陈寿在《三国志》中专门设置了《乌丸鲜卑东夷传》。此中，对汉末魏初以来的乌桓历史做了简要记载，直至建安十一年（206）曹操亲征袁尚和蹋顿并将乌桓余众"徙居中国"，虽文字简练，但可窥其概貌。关于汉末魏初以前乌桓的历史情况，陈寿做出了"撰汉记者已录而载之矣"的解释。当然，在《三国志》的其他部分，也或多或少有与乌桓有关的记述，这些都是研究乌桓历史的宝贵资料。

虽然陈寿未能记载汉末魏初以前与乌桓有关的历史，但在陈寿死后约一百三十年，裴松之为《三国志》作注，增补了大量的内容，其中就有王沈的《魏书》、三国时期魏国人王粲的《英雄记》以及魏人鱼豢撰写的《魏略》。《宋书》卷64《裴松之传》记载，"上使注陈寿《三国志》，松之鸠集传记，增广异闻，既成奏上"。在裴松之的《上三国志注表》中，留下了他对陈寿《三国志》的评价，也谈到了为之作注时把握的几个原则，即"寿所不载，事宜存录者，则罔不毕取以补其阙。或同说一事而辞有乖杂，或出事本异，疑不能判，并皆抄内以备异闻。若乃纰缪显然，言不附理，则随违矫正以惩其妄。其时事当否及寿之小失，颇以

---

① （唐）房玄龄等：《晋书》卷82《陈寿传》，中华书局点校本，1974年，第2137页。

愚意有所论辩"①。按照这几项作注原则，对照王沈《魏书》关于"乌丸"的内容以及散布在《三国志》其他内容中的裴注，裴松之为《乌丸鲜卑东夷传》所补之注在内容上做了大量的增补，弥补了陈寿书中的不足。当然，对这些增补史料中那些类似"疑不能判"的内容，还需在研究中细致辨析，甚至要期待考古发掘的证明。

除上述史籍外，乌桓史迹还见诸唐代房玄龄等撰写的《晋书》、北齐魏收撰写的《魏书》，以及《旧唐书》《新唐书》《辽史》等各部史籍。这些史籍中记载的乌桓（或乌丸）情况，多与乌桓同各族交往、交融有关，内容呈零散分布状态，很难从中观察到乌桓在这些历史时期演变的总体面貌。而且，有的史料所载之事，已经是乌桓消失多年甚至百年以上的情况，如《旧唐书·北狄列传》所谓的"古乌丸之遗人"，《辽史》中提到的"乌州……本乌丸之地"等。这些与乌桓有关的史料，均应做仔细的辨析，在引用时当慎重对待。

第二节 研 究 概 况

在中国古代历史中，乌桓是源自东胡，并在秦汉至魏晋时期有一定影响的游牧古族。

长期以来，学界对乌桓历史颇为关注，凡需进行考察和论证的问题，几乎都有专题性论文探讨，一些专著也用了较大篇幅系统阐述乌桓历史。在相关成果中，东胡与乌桓之间的族源关系、乌桓人的迁徙、乌桓人的习俗、乌桓与匈奴的关系、乌桓与鲜卑的关系等，学界的看法大体趋于一致。但是，由于史籍对乌桓史实的记载比较简略，可用来辨析和考订的内容很少，加之乌桓活跃在历史舞台的时间也较短，没有建立本族政权，其历史发展的纵向线索基本在被动迁徙的过程中展现出来，所以，对乌桓历史从政治、经济、文化等方面进行整体把握始终是研究中的难题。如果与匈奴、鲜卑等大致处于同时代的北方游牧古族的历史研究相比较，乌桓史的研究仍处于较为薄弱的状态。尤其是在一些争议较大的问题上，研究者在对史料的取舍与认识、研究方法、对考古发现的评判

---

① 《三国志》裴松之《上三国志注表》，第1471页。

等方面仍然各执已见，探讨之途仍然漫长而艰难。

至今，一些颇有见地的研究成果为撰写一部全面、系统的乌桓史提供了有益的思路。只有汲取以往研究的精华，更为深入地分析史料，力争在有分歧的问题上有所推进，才能向着真实的乌桓历史面貌靠近。学界以往对乌桓的研究，正是在坎坷的道路上不断前行，为今天寻求新的突破点导向和铺路。

早在清朝初期，致力于地理沿革研究的顾祖禹在撰写《读史方舆纪要》时结合"赤山""乌桓山"的关系和位置，讨论了与乌桓有关的问题[①]。一般认为，这部书完成于康熙三十一年（1692）前，在时限上虽然仍然属于中国古代时期，但作者对问题的辨析和讨论已非一般性叙述和罗列史料，所以，亦可视为讨论与乌桓有关问题的早期著作。此外，在清朝时期的史书中涉及乌桓山问题的还有《御批历代通鉴辑览》《大清一统志》以及部分志书。至清朝后期，由致力于西北地区历史地理的学者张穆撰写、何秋涛补注的《蒙古游牧记》于咸丰九年（1859）由祁寯藻[②]筹资付印，书中也对乌桓、乌桓山等问题进行了讨论。此书运用蒙古语转音方法进行研究得出的结论，至今仍影响着相当多的学者。而在1915年浙江图书馆的刻本《浙江图书馆丛书》中，清末学者丁谦的《后汉书乌桓鲜卑传地理考证》一卷也是对后人研究乌桓和鲜卑历史影响颇大的论著。除了以上论著外，光绪十三年（1887）曹廷杰撰写的《东三省舆地图说》等，也都涉及与乌桓山、乌桓有关的问题，在研究中也得到学者的关注。

近现代以来，国内外学界在对乌桓的研究方面不断取得进展，虽然在许多问题上仍然争议较大，但视野不断拓宽。

1934年，在日本学者白鸟库吉撰写的《东胡民族考》[③]一书中，专门

---

① （清）顾祖禹撰，贺次君、施和金点校：《读史方舆纪要》卷18《北直九·附考·赤山》，中华书局，2005年，第854页。

② 祁寯藻（1793—1866），字叔颖，山西寿阳县平舒村人。官至体仁阁大学士、首席军机大臣。他在筹资付印《蒙古游牧记》时为之作序，提出了不朽的著述当为"陈古义之书，则贵乎实事求是；论今事之书，则贵乎经世致用"的经典论断。

③ 〔日〕白鸟库吉著，方壮猷译：《东胡民族考》，商务印书馆，1934年。

设置了研究乌桓与鲜卑的章节内容,研究者主要运用语言学方法对东胡以及东胡被匈奴击溃以后形成的各族进行了考证,涉及了乌桓、鲜卑的名称、地名以及姓氏等,然而,这一成果未能全面、系统地针对东胡系各族的历史进行研究,特别是对乌桓历史的全貌尚未廓清。其他一些日本学者,诸如内田吟风、鸟居龙藏、前田正明、吉本道雅等,也都针对乌桓源流、族属、乌桓邑落及乌桓"大人"、乌桓人在某一历史时期的迁徙与分布、研究乌桓的史料等各类问题进行过论述和辨析,对研究乌桓历史有一定的启迪。但日本学者的研究,总体缺乏对汉文史籍的详细解读,运用的考古学成果多为20世纪30年代前后在赤峰地区的发现,争议较大。而且,在古籍与考古发现的结合方面亦尚缺乏系统的、有说服力的成果。

马长寿撰写的《乌桓与鲜卑》①是较早系统研究乌桓历史的著作。作者比较深入地阐述了乌桓人的邑落公社、乌桓与匈奴等北方各族的关系、乌桓人的迁徙以及分布、乌桓在中国历史中的地位等问题,拓展了学界对乌桓史研究的眼界,至今仍是研究乌桓历史必读之书。

1989年,林幹撰写的《东胡史》②问世,书中用较大篇幅讨论了乌桓问题。这部著作把史籍记载与考古资料相结合,将中国古代北方民族中的东胡系统作为研究对象,对系统中涉及的各个民族逐一进行研究。上限起始于东胡初见于史,下限达1840年。全书共十四章,前三章是对乌桓历史的专题研究,涉及东胡时代的历史、乌桓的社会制度、乌桓族的兴衰及其与中原王朝的关系。这部著作将乌桓史中已经深入和有待进一步研究的问题展现给学界,许多问题至今还在热烈研讨中。1998年,作者的《中国古代北方民族通论》问世,书中根据语言文化、族源族属、经济类型、风俗习惯、活动地区各个要素,把中国古代北方民族划分为五个族系。列出了东胡系统活动在不同历史时期的诸族,包括"东胡、乌桓、鲜卑、柔然、契丹、库莫奚、室韦、蒙古"③。尽管学界对五个族系的划分还存在一定的争议,但在研究乌桓历史方面,还是从族源到流向角度对后来的研究有所启迪。

---

① 马长寿:《乌桓与鲜卑》,上海人民出版社,1962年。
② 林幹:《东胡史》,内蒙古人民出版社,1989年。
③ 林幹:《中国古代北方民族通论》,内蒙古人民出版社,1998年,第4页。

2003年3月，田余庆的著作《拓跋史探》①，以"代北地区拓跋与乌桓的共生关系"为题，探讨拓跋鲜卑在进驻阴山盛乐地区时期与乌桓人的互动关系，针对拓跋鲜卑始祖力微至道武帝拓跋珪时期，乌桓族在拓跋鲜卑历史中究竟占有什么地位、起了什么作用，以及对乌桓历史中某些扑朔迷离的问题均做了细致的探讨，在某些环节无法得到实证的情况下，依据现有史料做了细致入微的分析，对今后的研究很有启发。

除上述著作外，在一些系统或专题研究中国古代北方游牧民族历史的著作中，也或多或少地纳入了与乌桓历史有关的专题内容。其中，针对乌桓族源与东胡的关系、乌桓人的迁徙及其历史演变、乌桓人的习俗等方面的研究较为普遍。

内蒙古自治区蒙古语言文学历史研究室、内蒙古大学蒙古史研究室编写的《中国古代北方各族简史》，结合考古资料，对东胡、乌桓、鲜卑做了比较系统的论述，认为乌桓和鲜卑都是"东胡部落联盟中两个比较大的部落集团"，并对乌桓历史有概括阐述。

孙进己的《东北民族源流》一书专设一章，探讨东胡、乌桓、鲜卑的源流。作者商榷性地提出，"是否可认为乌桓的发源地应在匈奴之东，今大兴安岭南端地，东胡强盛，乌桓被迁居于今西喇木伦河一带"②。这一看法，明显带有乌桓是从"大兴安岭南端地"迁到"西喇木伦河一带"的倾向。对于乌桓人的流向，也提出了一部分进入了今天的华北地区，一部分留居东北，逐步融合到其他各族中的看法。

中国北方民族关系史编写组编写的《中国北方民族关系史》，以"北方民族关系史是中国民族关系史乃至整个中国历史的主要组成部分"为基点，对包括乌桓在内的中国古代北方游牧各族与中原的关系进行了探讨，认为乌桓最终与中原内地人融合在了一起。

张碧波和董国尧主编的《中国古代北方民族文化史》（民族文化卷）是一部从文化角度系统研究北方各个民族历史的著作。这部著作对东胡的基本情况做了探讨，指出乌桓是东胡被匈奴击败后逃散的一支，对乌桓的历史有简要介绍。作者依据历史文献并结合考古资料，比较系统地

---

① 田余庆：《拓跋史探》，生活·读书·新知三联书店，2003年。
② 孙进己：《东北民族源流》，黑龙江人民出版社，1987年，第35页。

论证了东胡与乌桓文化的关系，针对乌桓的生产与生活、居住、服饰和习俗、婚姻、与汉文化的关系等做了研究。

姚薇元的《北朝胡姓考》（修订本）较为系统地考证了乌桓人姓氏变迁，对研究乌桓逐步融入中原各族以及北方其他游牧古族的历史有一定的参考价值。

安介生的《历史民族地理》（上），针对乌桓族发源以后的迁徙与分布进行了探讨，作者认为，汉武帝时期将乌桓人迁徙到五郡塞外，"乌桓人的聚居地也就从乌桓山麓转移到汉朝边塞附近"[1]。其所提到的"乌桓山麓"，可以理解为乌桓人最早的活动地区。一般来讲，"山麓"是指以某座山为中心的一个区域，并非孤零零的一座山。这个思路类似于《东北民族源流》提出的乌桓在某"一带"活动的看法，将乌桓山放在了一个区域中去考察和研究，相关区域中或许有数座山成为被考察的对象，视野较宽。

一些考古发现以及研究报告的出版，对探究乌桓族历史有着重要的参考价值。

1971年秋季，在内蒙古自治区和林格尔县"东南40公里、新店子公社西2.5公里红河（浑河）北岸的高地上"[2]发现了一座东汉时期的壁画墓。经内蒙古自治区文物工作队数年的发掘、清理与研究，1978年出版了由内蒙古自治区博物馆文物工作队编著的《和林格尔汉墓壁画》，书中对壁画做了全面的文字介绍并附有发掘中保留下来的全部图片和文物信息。这一重大考古发现，真实地再现了东汉时期乌桓与东汉朝廷之间相互交往的场景，也印证了史籍中记载的与护乌桓校尉有关的许多问题，对乌桓史以及乌桓与中原政权的关系史的研究具有极其重要的价值。

1987年，北京市文物研究所的靳枫毅刊文指出，"从空间看，夏家店上层文化的分布地域与文献记载的东胡活动地域，在地望上相合不悖"，"从时间看，夏家店上层文化所跨越的历史时代，与文献记载的东胡活动的时代，亦相合不悖"[3]。除了这两点外，文章还从畜犬和殉犬习

---

[1] 安介生：《历史民族地理》（上），山东教育出版社，2007年，第226页。
[2] 内蒙古自治区博物馆文物工作队编著：《和林格尔汉墓壁画》，文物出版社，1978年，第1页。
[3] 靳枫毅：《夏家店上层文化及其族属问题》，《考古学报》1987年第2期。

俗、髡头习俗、葬俗、体质人类学等方面做了对应考察，得出了"辽西地区的夏家店上层文化，应是历史上的东胡文化"的推断性结论。由于这一推断性结论是基于对大量考古发掘资料的分析与研究，同时也紧密结合了文献记载的东胡、乌桓、山戎的相关史实，所以对东胡历史的研究很有启发，对东胡以后乌桓历史的研究也提供了相应的思路。1995年，林沄刊发《东胡与山戎的考古探索》[1]，经过对考古发掘资料的详细分析，提出了夏家店上层文化"东胡说"的商榷意见。此后，吉林大学边疆考古研究中心和内蒙古文物考古研究所的《2002年内蒙古林西县井沟子遗址西区墓葬发掘纪要》一文认为，"井沟子类型是赤峰地区目前可以确定的年代最早的发达畜牧业类型遗存，将它指认为东胡，从经济形态上看，无疑是最为合适的"[2]。针对夏家店上层文化与东胡历史关系的考古学文章还有一些，但至今尚未达成一致看法。王立新的《探寻东胡遗存的一个新线索》[3]一文，肯定了井沟子类型与东胡的密切关系。

平洋墓葬的发掘对研究东胡时代的历史有着重要的意义，对判定乌桓早期活动的区域也有不容忽视的参考价值。黑龙江省文物考古研究所杨志军、郝思德和李陈奇共同编写的《平洋墓葬》[4]，系统介绍了墓葬的发掘及遗物情况。1989年，他们三人共同撰写的《平洋墓葬族属初论——为纪念苏秉琦先生从事考古工作55周年而作》一文认为，"平洋墓葬所处的地望和跨越的历史年代，与文献记载的东胡族活动的地域和时间，大体上是吻合的"[5]；内蒙古自治区境内的达赉湖（又名呼伦湖、呼伦池，位于内蒙古自治区呼伦贝尔草原西部的新巴尔虎右旗境内）以西的草原地带属于匈奴活动的范围，"达赉湖之东的黑龙江省西部地区也应在

---

[1] 林沄：《东胡与山戎的考古探索》，《环渤海考古国际学术讨论会论文集》，知识出版社，1996年。
[2] 吉林大学边疆考古研究中心、内蒙古文物考古研究所：《2002年内蒙古林西县井沟子遗址西区墓葬发掘纪要》，《考古与文物》2004年第1期。
[3] 王立新：《探寻东胡遗存的一个新线索》，《边疆考古研究》（第3辑），科学出版社，2004年，第84—95页。
[4] 黑龙江省文物考古研究所：《平洋墓葬》，文物出版社，1990年。
[5] 郝思德、杨志军、李陈奇：《平洋墓葬族属初论——为纪念苏秉琦先生从事考古工作55周年而作》，《北方文物》1989年第3期。本段后面引文不加注者皆出此文。

东胡属地范围之内，且可能为其北界的一部分"。文章中也指出了平洋墓葬与夏家店上层文化"都属于东胡文化系统"。而米文平经过对平洋墓葬相关内容的分析后认为，"平洋文化只能属于乌丸"。另外，潘玲等学者也针对平洋墓葬进行了细致的分析，发表了很有见地的看法。

引起考古和历史学界高度重视的另一个考古遗址是辽宁省西丰县乐善乡执中村西北发现的西岔沟古墓群。1960 年，孙守道首先发表了《"匈奴西岔沟文化"古墓群的发现》，文章认为："就这一文化的主要内涵而言，属于匈奴文化系统是没有问题的。"但随着对古墓群地理位置、遗物等多方面的细致研究，持有反对意见者不断出现，学界先后提出了乌桓说、夫余说等。2012 年，范恩实针对西岔沟古墓群的族属发文，将考古资料与古籍记载紧密结合，多角度的分析，特别是在与平洋墓葬的结合分析方面，得出平洋墓葬为西岔沟类型文化的源头的看法，对研究东胡与乌桓历史很有启发。当然，若要将西岔沟古墓群涉及的几个关键性问题放在历史研究中去考察，有几点是必须注意的。一是从西岔沟古墓群所处地理位置看，其位于西汉辽东郡的北部地区，这里"距离汉长城线不远，在这里存在一支文化发展水平较高而又不为汉所知的部族的可能性很小"[1]；二是从其所处的时间区间看，正是西汉武帝至西汉昭帝时期[2]；三是从其反映的经济形态来看，属于古代游牧特征；四是从文化内涵的复杂性来看，具有以游牧文化为主并且与中原文化共存和交融的特点。而综合这几个方面结合史籍记载全面考量，西岔沟古墓群的族属为乌桓的可能性是最大的。正因如此，范恩实经研究得出的"能够留下西岔沟类型文化遗存的正是乌桓"[3]的结论，具有很强的科学性。

学界也有许多论文针对东胡与乌桓、乌桓山、"古乌丸之遗人"等问题展开研讨和辩论。

对于乌桓山与乌桓名称的研究，林幹在《略论两汉时期乌桓人的最初驻牧地及其后的迁徙和分布》一文中指出了关于乌桓北逃后的最初驻

---

[1] 范恩实：《论西岔沟古墓群的族属——兼及乌桓、鲜卑考古文化的探索问题》，《社会科学战线》2012 年第 4 期。
[2] 孙守道：《"匈奴西岔沟文化"古墓群的发现》，《文物》1960 年第 8、9 期。
[3] 范恩实：《论西岔沟古墓群的族属——兼及乌桓、鲜卑考古文化的探索问题》，《社会科学战线》2012 年第 4 期。

牧地的争议主要集中在乌桓人是因山得名，还是乌桓山因乌桓人而得名；乌桓人最初退居之地是乌桓山还是赤山；乌桓山与赤山是一座山还是两座山，山在哪里等诸问题。对于第一个问题，林幹做出了"乌桓族因山得名，或本有据，或也可能出于推测"的回答；针对第二个问题，作者结合东胡被匈奴击溃的历史，认为作为东胡的余部，"乌桓一支便就近逃至老哈河以北的西拉木伦河流域"，后来又转向"今阿鲁科尔沁旗西北的乌桓山一带"，实际上是肯定了张穆《蒙古游牧记》"乌辽山"一说。在文章中，作者也明确指出"乌桓山与赤山并非一山"。应当说，这篇文章在学界争论的这三个问题上还是起到了梳理脉络和拓展研究思路的作用的。

田广林《释乌桓山》一文认为，乌桓、乌丸"皆为乌桓语的汉译谐音"，分别为东汉和三国时的"译名"，乌桓山即今天内蒙古自治区巴林右旗境内之"罕山"，罕山即契丹之黑山。这是作者对乌桓名称以及乌桓山来源的明确的回答。但时至今日，除了用蒙古语将乌桓或乌丸译为"红"，尚无任何资料证明汉代或三国时期在口语或书面语中将乌桓、乌丸译为"红"或"赤"。同样，学界主张或赞成这类看法的其他著作或文章，也没有拿出可以支撑的史料。

针对乌桓山的争议，还有张博泉在《乌桓的起源地与赤山》中主张的乌桓山为今天蒙古国的肯特山之说；杨军在《乌桓山与鲜卑山新考》一文中指出"乌桓山应为东乌珠穆沁旗东北部的宝格达山"，提出乌桓人的原居地以"今内蒙古自治区锡林郭勒盟东乌珠穆沁旗东部为中心"说；米文平在《平洋墓葬为乌丸遗迹论》中则主张将原初之乌桓山（赤山）定位于大兴安岭北段向东的伊勒呼里岭一带。

张久和在《东胡系各族综观》一文中认为，《魏书·乌洛侯传》所载之"完水"就是额尔古纳河①，"古代又称乌桓水"，"远在辽东西北数千里的赤山地望颇有在这一带的可能"。作者的另一篇论文《室韦地理再考辨》对《旧唐书》卷199下《北狄·室韦传》记载的"乌罗护之东北二百余里，那河之北有古乌丸之遗人，今亦自称乌丸国。武德、贞观中，

---

① 额尔古纳河位于内蒙古自治区东部呼伦贝尔，其上游称海拉尔河，发源于大兴安岭西侧。

亦遣使来朝贡"①中的"乌丸国"做了探讨，认为"乌丸国就在南瓮河之北（那河之北）伊勒呼里岭附近一带地方"。这一看法与米文平基本一致。"伊勒呼里岭"又称"伊勒呼里山"，位于黑龙江省西北部，属于大兴安岭中部的一条主山脉，主峰大白山海拔约1528米。

除以上论著外，相关成果还有一些，此不一一介绍。

从大约公元前206年冒顿单于击溃东胡，到史籍中出现乌桓名称的汉武帝元狩四年（前119），再到唐代"古乌丸之遗人"见诸史籍，乌桓人出现和最后消失的时间都比较模糊，难以用一个准确的年代界定，对乌桓人在中国古代历史上活动了近千年（以906年唐朝末年计）的史迹也很难全面系统地研讨。而且，在对乌桓历史的研究中，还有许多学术界仍然争论较大并有待继续深入研讨的问题。其中，以下问题尤其应当引起注意。

其一，"乌桓"名称之由来。

因史籍中有"乌丸者，东胡也""鲜卑亦东胡之余也"以及乌桓山、乌丸山、鲜卑山②的记载，所以，研究者在探讨乌桓早期历史时，多与东胡、乌桓山、鲜卑山等联系在一起。但是，迄今为止，学界还没有对东胡、乌桓、鲜卑称谓的由来形成一致的看法，甚至对"乌桓"这个称呼从何而来还没有科学的解释。虽然史籍确凿地记载了乌桓因山为号，但是，这只能说明山名是先于族名而存在的，基此，多数学者对乌桓因"乌桓山"而得名持肯定意见。那么，"乌桓山"又是何时、如何得名，对此，至今尚未得到明确的解答。

其二，乌桓最早的活动地区。

东胡被匈奴彻底击垮后，从东胡集团中溃逃出来的一支形成乌桓，至西汉武帝时期才出现大规模迁徙。这样，这支被称为"乌桓"的族群，最初驻牧在哪里便成为学界关心的重要问题。虽然夏家店上层文化、平洋墓葬、西岔沟古墓群的发现和研究为探讨东胡和乌桓人早期历史情况

---

① （后晋）刘昫等：《旧唐书》卷199下《北狄·室韦传》，中华书局点校本，1975年，第5357页。
② （晋）陈寿撰，（南朝宋）裴松之注：《三国志》卷30《魏书·乌丸鲜卑东夷传》注引"《魏书》曰"，中华书局点校本，1959年，第832、836页；（南朝宋）范晔：《后汉书》卷90《乌桓鲜卑列传》，中华书局点校本，1965年。

拓展了空间，但学界对东胡活动的区域与乌桓最早活动的地区之间的关系仍然未能取得一致看法。而对于乌桓人最早活动地区的定位，又直接关系到对东胡集团消失以后乌桓早期历史中许多问题的判断。

其三，用语言学结合历史学对"乌桓"含义进行解释尚有争议。

清朝时期，有的学者用蒙古语对"乌桓"的含义进行解释，并指出"乌桓"与"乌兰"同为"红""赤"之意，这种方法与结论，至今仍然被一些学者沿用。当然，对于某种历史问题，从多学科角度运用多种方法进行研究，有利于拓展视野，也有可能从某个角度接近真相或取得进展。但是，这种研究方法，也要注意多学科之间互通的科学性。早在乌桓源起的时代，其本族之间相互交流会用"乌桓语"①，这是没有疑问的。但是，"乌桓语"与"东胡语"有哪些联系皆无史证，不仅没有文字，就是汉字音转留下来的内容也是极少。然而，在东胡至乌桓生活的时代，中原地区的语言文字却早已存在，"乌桓""乌丸"出现在汉文史籍中，当是中原史家对乌桓语的音译。这里所说的"音译"，就是把与"乌桓"这个发音用音相似的汉字写入史籍，但这种用来音译的汉字本身只是语音以及汉字的书写形式，并不包含"乌桓语"的原意。而且，《三国志》注引"《魏书》曰"中记载的"乌丸者，东胡也"以及《后汉书》记载的"乌桓者，本东胡也"都不是从语言角度进行的解释，而是从东胡与乌桓之间族源关系的角度记载的。19世纪至20世纪，随着学界对阿尔泰语系做了相应的定位后，东胡和乌桓被归入了东胡系统，同样，被归入东胡系统的各族中还有鲜卑、柔然、契丹、库莫奚、室韦、蒙古。并且，学界也将东胡系的各族视为阿尔泰语系中的"蒙古语族"。然而，东胡系统各族生活在不同的历史时期，不同的地域，各族的语言是否发音一致，是否有继承性（或传承性）等并无历史依据。而且，至清代用蒙古语还原"乌桓语"，已相隔约两千年，其语言在发音方面有过哪些演变，古语、近代语等诸方面是否有差异都还谜团重重，即使是今天仍然在使用的蒙古语，因历史之久远、地区之有别，也在发音方面有着各种差异。这样，用清代或现代蒙古语转音方法能否定位千年以前的

---

① 在此暂用"乌桓语"表示。因为，"乌桓"是否是以其本族语言命名，乌桓语的详细情况还有待研究和破译。

"乌桓""乌丸""乌桓山""赤山"等相关名称，并按照蒙古语的意思翻译"乌桓"的汉语意思还应当继续研究。

其四，乌桓人的社会组织、社会性质以及为什么没有建立本族的政权等问题。

对于这类问题，有较多的学者针对乌桓人的邑落做了探讨，有学者认为乌桓人已经进入了奴隶制社会。然而，乌桓人即使有"邑""落"组织，但却十分的松散，最多时不过万余落，并且，由于中原政权的打击、迁徙等，乌桓各个邑落集中存在的时间都比较短，其管理系统也不健全。而且，在不断迁徙中还经常变化，即使到了东汉末年的蹋顿时期，也没有作为政权存在的特征。对这些方面的内容，由于资料十分零散，所以，尚难以系统研究。

上述所列都是长期困扰学界并仍在不断争论的问题。除此之外，针对乌桓历史中的一些细节问题，如乌桓人的服饰、丧葬、婚俗、其种植的青穄、祭祀等，也存在着各种学术看法。当然，争议中出现的各种思路都将成为继续全面研究乌桓历史的借鉴和参考。

第二章 乌桓的族源

学界对乌桓的族源的看法基本是倾向于东胡，或者认为乌桓原本就是东胡。这样，东胡活动的区域以及与东胡名称和历史有关的内容也就成为研究乌桓历史不能回避的问题。按照史籍提供的线索，东胡最早活动在"大泽"一带。围绕"大泽"在哪里，出现了"达里诺尔湖"和"呼伦湖"的争议。在考古发掘中，也有夏家店上层文化、井沟子遗址、西岔沟文化、平洋墓葬等诸说。"东胡"这个称谓来源于其活动的方位，而在东胡被匈奴击垮以后，"乌桓"名称的来源以及对"乌桓山"地理坐标的定位都是讨论的热点问题。

第一节 东 胡 史 迹

乌桓是在东胡被匈奴击垮以后避开匈奴的追击而以较多数量的人口继续生存的一支。东胡时代的历史，对乌桓后来的发展有着潜移默化的作用。可见，如果要了解乌桓早期的历史，就应上溯到东胡时代，尽可能在扑朔迷离的文献和考古资料中找到东胡历史的蛛丝马迹，从东胡社会的各个角度探寻能够与乌桓相连接的相关历史情况。对东胡认识得越详细，就越有利于了解乌桓。

一、从地理方位看东胡

关于"东胡"称谓的由来及其源流，各类史籍的记载都是从东胡所处的方位落笔，并没有"东胡"这个称谓来源的直接证据。《史记》"索隐"引"服虔曰"载为"东胡……在匈奴东,故曰东胡"[1]。这里对"匈奴

---

[1] （汉）司马迁：《史记》卷110《匈奴列传》，中华书局点校本，1959年，第2885页。

东"的解释，还处在《史记·匈奴列传》记载的"东胡强而月氏盛。匈奴单于曰头曼"①的历史时期。张久和经过对考古发现的夏家店上层文化和记载的史籍综合分析后认为，"东胡人的文化遗存被考古学者确定为夏家店上层文化，分布于今内蒙古赤峰市、通辽市南部、辽宁省西部及河北省北部，说明东胡早期地域的南部大致达到河北滦河及辽宁大、小凌河流域。赤峰以南地区多见夏家店上层文化与战国燕文化相互叠压现象，而赤峰以北地区则少见，证明东胡有一个自北而南的发展过程。赤峰以南曾是燕国和东胡相互争夺、归属时有变化的地带"②。这一说法虽然具有较强的灵活性，但基本给出了东胡在战国甚至战国以前的活动区域，其涉及的东胡活动的方位，与《史记》记载的燕北地带也大体吻合。结合头曼时匈奴驻牧地区东部与东胡相邻的情况可知，将东胡名称中的"东"视为方位是基本没有争议的。而这个"方位"又是中原史家修撰史书时根据"燕北"和头曼单于时期匈奴东部有强大的"胡"而给出的。基此，视"东胡"为他称比较妥当。当然，如果去掉方位词"东"，"胡"就只是一个泛称，包括当时活动在东北、正北甚至西北地区的许多游猎古族，并没有像史籍中的"匈奴""月氏"那样具体地指向一个古族。这正是东胡集团成员构成复杂的一种反映，也是导致"乌丸者，东胡也""鲜卑亦东胡之余也"等模糊看法出现的原因之一。

在史籍中，从方位角度记载东胡活动区域的史料，以《山海经·海内西经》的"东胡在大泽东。夷人在东胡东"③比较多地被学者引用和辨析。不过，即使在《山海经》里，对"大泽"的记载也不止一处，并有"百里大泽"与"千里大泽"的区别。按照《山海经》对"百里大泽"方位的记载，其位置大约"在雁门北"。这里的"雁门"，当指山西省雁门山为地标的广阔区域。在春秋战国时代，雁门北部是无垠的北方草原。根据这样的地理方位，再参照《史记》燕北为东胡活动的主要区域的记载，学界一般都将东胡活动的区域大致框定在西拉木伦河及老哈

---

① 《史记》卷110《匈奴列传》，第2887页。
② 张久和：《战国时代燕、赵、秦诸国对今内蒙古部分地区的经略和管辖》，《内蒙古大学学报（人文社会科学版）》2002年第2期。
③ 袁珂校注：《山海经校注》，上海古籍出版社，1980年，第293页。以下与大泽有关的引文不另注者均出此书。

河流域，并将"大泽"初步认定为今天内蒙古自治区赤峰市克什克腾旗西部贡格尔草原西南部的达里诺尔湖①（此湖位于内蒙古赤峰市克什克腾旗，为内蒙古自治区境内第二大内陆湖）。从战国时期的燕国与东胡所处的地理位置来看，这个区域的确是"燕北"。东胡或是因为在较长的历史时期内活动在达里诺尔湖东部一带而得名。值得注意并需要进一步分析的是，《山海经》记载的是"东胡在大泽东"，也就是在达里诺尔湖以东。从地望来看，这个"以东"地区可以延伸到科尔沁草原，向东北可以延伸到呼伦贝尔大草原，这在探寻东胡与乌桓的足迹时也是不可忽略的。

对"千里大泽"的具体定位，《山海经》"郭璞注"等说法不一，学界的研究成果也莫衷一是。袁珂在为《山海经·大荒北经》记载的"有大泽方千里，群鸟所解"条做校注时留下了自己的看法。他认为，大泽有两个：一是《山海经·大荒北经》的"有大泽方千里，群鸟所解"的大泽②；一是《山海经·海内西经》所载"东胡在大泽东。夷人在东胡东"的"方百里"的大泽。如果"百里大泽"是今天的达里诺尔湖，那么，"千里大泽"就应当在另一个位置。当然，上述两个大泽是否都以"大泽"之名存在也是学界长期争议的问题。若从"东胡在大泽东"，也就是在"百里大泽"之东来分析，"东"是一个十分重要的方位界定。可以认为，今天达里诺尔湖以东、以北地区曾是东胡长期活动的区域，或者是主要活动区域。这样，也不排除在东胡时代已经有部众活动在达里诺尔湖以东并且向北部或北部偏东的今天内蒙古自治区大兴安岭一带的广阔地区延伸游动的可能。

在这个区域内，也有关于"大泽"的记载。《魏书·序纪》中就有记载拓跋鲜卑宣皇帝推寅时期，率领各部"南迁大泽，方千余里，厥土昏冥沮洳"③的史实。对于这个"大泽"定位，因内蒙古自治区鄂伦春自治旗嘎仙洞鲜卑石室的发现，印证了大鲜卑山的位置，所以，再从大

---

① 达里诺尔湖，亦称达里湖，位于内蒙古自治区赤峰市的克什克腾旗境内，在不同历史时期，达里湖也被称为"鱼儿泺""答尔海子"等。
② 袁珂校注：《山海经校注》，第424页。
③ （北齐）魏收：《魏书》卷1《序纪第一》，中华书局，1974年，第2页。

鲜卑山的位置探寻拓跋鲜卑南迁所到的"大泽",地理坐标清晰地指向了今天内蒙古自治区呼伦贝尔市所属的达赉诺尔,也称"呼伦湖""呼伦池""达赉湖",唐朝时期称"俱伦泊"。对此,学界持肯定意见的为多。当然,如果准确地按照嘎仙洞鲜卑石室到呼伦湖的地理位置分析,"南迁"也只能说是总体方向。嘎仙洞鲜卑石室与呼伦湖两个地理坐标的方位,一个在东北,一个在西南,至今仍需绕行方可抵达,可见当年迁徙之艰辛。值得注意的是,拓跋鲜卑的"南迁",实际上是又迁回了东胡时代的某些区域。而且,鲜卑人肯定是东胡被匈奴击垮以后活动在乌桓驻牧地区北部的溃逃群体,这一点也基本为学界公认。所以,东胡的"东"这个方位,如果与鲜卑和乌桓历史相联系,还需多角度进行研究。东胡的活动区域,不应该与东胡被打垮以后两支溃败者鲜卑和乌桓早期活动的地区重合,至少不会完全重合。"鲜卑山"与"乌桓山"的所在地也应具体分析,或许坐落在东胡活动区域更加东北或更为东部的地带。

当然,对于"大泽"的研讨,学界还在不断地深入,以求得更为准确的定位。基于《史记》"燕北有东胡、山戎"的记载,在"达里诺尔湖"和"呼伦湖"两个大的区域内,或将两个区域联系起来研究东胡人活动的地理范围,在总体方向上是可行的。

"东胡"这个名称,除了"东"表示方位以外,"胡"往往也与方位结合在一起出现在文献中,以表示活动在不同方位的古族。而且,"胡"也是"东胡"这个名称中的本质内涵。

一般来讲,汉文史籍中多将活动在中国古代北方草原地带的游牧、狩猎的古族泛称为"胡",大致有"胡""西部胡""东胡"等。这些名称不是这些古族的自称,而是汉人史家依据中原地区的人们长时期对北方草原地区各族的认识而选择的泛称。类似情况,在史籍中还有对东部靠海以及东北地区的古族通称"东夷"的事例。在大体方位上,"东夷"又在"东胡"的东面。在北方草原地区,作为活动于相对固定的区域的古族"胡""西部胡""东胡"都是由人数不等的人群构成,东胡就是由长期生活在一个广阔的区域内的多个经济、习俗、语言等基本一致的人群组成的联合体。至司马迁撰写《史记》时,在中原人们的普遍看法中,匈奴、东胡、月氏三大势力在北方草原中东西的分布状况已经明了,所以才被明确地记载下来。

从目前文献中能够检索到的与东胡有关的记载可知，东胡出现在中国古代的战国中后期，但对于比东胡人更早的先人却无从稽考。正因如此，直至目前仍有东胡为春秋时期活动于大约今天辽西大小凌河地区东北夷一支的屠何说，也有东胡与活动在大凌河一带的山戎存在祖源关系说，相关研究论著中还有东胡源于土方说、狄人说之类。种种论说，各依所据，对史料的看法难归于一。所以，东胡祖先为谁仍然是个不解的谜团。值得欣慰的是，经过中外学界对乌桓、鲜卑、柔然、室韦、契丹、蒙古等后继各族的研究，发现这些古族在源流上与东胡有着远近不同、亲疏不等的关系，在习俗、语言等方面也有着某些相近点，这就为从这些支系各族的历史回探东胡的史迹带来了希望。

应当指出，从文献记载中探寻东胡的历史只是主要途径，若要进一步认识东胡活动的地理空间，还必须从考古发掘和研究成果中得到印证。至今，一些发现于西拉木伦河、老哈河、大小凌河、滦河各个区域内的考古成果，在文化分布、内涵特征、遗址年代等方面都为探索东胡被匈奴击垮以前的活动区域提供了值得注意的线索。

探索人类早期活动的历史，关注自然环境是十分必要的。一个区域的自然环境对该区域内及其周边地区的人类的历史发展有着不可抗拒的影响力。环境考古学注重于从地质、地貌、气候以及资源等的演变去探索对不同地区、不同时代人类生活的影响。这些演变是不以人类的意志为转移的，但却直接关系到人们对生活场所的选择和因环境变化而迁徙等。人类生活在什么样的环境中，就会产生相应的、有区域特征的文化、社会、政治、经济、习俗甚至军事活动。环境考古表明，欧亚大陆只有在北纬40°—50°的中纬度地区是有利于人类东西向往来迁徙生活的，这个地区恰好是亚洲内陆中心的中国古代北方草原地带[①]。从大兴安岭向西、向南延伸，今天内蒙古自治区东部、辽宁省西部的一些地区基本在这个范围之内。而在这个大的区域内发现的夏家店上层文化对探索东胡的史迹是具有重要参考价值的。

考古学界对夏家店上层文化的发掘和研究从20世纪初就已经开始，

---

① 本书中的中国古代北方草原，为广义上的正北、东北、西北的三北草原地带。

至今，在对某个地区的遗址或某些出土遗物的看法方面对研究东胡很有帮助。在讨论能否将夏家店上层文化定位为东胡遗存这个问题时，学者们几乎都没有回避对夏家店上层文化的分布范围的大致框定。而且，所论夏家店上层文化的大致范围，一般都涉及河北省承德地区、内蒙古自治区的赤峰地区、内蒙古通辽市的一部分地区、辽宁省的朝阳和阜新地区；重要的河流主要涉及滦河、西拉木伦河、老哈河、大凌河、小凌河等；涉及的重要湖泊则为达里诺尔湖、呼伦湖等。较早从考古学角度认定东胡遗存的李逸友先生，在1959年就针对在"昭乌达盟宁城县南山根"发现的一批铜器等器物发表了看法，认为这批铜器的年代"可能相当于东周时期"，指出这些遗物的发现"对研究中原文化与北方民族文化的关系，有着重要意义"①。这篇文章虽然并没有明确说这些遗物是东胡的，但其估测的"相当于东周时期"的时间定位以及与北方民族文化的关系，对研究宁城地区先人的历史还是很有帮助的。此后，至1987年，靳枫毅先生把考古资料与文献资料相结合，从夏家店上层文化的基本特征与内涵出发，推论这种文化当为东胡遗存②。这篇文章全面涉及了前文提到的区域、河流和族属，论证充分，是一篇主张夏家店上层文化为东胡遗存的代表作。当然，考古学界对夏家店上层文化是否可以作为认定东胡遗存的证据也有不同意见，其中，有代表性的是林沄、王生成等先生提出的"凌河类型"说，他们从夏家店上层文化所处的时间段、人种、生活方式与习俗诸方面提出了反对意见③。

综合考古发掘和研究的成果可知，夏家店上层文化所反映的是定居的生活，原始农业因素占据着很重要的地位。所以，如果把夏家店上层文化作为东胡文化，就会出现与史籍记载的以畜牧和狩猎占主导地位的东胡经济形态有比较大的出入。当然，对于东胡文化也不能绝对地看。在史籍记载中，东胡也有定居的情况，而且也不能说东胡经济中根本没

---

① 李逸友：《内蒙古昭乌达盟出土的铜器调查》，《考古》1959年第6期。
② 靳枫毅：《夏家店上层文化及其族属问题》，《考古学报》1987年第2期。
③ 林沄：《中国东北系铜剑初论》，《林沄学术文集》，中国大百科全书出版社，1998年；林沄：《东胡与山戎的考古探索》，《环渤海考古国际学术讨论会论文集》，知识出版社，1996年；王成生：《概述近年辽宁新见青铜短剑》，《辽海文物学刊》1991年第1期。

有原始农业因素。在活动区域范围上，东胡分布在西拉木伦河一带的广阔地域内，并且以此为中心向南、西南甚至向东部和北部游动的可能性都是存在的，而夏家店上层文化的分布范围正是在这样一个大的区域范围之中。同样，夏家店上层文化存在的时间也是周初至战国时期，与《史记》等文献记载的时间大体相当。所以，把夏家店上层文化作为一说也有益于问题的讨论。

在探讨与东胡有关的考古学成果中，"井沟子遗址"[①]是具有很强针对性的发现。根据《2002年内蒙古林西县井沟子遗址西区墓葬发掘纪要》（以下简称《纪要》）可知，井沟子遗址"位于林西县双井店乡敖包吐村井沟子自然村北约400米处，西北距林西县政府所在地林西镇约40公里，南距双井店乡政府所在地约7公里"。这里正属于大兴安岭南端、燕长城以北的广阔区域，至少东胡人中的一部分在这里活动的可能性很大。发掘者认为，从出土遗物可以看出有"小河沿文化""夏家店上层文化"以及发掘者暂时主张的"井沟子类型"文化。如果从《纪要》对遗址发掘的整体介绍和分析来看，这对研究东胡或东胡以后有关族属活动情况均有参考价值。遗址所反映的畜牧、狩猎占主导地位的经济特点，正是史籍中记载的东胡以及后来的乌桓所具备的。

在井沟子遗址发掘《纪要》刊发之后，王立新在总结以往研究的基础上提出了对于东胡的认识不能仅从史料中的"匈奴东"去分析，更重要的是应当注意东胡"与胡人相同的经济形态"的看法。王立新较为全面地利用了可供参考的考古资料，撰文列举了井沟子遗址的基本情况，并与赤峰红山后、南山根、夏家店、小黑石沟等夏家店上层文化的葬俗、器皿和墓葬反映的畜群构成等进行了比较，指出"墓地中没有发现任何与农业有关的生产工具或农产品"，界定井沟子类型"是赤峰地区目前可确定的年代最早的以畜牧业经济为主、渔猎经济为辅的一种新型经济形态"，进而提出"井沟子类型不仅从年代和地域上满足与东胡相联系的条件，从墓葬所反映的经济形态上看，也与古族东胡存在着紧密的联系"

[①] 文章引证的有关井沟子遗址的内容，未加注释者皆以吉林大学边疆考古研究中心、内蒙古文物考古研究所：《2002年内蒙古林西县井沟子遗址西区墓葬发掘纪要》（《考古与文物》2004年第1期）为准。

的看法①。这项研究,对于从经济形态角度结合葬俗等认识东胡还是很有启发的。不过,研究者还是非常谨慎地做出了"我们已有理由将其视为真正的东胡族的一部分"的结论。这里所说的"一部分",或许就是东胡中的一支。在研究东胡与乌桓历史方面,井沟子遗址无疑是值得重点关注的。

另外,朱泓先生也针对井沟子遗存古代居民的体质特征,指出这部分人与东胡族系的鲜卑、契丹的人种性状非常接近,这就从另一个角度进一步拉近了井沟子遗存与东胡人的关系。

从时间和活动地区出发,运用考古资料进行综合研究的韩嘉谷很注重从某一种考古学文化的文化谱系、延续年代和分布范围以及不同地区、不同时代的考古学文化之间的关联性方面综合思考问题。他认为,"齐桓公北伐的山戎,对象是以宁城地区为中心的夏家店上层文化"②,这种以畜牧业为主的文化从内蒙古赤峰地区逐步南迁,并替代了以农业为主的夏家店下层文化。东胡文化"是在被齐桓公征伐过的土地上崛起,并联合山戎、孤竹诸部遗民,结成新的部落联盟,雄踞中国北方东部",属于"由辽东进入辽西的一个文化类型",这类遗存被称为"十二台营子类型"。这种看法,也接近史籍中东胡出现的时间和地区,从东胡对燕国的关系等方面在区域和时间上也没有大的矛盾。在应当以什么名称来称呼这样一个新的集团的问题上,韩嘉谷认为,应当采用相对于西部胡人部落的名字,称作东胡比较合适。这种看法,兼顾了"胡人"与东、西方位的要素,对认识东胡的活动范围和源流也颇有裨益。

二、东胡史迹探微

根据至今考古学的研究成果并参考文献记载大致可知,东胡这个名

---

① 王立新:《探寻东胡遗存的一个新线索》,《边疆考古研究》(第3辑),科学出版社,2004年,第84—95页。2012年,王立新发表在《草原文物》(内蒙古自治区博物馆学会、内蒙古自治区文物考古研究所主办)"探索与研究"栏目上的《关于东胡遗存的考古学新探索》一文,直接点明井沟子西区墓地遗存的"年代大致推定在春秋晚期至战国前期"。
② 韩嘉谷:《从军都山东周墓谈山戎、胡、东胡的考古学文化归属》,《内蒙古文物考古文集》(第1辑),中国大百科全书出版社,1994年,第336—347页。本段后面的引文未加注者皆出此文。

称是因区别"西部胡"以及"胡"而来。东胡是一个包含若干游牧与狩猎古族部落的政治实体。战国时期，燕国的北部、辽西地区是东胡强盛时的主要活动空间。东胡的经济形态以畜牧以及狩猎为特点，也存在一定的粗放农业。当然，若要准确无误地对东胡做出定位，还有待于针对文献和考古资料的多角度研究。

从历史发展的连续性来讲，乌桓是承续东胡而来，了解东胡时期历史的各个方面，有助于认识作为东胡政治实体中一支乌桓的早期历史，尤其是从"东胡强而月氏盛"到东胡被匈奴击垮，并有两部分人溃逃奔往他地的历史。在这个时段中，《史记》中出现了"东胡"这个称呼，此时的东胡，当在滦河向北流经的闪电河、西拉木伦河以南以及大凌河上游的广阔区域内驻牧，也不排除其会向北、向东北地区移动。当时，处在匈奴以东的东胡已经是为中原地区的人们所知的强势古族。那种"百有余戎"以及山戎"病燕"的历史已经被东胡的强大所取代。其实，《史记·匈奴列传》在记述"百有余戎"时代的情况时，也没有将东胡与山戎混淆，而是单独记载，这也在一定程度上说明了东胡和山戎在当时的影响力。

在《史记》中，司马迁着重强调了在匈奴冒顿单于建立强大政权以前"东胡强而月氏盛，匈奴单于曰头曼"①的北方草原重要势力的力量对比。在这三者中，东胡是一个松散的部落联盟，还是一个可以与匈奴比肩的早期政权，是研讨乌桓历史所必须关注的。

中原史家按照自身所处的地理位置，对匈奴、月氏、东胡在北方草原的分布情况所做的定位，说明东胡部众是有共同生活的地域的，也说明这三个古族都有各自的统治体系。与匈奴略作对比，可以大致得知东胡的一些情况。匈奴在头曼单于时期已经创立了早期政权，并作为独立的政治势力与周围各族或政权交往。处于月氏与东胡之间的匈奴，以派送人质、互不侵犯等方式维持与月氏和东胡的关系，集中力量应对中原地区秦政权的军事征讨。在与东胡的交往中，匈奴头曼单于时期未见双方有过军事冲突。冒顿单于统治匈奴早期，即使有了比头曼单于时还要训练有素的骑兵，也要对东胡一让再让，要在东胡

---

① 《史记》卷110《匈奴列传》，第2887页。

"不为备"①的情况下才采取突然袭击的战术将其击垮,说明东胡的整体力量和指挥系统并不弱于匈奴。可以认为,如果东胡有"备",匈奴就很难与其匹敌。"备",有提防、戒备之意,但在更深的层次上,也反映了当时的东胡也存在着有组织力的、运转正常的政权体制,而不是松散的部落联盟。

互派使者是国与国、政权与政权之间联络和交往的主要方式之一,一般是在有比较完善的政权体系且机制运转正常,存在双边关系时才设置和委派。东胡王向匈奴索要"千里马""阏氏""弃地"都是通过使者前往联系,东胡使者完全是以恃强凌弱的姿态出现在匈奴人面前。对匈奴层层加码的索要,尤其是对"弃地"的索要,触动了匈奴的根本利益,所以,冒顿单于才会有决不让步的"地者,国之本也,奈何予之"②的态度。"国之本"这一提法,已经明确地将匈奴与东胡的关系定性在了国与国或政权与政权的基点上。东胡"使者"是代表一个政权去他国,有着相应的政治身份。

东胡与匈奴之间国与国性质的双边关系,还体现在史籍有明确记载的双方边界问题上。东胡使者在执行使命时,肯定是跨出了自己控制的边界来到匈奴辖境,这个边界就是在匈奴与东胡活动的地区之间存在的"弃地"。史书称"东胡王愈益骄,西侵。与匈奴间,中有弃地,莫居,千余里,各居其边为瓯脱"③。对于"瓯脱"的理解,学界意见不尽一致。而匈奴与东胡之争的根本点就在"中有弃地"这个与土地有关的问题上。如果从字面理解,这个中间地带较大,能否有"千余里"很难确定,或是史家有所夸大。但双方都在"弃地"各自之边设有"瓯脱",作为监视对方、戍守己边的一种设施还是能够说通的。"瓯脱"的功能,颜师古注释为"境上候望之处"④,其意显然为边防哨卡。《史记》"集解""正义"等也解释为"界上屯守处""境上斥候之室"。可见,"瓯脱"是一个固定设施,可以解释为边防哨卡。在自己的边界设哨卡是一个政权军事防备

---

① (汉)班固:《汉书》卷94《匈奴传上》,中华书局点校本,1962年,第3750页。本段下文不加注者与本注同。
② 《史记》卷110《匈奴列传》,第2889页。
③ 《史记》卷110《匈奴列传》,第2889页。
④ 《汉书》卷94《匈奴传上》,第3750页。

比较完善的表现，也反映了政治统治的有组织、有计划性。

作为古代的政权，东胡和匈奴都有自己的最高统治者，也都与邻近政权发生过"人质"关系。

匈奴的最高统治者是"单于"，有"天子"之意，史籍中记载的最早的单于是头曼；东胡有最高首领"王"，相当于"单于"，与其具有同等的地位。而且，从东胡王对匈奴索要千里马、阏氏、土地的各项交往中可以看出，"王"与"单于"都已经不是某一姓氏或某一部落的首领，而是统治着具有相对固定的活动区域、语言和习俗相近或基本相通、长期共存的许多氏族部落或部族。在匈奴与东胡政权中，人们之间已经有了不同的地位和等级，生产的产品也能够满足日常之需，国土观念已经比较强烈。

人质关系在古代政权与政权的交往中比较常见，匈奴和东胡都与邻近政权有过人质关系。匈奴与月氏有人质关系，头曼单于就因"月氏盛"而将冒顿交与月氏为质。而东胡则同燕政权有人质关系，与匈奴将单于之子"质"于月氏不同的是东胡为接纳人质者，是燕国的大将秦开"为质于胡"。燕是战国后期最后被秦所灭的诸侯国，秦开为质于东胡，也是两个政权之间弱者对强者有失尊严的无奈的"抵押"行为。燕政权当时在军事上还难敌东胡，说明了当时的东胡不仅有政令贯通的政权，且军事实力也很强大。当然，在此之后，为质于东胡的秦开归燕以后，出于对东胡情况的了解也率兵击破了东胡，使东胡不得不向北远逃。这次东胡虽然受到了较大的打击，但主干并未被伤害，燕国只得很快筹划并修筑长城以利防范，东胡实力更由此可见一斑。

从对东胡史迹的初步分析可知，至少在与匈奴头曼单于同一时期，东胡已发展成为一个古族共同体，而且应当是以政权的形式与匈奴以及中原地区的政权共存。在《三国志》卷30裴松之注引王沈《魏书》有"乌丸者，东胡也。汉初，匈奴冒顿灭其国"的记载中，以"国"落笔是有道理的。

值得注意的是，在学界以往研究中有相当一部分成果根据《后汉书》记载的"乌桓者，本东胡"、《三国志》记载的"乌丸、鲜卑即古所谓东胡也"以及《三国志》裴松之注引王沈《魏书》的"乌丸者，东胡也"，认为乌桓就是东胡，把两者等同起来。对于这种看法，还是应当商榷的。

应当指出,在记载东胡时代历史的所有文献中,根本检索不到东胡就是乌桓的证据;在记载以"乌桓"为称谓的史籍中,只是生硬地将两者等同,并无为什么能够等同的依据;而在谈到"乌桓""乌丸"称谓的由来时,都认为是东胡被灭后"余类"保乌桓(或丸)山后"因以为号"。这几种情况显然存在着明显的矛盾,说明当时记载乌桓历史的史家就没有真正明白"东胡"与"乌桓"之间的关系,而是牵强地将两者连在一起。当然,如果从乌桓后来历史发展的线索看,符合实际的思考应当是作为从东胡被匈奴灭国后逃走的一支,"乌桓"这个称谓是后来才出现的。

第二节　乌桓山与乌桓

在文献中,虽然有"乌桓山"与"乌桓"的记载,但对于"乌桓"这个称谓的由来均无具体解释。多数研究成果认为,乌桓就是因"乌桓山"而得名。然而,"乌桓山"中的"乌桓"又是怎么来的呢?从历史发展过程看,把乌桓或鲜卑等同于东胡显然是不恰当的。西岔沟类型文化遗存与史籍记载的乌桓历史的演变最为接近。

一、对"乌桓山"的认定

从目前检索到的学术成果来看,对乌桓山的探讨一直是学术热点,而解决乌桓山问题也是关系到乌桓族名来源的关键。

记载乌桓山与乌桓的史籍主要有:《三国志》裴松之注引王沈《魏书》、《后汉书·乌桓鲜卑列传》、《辽史·地理志》和清代张穆的《蒙古游牧记》等。诸史用词、用字不尽一致,大致有"乌桓山""乌丸山""乌辽山"等说,也有学者将史籍中的"赤山"与"乌桓山"联系起来进行研究的。

从《后汉书》和《三国志》的记载可知,东胡被灭国后,"余类保乌桓山,因以为号焉"[①]。依据这一说法,显然是在东胡中溃逃的一支到达之前就有了"乌桓山"。至今,有较多的研究者据此认为乌桓是因山而得名。同样,针对不同史书的记载,或者是对史籍记载的不同理解,也有

---

① 《后汉书》卷90《乌桓鲜卑列传》,第2979页。《三国志》记载为"乌丸山"。

一些学者主张乌桓是因水、因草或者是由某一位乌桓大人的名称而来。种种说法，长期争论，未能统一。但是，要真正解决"乌桓山"与乌桓族称的关系，还需综合诸部文献的记载，更为细致地分析史料，结合相应的考古学研究成果深入研讨。

把能够检索到的史料集中起来可以发现，无论是乌桓（或乌丸）山、乌桓族、乌桓人，都离不开"乌桓"二字。那么，这个称呼是何时出现又是从哪里来的呢？

《史记·货殖列传》较早记载了"乌桓"这个名称，行文中有燕国"东北边胡""北邻乌桓、夫余"①之类的内容。与这段记载相对应，《史记》卷110《匈奴列传》载有"燕北有东胡、山戎。各分散居溪谷，自有君长，往往而聚者百有余戎，然莫能相一"②。结合起来分析，"燕北有东胡、山戎"与前条史料中燕国"北邻"乌桓在方位上大致相同。这里的"乌桓"如果归于东胡之中，就应与匈奴头曼单于大约处一个时代。燕国与东胡发生交往的时间段，如果以战国时期为准，即大约在前475—前222年。战国时代燕国的地理位置，在西南方向是与赵、齐两国毗邻，严格地说是西南边境与赵国为邻，隔海（渤海湾）与齐国相望。按照这样的地理方位，东胡是位于燕国的偏东北地区。而且，如果把"北邻"与"燕北"视为同一个区域，就会将"东胡"与"乌桓"重叠于燕国的北部，进而得出两者为一的结论。事实上，"东胡"与"乌桓"是既有联系又存在于不同历史时代的两个古族，未必存在于同一个历史时期。东胡早于乌桓而存在，但东胡被匈奴灭国后逃走而被后史称为乌桓的一支，在原东胡部众中未必是以"乌桓"为名。史籍记载中出现的异同，说明司马迁在撰写《史记》时得到的人们对乌桓和东胡的认知未必清晰。但按照东胡、匈奴、月氏三者共存的关系，乌桓显然代表不了东胡，只能说乌桓这个名称已经出现。值得注意的是，《史记》在记载乌桓时，并未提及"乌桓山"这个被后人关心的关键问题，所以，对上述史料中的"乌桓"应当作为乌桓名称最早出现于文字记载的重要参考继续研究。

---

① 《史记》卷129《货殖列传》，第3265页。
② 《史记》卷110《匈奴列传》，第2883页。

学界在研究乌桓山与乌桓族名时更多的是关注大约前206年前后①匈奴灭掉东胡国以后的历史,此时距"百有余戎"时代已经有几百年的时间。史籍中记载比较一致的是东胡国灭,"余类"溃逃,其中的一支来到"乌桓山",以这座山为驻牧的中心而生活,"因以为号焉"②。按照这条史料的行文,显然是先有"乌桓山",东胡"余类"由此山而得名"乌桓"。不过,另一个问题也由此而生,即这座山为什么会被冠以"乌桓"名称而记载下来? 这个历史久远而又虚无缥缈的问题,史籍中根本没有提供任何确凿的证据。但是,在研究远古以来的地名、山名、水名和族名时,除了有明确记载是由命名而来者外,一个值得肯定的逻辑推理应当是名称会先于文字记载而口传存在。也就是说,在用文字记载以前,某些自然物的名称就已经成为人们固定的历史记忆了,或已经口耳相传了很久。当人们要用文字记载时,这些习惯性的、被长期认可的名称便被载入史册。按照这样的推理,在东胡"余类"没有来到这座山时,此"山"就已经存在了,而且或许就被称为"乌桓山"。此后,由于东胡"余类"的一支长期在这座山及其周边生活,人们便称其为乌桓人。

　　当然,至今乌桓山与乌桓人得名的具体时间已经无从考证,不过,乌桓名称的出现早于汉文史籍记载是可以肯定的。因为,史籍的撰写人在记载任何山川、河流、古族以及各种史迹时,首先要有当时的各种信息,信息的来源有撰写者的亲历,也会有间接得知,甚至会有民间流传,有各族交往中对不同语言中口语的转译。对此,《史记索隐》的作者司马贞也有评说,他认为,司马迁"虽博采古文及传记诸子,其间残阙盖多,或旁搜异闻以成其说,然其人好奇而词省,故事覈而文微,是以后之学者多所未究"③。显然,《史记》中也有一些"旁搜异闻"的内容。而这些内容,一般不会来自"古文及传记诸子"已经有文字记载的可供参考的

---

① 冒顿弑父自立大约在前209年,后与东胡在财物、阏氏、土地方面几经交涉,最终出兵击垮东胡。《汉书·匈奴传》载有匈奴得以自强的时间为"汉方与项羽相距,中国罢于兵革"之时,此为西汉初年。前202年"垓下之战"以后,刘邦与项羽之争结束。故将冒顿击垮东胡时间暂系于大约前206年。
② 《三国志》卷30《魏书·乌丸鲜卑东夷传》注引"《魏书》曰"的记载与《后汉书·乌桓鲜卑列传》的记载相同。
③ 《史记索隐·后序》,第9页。

古书等，活动在北方草原地区古族的历史情况，因没有本族文字，应当基本属于"旁搜异闻"的内容。当然，对这些情况的了解，也给了撰写人选择哪些内容、哪些名称并将其著入史籍的空间。无论是中原地区的人们在长期与活动在北方草原地区的人们接触中得知，还是在"乌桓山"生活的东胡"余类"因山得名后用本族语言的长期流传，或者是与乌桓曾有过接触的活动在北方草原的其他各族把信息间接传递给中原的人们，可以基本认定的是，当中原史家记载这部分人的历史时，"乌桓山"与"乌桓"作为特定的名称已经存在，而且被活动在北方草原地区以及中原地区的人们习惯性地认可了。这样，最初那些被冒顿单于灭国而逃的东胡"余类"或许就是没有固定名称的一群人，再进一步讲，文献中记载的因"鲜卑山"而得名的鲜卑人也是属于同类情况。所以，王沈《魏书》记载的"乌丸者，东胡也"是主观性推理，而某些文献中把乌桓或鲜卑等同于东胡显然也是不恰当的。东胡是中原史家对活动于燕国以北、东北地区的"胡"人的称呼，也是对东胡古国的称呼，泛指性很强，目的在于与匈奴、月氏和中原政权相区别。而后来以乌桓为名的那一部分人，则是东胡古国中的一部分成员，其不仅代表不了东胡，就是这部分人本身，在溃逃时是否是一个氏族、一个部落也都没有史证。乌桓替代东胡而活跃在燕北或东北地区是在东胡"余类"逃离匈奴的控制后，直至史籍中频繁出现"乌桓"的这个时间段之内。史家记载的"余类"到底是些什么人，应当是连其本人也不清楚，所以才以这种模糊的文字表达。

冒顿单于大约是在前206年将东胡灭国，而史籍中提到乌桓这个名称的频率逐步增多的时间是在匈奴伊稚斜单于时期及其以后，大约是汉武帝元狩四年（前119），期间经历了大约八十七年之久。也就是说，在这八十多年间的某个时段，这支东胡"余类"因在"乌桓山"地区活动而得到了人们的习惯性认定。而在这个地区内到底有几座山，哪座山周围集中了东胡"余类"的主体部分，至今已经很难知晓，但"乌桓山"应当就在这个地区内。在这以后，人们把活动在这个地区的这部分古族称为乌桓的事实没有改变，乌桓因山得名被载入西汉以后的史籍。

二、乌桓山与乌桓人的早期活动

乌桓山是学术界讨论较为热烈的问题，研究方法涉及历史学、考古学、语言学、人类学等诸多学科。而确定乌桓山的地理位置，也关系到对汉武帝元狩四年（前119）乌桓人迁徙到五郡塞外以前历史状况的探讨。也就是说，东胡国灭亡后，其"余类"的一部分逃到了赖以生存的被史籍记载为"乌桓山"的地区，在这里乌桓经历了被迁徙到五郡塞外以前的历史阶段。因此，"乌桓山"的地理位置不在五郡塞外的缘边地带。

对于乌桓山所在之地，由于对史料的理解和考古发掘成果的认识不同，学界至今还难以达成一致看法。不过，根据目前的研究成果，可以逐步理清研究乌桓山以及乌桓早期活动地区的思路。

在可以检索到的各类史籍中，对乌桓山所在位置的记载一般都比较模糊，有的只是交代了一个大致方位。在《史记》卷20《建元以来侯者年表第八》"褚先生补"汉昭帝时所封的国名中，间接地涉及了乌桓人的活动区域。其补充的内容是西汉昭帝年间范明友因为击乌桓有功被"拜为度辽将军"的历史事件①，时间为西汉昭帝元凤三年（前78）。此条虽非司马迁所记，却是西汉时期中原政权与匈奴、乌桓交往的大事，故被记载下来。这一年也是距离前119年把乌桓人迁徙到五郡塞外时间较近的一年，两者间隔约41年。应当说，在前78年，乌桓人是活动在从乌桓山被迁徙出来以后的地区，这个地区就是"五郡塞外"。史料显示，当时范明友率兵两万出辽东郡（郡治襄平，今辽宁省辽阳市）击匈奴，匈奴事先探知消息遁去，汉军为执行大将军霍光"兵不空出"②的命令渡"辽水"进击乌桓。可见，范明友袭击乌桓的地方，不是东胡"余类"溃逃后所至的安身之地"乌桓山"地区。那么，要想找到乌桓山就必须得回溯到前119年以前。但是，对于前206年至前119年乌桓人活动的范围，史籍中并没有留下有说服力的资料。

针对这种情况，有相当一部分研究者采取了用后代编修的史籍所记载的内容回推前史，以后代史书与乌桓之名称的转音进行佐证，或者运用现代蒙古语的读音进行对音以寻求其同音、同义等多种探讨方法。另

---

① 《史记》卷20《建元以来侯者年表第八》"褚先生补"是由汉元帝和成帝时期的博士褚少孙补写。虽然为补充内容，但也是在廿四史的第一部中出现。班固《汉书》记载了这个内容；而迁徙乌桓至五郡塞外则见于《后汉书》。按照史籍先后，此处先谈《史记》的内容。

② 《汉书》卷94《匈奴传上》，第3784页。

外,由于史籍中出现了"赤山乌桓"的记载,"赤山"也成为学界讨论的热点。

清代史家对乌桓山的研究对今天学者的思路颇有影响。

从清朝初年的顾祖禹所撰《读史方舆纪要》以赤山为角度讨论乌桓山以后,张穆的《蒙古游牧记》、丁谦的《后汉书乌桓鲜卑传地理考证》、曹廷杰的《东三省舆地图说》以及一些其他志书等都是围绕这个问题展开的。总体来看,史家们选择的较早记载乌桓山的线索基本都是《辽史》卷37《地理志》"乌州"条的"本乌丸之地,东胡之种也。辽北大王拨剌占为牧,建城,后官收。隶兴圣宫。有辽河、夜河、乌丸川、乌丸山"①。而这条史料中的"乌丸"的来源应当是《三国志》卷30的《乌丸鲜卑东夷传》,即"乌丸"这个名称早已有之,并不是《辽史》编撰者给出的名称。根据乌州为"本乌丸之地"的提法并且在这个大的地理范围内去寻找乌桓山是一部分史家的思路。而史料中出现的乌丸川与乌丸山,则更加增添了探究者的信心。以这条史料为基础,再结合张穆等清代学者的认识,较多学者倾向于将乌丸山确定在今天内蒙古自治区阿鲁科尔沁旗西北的"乌辽山"。而从蒙古语转音入手,把"乌桓""乌丸""乌辽""乌聊""乌兰"等同的研究者,从清代至今接踵者不断。而且,把汉语中"赤山"的"赤"与蒙古语中"乌兰"以及史料中的乌桓、乌丸等皆译为"红"的说法已经为许多研究者所认同。毫无疑问,这些研究对拓展研究思路是有很大帮助的,对寻找乌桓山的位置也颇有裨益。

但是,多种研究方法在拓展人们思路、开阔人们眼界的同时,也会带来某些值得深思的问题。

第一,依据《辽史》"乌州"条的记载去寻找乌桓山未必符合乌桓人历史发展各个阶段的客观实际,科学性如何也值得思考。

乌桓人在魏晋时期大批进入中原地区,但此后却在汉文史籍中消失了很长时间。按照史籍编撰时间的先后,直到后晋刘昫等编撰《旧唐书》时,才有很简略的"乌丸"内容再现于"正史"。尽管如此,若要对《辽史》所载"乌丸"做出分析,就首先要对《旧唐书》中所见"乌丸"的内容进行研究,并且要在唐代"乌丸"是否与《辽史》记载的"乌丸"

---

① (元)脱脱等:《辽史》卷37《地理志》,中华书局点校本,1987年,第445页。

有关的问题上进行辨析并有相应的学术回答。因为《旧唐书》的记载早于《辽史》，两部史书的编撰时间与其他"正史"相比相隔时间又比较近，所以，从中能否观察到唐朝至辽朝之间"乌丸"人活动的蛛丝马迹呢？回答是否定的。因为《旧唐书》卷199下《北狄·室韦传》记载的"乌丸"情况为："乌罗护之东北二百余里，那河之北，有古乌丸之遗人，今亦自称乌丸国。"其所载"乌丸国"的地理位置在"那河"（今嫩江）之北，大约为今天内蒙古自治区鄂伦春自治旗偏东一带，这显然与辽代乌州①相去甚远。而且，后世的史籍中对《旧唐书》所载"乌丸国"这部分人的活动和迁徙情况也完全失载，《辽史》"乌州"条中的"乌丸"内容也没有回溯至唐代，所以，至少根据现有史料稽考，两者之间是没有联系的。不过，《旧唐书》这条史料也并不是没有价值，其至少可以印证或许"乌丸"有遗人在唐朝时期活动在今天内蒙古自治区呼伦贝尔地区，可以作为探讨乌桓人流向的一个线索。

当然，在《旧唐书》对"乌丸"的记载之后，就是清代以后至今被史家所重视的《辽史·地理志》"乌州"条。《辽史》成书于元朝至正四年（1344），距离东胡"余类"溃逃至"乌桓山"已经1550余年。在如此漫长的岁月里，且不说乌桓人走出乌桓山曾经有过几次大的向南迁徙、在不同的历史阶段以及不同的地区内驻牧以后社会生产和生活等方面所发生的变化，就是在魏晋时期逐步融入中原地区或北方草原地区各族中的乌桓人，也会对乌桓历史发展的方方面面产生不同于以往的影响。而且，即使有部分乌桓人留守在乌桓山，或者留在五郡塞外或十郡塞内外，但当这些乌桓人历经了匈奴政权以后的鲜卑、拓跋鲜卑、柔然、突厥、回纥等族对大漠南北的统治之后，乌桓人想要保持数千甚至上万人聚居的邑落单位也是很难的。再则，如果说《辽史》卷37《地理志》"乌州"条的"本乌丸之地"的区域内确实曾有乌桓人驻牧，那么，这支乌桓人

---

① 关于辽代乌州今地，学界看法不一。如谭其骧主编的《中国历史地图集》（第6册）（地图出版社，1982年）把乌州标注在今天的吉林省双辽县城之北、西辽河西岸等；冯永谦《辽上京道州县丛考》（载干志耿、王可宾主编：《辽金史论集》（第8辑），吉林文史出版社，1994年，第138页）一文在对辽上京各个州进行考证时，认为应当根据对通辽市科尔沁左翼中旗东部烟灯吐乡的中满金敖村古城址的发现和考古发掘，将"乌丸之地"定在西辽河之北、洮儿河之南。

是秦汉以后的哪一支乌桓人后裔也是很难考证清楚的。若从地域来看，属于辽西、辽东郡乌桓部族之后裔的可能性最大。如果真是如此，在辽代乌州地区去探寻"乌桓山"就肯定是不恰当的。因为，这两个郡的乌桓人是从乌桓山迁徙而来的，而不是东胡国被灭时就逃到这里的。

还应注意，至今学界对辽代的乌州在哪里也还有争议。其中，有吉林省双辽市西北①说；有认为是今天内蒙古自治区兴安盟所属的突泉县双城子古城②；也有对辽太祖死后灵柩从扶余城出发，经乌州、龙化州至辽上京的路线进行考察后，得出乌州在今天内蒙古自治区科尔沁左翼中旗烟灯吐乡中满金敖村古城址结论者③。但是，这些地区和具体坐标点都与东胡"余类"的逃跑方向不吻合。可见，采用《辽史》等后世史料，经过对乌桓、乌丸等比对分析后，补充或间接印证前史不足的研究思路，其科学性很难被认可。

第二，有部分史学研究者和其他学科的研究人员，还从语言学角度采取转音、比对，把相隔几个世纪甚至上千年的汉字注音的地名、族名从发音方面进行比附，或者把乌桓、鲜卑语说成是"古代蒙古语"，甚至用现代蒙古语去还原或比对，并在此基础上去寻求与"乌桓"同音、同义的词来证明后世史籍中的某个名称为乌桓山，进而用这种方法确定乌桓山的位置。

经检索可知，这方面的著述较多。清代的张穆在撰写《蒙古游牧记》时，认为"乌辽山，即乌丸山"④，这显然是将汉字注音的"辽"与"丸"的发音等同了。清朝末年以研究山川、地理著名的丁谦，在考证《后汉书》记载的乌桓问题时，更为明确地从语言学角度提出"乌桓因山得名。乌桓者，乌兰之转音也。蒙古语红曰乌兰，故《传》中又称为赤山。考《游牧记》，阿鲁科尔沁旗北至乌兰峰，与乌珠穆秦（沁）旗接界，又云：西北有乌辽山，即乌丸山，知乌桓、乌兰、乌辽、乌丸名虽

---

① 谭其骧主编：《中国历史地图集》（第6册），第6—7页。
② 张博泉、苏金源、董玉瑛：《东北历代疆域史》，吉林人民出版社，1981年，第146页。
③ 冯永谦：《辽上京道州县丛考》，《辽金史论集》（第8辑），第138页。
④ （清）张穆著，张正明、宋举成点校：《蒙古游牧记》卷之三，山西人民出版社，1991年，第74页。

小异,实即一山"①。而赞同用转音方法研究乌桓和乌桓山名称的学者,多数又都认为"乌桓"和"乌丸"都是"乌桓语"的汉译谐音。实际上,张穆、丁谦以及赞同用转音方法进行研究的学者都把东胡"余类"以及随着历史的发展从这些"余类"衍生出来的其他各族的语言归属于蒙古语,或者可以说把乌桓语归为现代蒙古语的古代形式之一。针对这种情况,亦邻真早就有过"不能简单地说东胡后裔诸语言就是古代的蒙古语""东胡后裔各族的语言同现代蒙古语族各语言的关系并不是简单的古今之别"②的分析和评议,指出了用这种方法比对的不科学的一面。截至目前,"乌桓"这个名称首见于汉文史籍的记载是没有疑问的,但值得注意的是汉文史籍并没有说"乌桓"是"乌桓语"的转音。可以说,对于"乌桓语",从汉代史家开始记载乌桓历史时就没有确定性说法,即使有所知,也没有准确、系统地记录下来。不过,即使"乌桓"这两个汉字的读音就是来自"乌桓语",汉文史籍中记载的"乌桓"是不是东胡"余类"被习惯性称为乌桓以后最为准确的发音也都值得怀疑,不同史籍中出现"乌桓""乌丸""乌辽"之类读音区别的原因与此不无关系。在"乌桓语"发音难以准确定位的情况下,硬是将蒙古语的"乌兰"与千年以前的"乌桓"的发音等同起来,并汉译为"红",再将"赤山"中的"赤"与红联系在一起,显然是未能认真考虑"东胡后裔各语言自成一个古老的语言集团,经历了已经无法确知的多次的分化、融合过程,它曾有鲜卑、拓跋、契丹、室韦等许多语言和方言,但大都灭绝了,现代蒙古语族各语言只是从其中一两种语言、方言分支发展起来的"③这个语言随同历史发展的演变而变化的过程。很明显,将乌桓与乌兰生硬地联系在一起的方法有着较强的主观性。

另外,"赤山"一词的确出现在汉文史籍中,而且与乌桓的历史联系

---

① (清)丁谦:《后汉书乌桓鲜卑传地理考证》,《后汉书各外国传地理考证》,民国四年浙江图书馆校勘本,第2页b-3页a。按:原文皆为繁体,正文以及脚注一律改为简体。
② 亦邻真:《中国北方民族与蒙古族族源》,《内蒙古大学学报》(哲学社会科学版)1979年第3、4期。
③ 亦邻真:《中国北方民族与蒙古族族源》,《内蒙古大学学报》(哲学社会科学版)1979年第3、4期。

密切，但并没有任何一条史料证明乌桓山就是赤山。

关于"赤山"的位置，张博泉经过细致的考证和辨析，认为"完水即乌丸水，今克鲁伦河及额尔古纳河（包括今黑龙江），赤山即乌桓山、姑衍山，今肯特山。山在辽东西北数千里，亦即出代、右北平二千余里的匈奴左王境内。这里是东胡破后乌桓北徙的起源地，后南徙至五郡塞外"①。这个看法与其他研究者的研究结论有比较明显的不同。肯特山位于今蒙古国北部中央省和肯特省，张博泉先生在研究中是将《后汉书》中出现的"赤山乌桓"所涉及的"赤山"与乌桓"起源地的赤山"分开来考虑的。按照"赤山在辽东西北数千里"②计算，两地区的距离当基本接近。但《辽史》中记载的"乌丸山"、《蒙古游牧记》记载的"乌辽山"在里程上都与这个"西北数千里"有很大出入，应当都不是《三国志》记载的"赤山"。所以，从《辽史》和《蒙古游牧记》两部史籍记载的"乌丸山"和"乌辽山"入手，采取转音或把汉字"赤"译成蒙古语以后，硬将相关史籍中提到的"乌桓""乌丸"等拉在一起视为同一座山也是不恰当的。因为，这样做本身就在主观上限定了寻找乌桓山的区域，而且，这个被限定的区域只是根据"乌丸"这个发音与"乌桓"近似或接近，并且可以用蒙古语翻译为"红"来确定的。

如果仔细分析《三国志》的记载可以发现，"乌丸山"是以乌桓人取得族名之山而被专门记载下来，但是，在没有任何确凿证据证明在"乌桓"这个称谓出现以前就存在一座"乌桓山"的情况下，因山而得名的记载也就是一种说法而已。其只能说乌桓人早期活动的区域有山，其周边自然环境宜于生存。"赤山"虽然与乌桓的历史联系密切，但与乌桓的族名并没有直接的关联，史籍中对此也未专门记载。而且，赤山又是只有能够识途的"累犬"才能找到的地方，与乌桓人早期大规模驻牧的乌桓山地区显然不是一地。所以，在这种情况下，把乌桓山和赤山作为坐落在两个地区的不同的山进行探讨，对解决问题或许会有帮助。当然，"赤山"是乌桓南迁以后的某一座山也不无可能。

第三，在探讨乌桓山和乌桓历史的各个学科中，考古学是值得特别

---

① 张博泉：《乌桓的起源地与赤山》，《黑龙江文物丛刊》1984年第2期。
② 《三国志》卷30《魏书·乌丸鲜卑东夷传》，第833页。

重视的，而将考古学与历史学和其他学科的研究方法和资料结合起来进行分析和探讨的成果，对研究更有帮助。

至今，与东胡和东胡"余类"活动大致方位有关的考古发掘较多，但还没有被直接认定为乌桓遗迹或遗物的。

学界讨论比较热烈的考古发掘是西岔沟文化古墓群，主要有匈奴说、乌桓说、扶余说、鲜卑说。经过较长时间的探讨，从20世纪80年代至21世纪以后，有较多的研究者倾向于乌桓说和扶余说。在某些历史学论著中，也以西岔沟墓地作为实例来阐述乌桓族的历史。但是，由于解决乌桓山地理位置的关键在于对迁徙五郡塞外以前的乌桓历史的探讨，而且，也需要从历史文献与考古学文化两个方面尽可能求得吻合。这样，尽管学界对西岔沟墓地的族属仍然存在争论，但在西岔沟墓地属于西汉武帝时代的遗存这一点上已经基本成为共识。所以，对乌桓山位置的考证以及乌桓在被迁徙到五郡塞外以前历史的研讨，在时间上应当是从西岔沟文化的年代再向西汉武帝以前回推，关注的区域也要以西岔沟遗址为坐标向北、东北或西北延伸，以寻找与乌桓山更为接近的考古学证据。

西岔沟墓地在辽宁省铁岭市西丰县乐善乡执中村西北，以此为坐标向北、西北或东北延伸，从大的区域方位来看，今天辽宁省的北部和东北部以及西北部都会有乌桓人活动。而从大的方位来看，今天辽宁省的北部和东北部就是吉林省、黑龙江省和内蒙古自治区的东部地区。按照东胡"余类"的溃逃方向，如果在这个广阔区域内去寻找"乌桓山"也是可能性比较大的思路之一。

在相关的考古学研究成果中，黑龙江省泰来县（位于黑龙江省、吉林省、内蒙古自治区交界处，该县西偏北部为内蒙古自治区兴安盟扎赉特旗）平洋墓葬的发现得到学者们的重视，这项考古成果也给研究乌桓早期历史带来了新的思考空间。2011年出版的《平洋墓葬》，系统介绍了墓葬的情况，对这一重要考古发现进行了比较全面的分析；针对平洋墓葬进行研究的还有米文平、潘玲、林沄[①]、赵宾福[②]等。研究者们在对平洋墓

---

① 潘玲、林沄：《平洋墓葬的年代与文化性质》，《边疆考古研究》（第1辑），科学出版社，2002年，第194—203页。

② 赵宾福：《汉书二期文化研究——遗址材料和墓葬材料的分析与整合》，《边疆考古研究》（第8辑），科学出版社，2009年，第98—116页。

葬的年代分期方面虽然还有一些分歧，但对平洋墓葬的上限和下限所处的历史时段基本都框定在春秋晚期至西汉时期（中晚期）。这样，东胡"余类"溃逃以后直至被迁徙至五郡塞外的时间，就大体上与平洋墓葬的上、下限相吻合，其地理方位也正在西岔沟墓地向北部和东北地区延伸的范围内，这对于研究平洋墓地的族属是很有帮助的。当然，若要探讨平洋墓地是否为乌桓人早期活动的地区，或者探寻乌桓山是否在这个地区内，还当注意将考古资料与史籍记载结合起来进行思考。

在结合平洋墓葬的发掘和考古学分期对乌桓历史进行研究的文章中，米文平较早表明了"相当于春秋战国时的平洋墓葬与二克浅墓葬，当即两汉入史以前的乌丸先人遗迹"的倾向性看法，并且认为，"在大兴安岭以西距呼伦湖不远的完工，也可能即这一时期的乌丸遗迹"[①]。这一看法，在时间上和空间上都摆脱了西岔沟墓地的局限，使东胡"余类"的活动地区显得清晰起来。

此后，至2012年，范恩实先生经过对考古资料和文献资料的综合研究，针对平洋墓葬族属问题也提出了倾向性的看法，在《论西岔沟古墓群的族属——兼及乌桓、鲜卑考古文化的探索问题》一文中，比较清楚地揭示了西岔沟文化是由"从西汉初期开始，从大兴安岭东麓拥有与平洋墓葬相似文化，同时又受到匈奴文化影响的人群南迁到今东辽河上游及其南部的西丰地区"，又纳入了一些其他文化而创造的[②]。文章肯定平洋墓葬的族属为乌桓[③]，并认为平洋墓葬是西岔沟类型的重要文化源头。文章在考古学研究与文献学资料结合分析方面逻辑清晰，既不拘泥于以往史家基于史料分析的结论，又不牵强地运用考古发掘资料否定史籍记载，而是比较客观地从史料与考古资料结合的角度观察问题。在此基础上，文章得出的"在汉武帝南迁乌桓以前，乌桓与鲜卑应是一在大兴安岭东麓，一在西麓，并不是简单的南北关系……平洋墓葬所在的地方恰恰是乌桓内迁五郡塞外之前的本据地"的看法，在时间和地区上都接近于东

---

① 米文平：《平洋墓葬为乌丸遗迹论》，《北方文物》1999年第3期。
② 范恩实：《论西岔沟古墓群的族属——兼及乌桓、鲜卑考古文化的探索问题》，《社会科学战线》2012年第4期。
③ 范恩实：《论西岔沟古墓群的族属——兼及乌桓、鲜卑考古文化的探索问题》，《社会科学战线》2012年第4期。

胡"余类"的时段、走向和历史空间，值得重视。

从以上列举的各种研究的倾向性出发，可以暂且将寻找乌桓山位置的空间大体确定在大兴安岭东麓或东麓偏南地区。不过，也应当指出，乌桓和鲜卑都是以游牧和狩猎为主要生产和生活方式的古族，两者都是东胡"余类"，其溃败迁徙的方向都指向大兴安岭地区，尽管在东南或西北的大的区域上可能会有因聚居、游动而带来的区别，比如，因鲜卑山和乌桓山得名的问题，但在长期毗邻相处的过程中，规模不等的相互混杂是不可避免的，范恩实先生提出的乌桓活动的"本据地"是否会有变化也当灵活思考。

第三章 乌桓的历史变迁

随着东胡"余类"的溃逃，乌桓人的历史逐步进入人们的视野。但是，由于乌桓本族没有创制文字，乌桓人的语言也仅有极少数转音为汉字留在史籍中，而且学界对其真实性和准确性也存在很大争议，所以，客观、全面地阐述乌桓的历史还比较困难，只能依靠汉文史籍的记载尽可能参考相关的考古资料进行分析。从纵向线索观察，乌桓人的历史比较突出地呈现出被动迁徙，并且在迁徙中逐步强大和最终消亡于中原的特点。乌桓人的迁徙具有与其他游牧族不同的特点，重要的特征表现为被动性地持续性迁徙。迁徙到一个较为广阔的区域后，又以力量相对较强的一部分为单位呈小区域分布。从史籍记载中可以明显地看出，乌桓人的强弱与否，与其不断地迁徙和驻牧地的变化有着密切的关系。因此，从迁徙与活动区域变化中观察乌桓人的历史变迁，也是研究乌桓历史的一个重要途径。

第一节 驻牧"五郡塞外"

从"乌桓山"地区前往"五郡塞外"并非乌桓人自己的愿望，而是西汉武帝时期对乌桓的强制性行为。乌桓迁徙到"五郡塞外"以前的历史扑朔迷离，史籍中仅有零散记载。考古学研究也尚无确定性意见。其时间在武帝遣骠骑将军霍去病击破匈奴左地之时。

一、乌桓迁徙五郡塞外以前的历史

族名与"山"有密切关系的乌桓人，在"乌桓山"所在地区驻牧了将近90年，这个时期可以视为乌桓历史的早期阶段。

对于这个阶段乌桓人的生产与生活以及相关的历史情况，史籍记载十分简略，只能从字里行间观察到某些特征。而且，这些特征应当是中原史家撰写史书时根据多渠道得知的情况而总结出来的，所以，是否可以视为乌桓人早期阶段完全真实的历史还需研究。当然，若要对这段模糊不清的历史做些探究，尚可以从文献记载与考古发现相互印证的角度去拓展研究思路。

乌桓人在被汉武帝迁往五郡塞外以前，可以视为东胡国灭以后"余类"的休养生息阶段。因史籍对这一阶段乌桓人活动的情况基本没有记载，所以，系统全面地探讨还十分困难。当然，在相关的考古学成果中，也可以间接地看到某些与乌桓有关或相似的内涵。在此，之所以说是"有关"或"类似"，一方面是因为考古学界仍然对某些发掘存在争议，另一方面也因为这些考古成果与《后汉书》和《三国志》等史籍记载的内容有所接近。把这些内容列举出来，或许会对今后的研究有所启发。

当然，从考古发掘中得到的信息为研究乌桓早期历史带来了比较乐观的思考线索。虽然学界对一些墓地以及遗存争议还比较大，在断定年代、族属方面也有不同意见，但无论研究者是倾向于东胡、东胡"余类"还是乌桓，在相关的遗址中都有比较鲜明的与游牧或畜牧有关的发现，同时也不同程度地存在着狩猎内涵。潘玲在《平洋墓葬再研究》一文中，较为详细地列举了砖厂墓地和战斗墓地的用牲情况和大量可以参考的遗存以及随葬物品，并针对相关问题做了对比，从中可以观察到乌桓早期历史的某些内涵。作者将砖厂墓葬分为早期、晚期和第三类[①]，"第三类墓葬应该与晚期墓葬的年代接近，与早期墓葬的则相对年代差距较大"。在分析砖厂墓地的用牲情况时，文章指出，"早期墓的用牲墓葬所占比例较小，第三类墓葬居中，晚期用牲墓葬所占比例最高。三类墓葬中都有随葬马、牛、狗的墓葬，其中出马、牛骨骼的墓葬所占的比例在三类墓葬中差别不大，但是随葬狗的墓葬在晚期明显减少，5座墓葬中只有1座，只占20%。早期墓葬不见羊和猪，而第三类和晚期墓葬都有少量墓葬发现羊和猪骨骼"。在对用牲情况的介绍中，早期用牲比例较小与原始的狩猎业占据着主导地位存在相应的关联性，牲畜种类不多或数量较少，以及宰杀量小或许也是其中重要原因。而第三类墓葬中不仅马、牛、狗、

---

① 潘玲：《平洋墓葬再研究》，《边疆考古研究》（第10辑），科学出版社，2011年，第223页。本段后文引文未加注释者皆出此文。

羊、猪全部出现，并且数量也较早期提升，这说明从早期至第三类时期人们的畜牧生产规模和生产品种都在扩展，生活较前显得富裕。马和狗为交通和狩猎带来了方便，特别是狗，通人性、识人意，对人类的生产和生活都有很大帮助，作为随葬品随主人而去对死者和生者都是一种寄托。潘玲在文章中分析，第三类墓葬的年代"还处于使用青铜工具和兵器的阶段"。在中国古代历史上，这个阶段正是商周、春秋、战国的漫长历史时期，与东胡、匈奴、月氏并存以及东胡被击垮后余众在乌桓山地区生活的时间大体一致。在文献中，当谈到因战斗而死的乌桓人的丧事时，重点突出了棺葬，随葬的畜类有"肥犬""马"等，并说明"皆烧以送之"，可见马和肥犬的用量之大。在随葬品方面，文献记载基本与墓葬的第三类时间相对应。当然，文献记载的是乌桓人的重要习俗，并未说明这种习俗是早期的还是一直保持的，但是，作为一个古族长期形成的习俗，发生大的改变是要有外因条件的，或是受他族影响，或是活动地区发生大的变动，生态环境改变。而从考古材料揭示的砖厂墓葬早期与第三类时期的情况看，上述两种情况并不明显。所以，将这种葬俗视为乌桓人迁徙到五郡塞外以前或以后一段时期内的习俗进行讨论，对研究或许会有一定的帮助。考古材料中所见"晚期用牲墓葬所占比例最高"，牲畜骨骼显示种类较多的事实，也正好与第三类形成了值得注意的衔接性与关联性。

从上述对考古资料的分析以及与文献资料的对比大体可以得知迁徙到五郡塞外以前乌桓人的历史状态。这部分人被匈奴击溃以后，逃到了一个适宜于生存的地带，过着以狩猎为主要生产活动，兼有一定发展速度的畜养马、狗等牲畜的畜牧经济生活。在此期间，被中原地区的人们以及活动在山林和草原上的人们习称为乌桓，乌桓山是其得名的标志，说明在其活动地区内有山，而且，至少有一座山是乌桓经常出没的主要坐标点。同时，乌桓人也与匈奴、汉朝军民、草原上的其他各族发生交往，逐步走上了不断强大的道路。

二、西汉武帝强制乌桓迁至五郡塞外

从乌桓山地区迁徙到五郡塞外可以视为乌桓人第一次被动性大迁徙，迁徙的时间在西汉武帝时期。

西汉武帝元狩四年（前119），随着汉朝与匈奴的战争转向云中郡（郡址即今内蒙古自治区呼和浩特托克托县古城村古城）以东地区，汉武帝集中了以卫青、霍去病为主帅的精兵打击匈奴左贤王部，很快取得了胜利，双方大规模的战争告一段落。为巩固西汉东北边塞的统治，了解匈奴左翼势力的动向，汉武帝将活动在原驻地的乌桓人的绝大多数部落迁徙到与西汉北疆行政区毗邻的东部五郡塞外。对此，《后汉书》记载为，"及武帝遣骠骑将军霍去病击破匈奴左地，因徙乌桓于上谷、渔阳、右北平、辽西、辽东五郡塞外，为汉侦察匈奴动静"①。汉军击破匈奴左地以后即对乌桓进行了迁徙，从史料中看不出乌桓人对这次迁徙有任何抵触的迹象。而当时最有可能执行武帝迁徙乌桓诏令的就是霍去病，或是霍去病所属的东路军的某支部队。强制性迁徙的成功从一个侧面说明，西汉政权对乌桓人的情况是比较了解的，甚至在对待匈奴方面，乌桓人还与西汉政权默契配合。

"五郡塞外"所涉及的"五郡"，在秦汉以前就已经作为行政区出现在史籍中。东胡、匈奴、月氏三大势力共存时代，燕国为了加强北方地区的防卫，于燕昭王二十九年（前283）"筑长城，自造阳至襄平。置上谷、渔阳、右北平、辽西、辽东郡以拒胡"②，汉武帝就是将乌桓迁徙到了这五郡的塞外。

关于西汉时期这五个郡的地理位置，学界研究较多，虽然对一些具体问题仍存争议，但大体范围已经基本可以确定。其中，上谷郡郡治在河北省怀来县小南辛堡镇，当地的大古城村还残存着古城遗迹。西汉时期，上谷郡所辖区域除怀来县外还有今天的河北省涿鹿、蔚县、万全、赤城，北京昌平和延庆区。渔阳郡郡治大约在今天北京市密云区西南，因当地有渔水（今白河），郡址位于渔水之北，又因古代有"水北为阳"之说，所以定郡名为渔阳。西汉时期，渔阳郡所辖区域还包括今天的北京市顺义、平谷一部分，天津市武清的一部分以及河北省的三河、丰宁、滦平的一些地带。右北平，郡治平冈，位于今天内蒙古自治区赤峰市宁城县西南黑城古城，城址今仍清晰可见。西汉时期，右北平所辖区域还

---

① 《后汉书》卷90《乌桓鲜卑列传》，第2981页。
② 《史记》卷110《匈奴列传》，第2886页。

包括今天天津市蓟州区，河北省的遵化、平泉、唐山市丰南地区的西北，辽宁省的喀喇沁左翼蒙古族自治县以及建昌县的部分地带。辽西郡大约在今天辽宁省义县北一带①，战国时期燕国所设辽西郡的郡治尚无考古发掘印证，若从燕国筑长城、设五郡分析，辽西郡郡治应当在长城以南。西汉时期，辽西郡所辖区域包括今天的辽宁省朝阳、锦州等所属的部分地区，河北省滦县、迁安市、卢龙县、昌黎县的一些地带。辽东郡郡治位于今天辽宁省辽阳市，在大凌河以东地区。西汉时期，辽东郡还包括今天辽宁省境内的海城、北宁、新民、沈阳、铁岭、盖州、营口等行政区的部分区域。

按照五郡辖区延伸的方向和区域，西汉五郡塞外之地的四至大致是今天内蒙古自治区锡林郭勒盟的中部和东部、赤峰市及其以南地区、河北省北部、辽宁省南部，包括由上述区域向周边延伸的一些地带。之所以比较灵活地划定这个区域，主要是考虑到"塞外之地"本身就不是一个固定的区域，迁徙到这里的乌桓人也不会固定在一个相对封闭的区域内生活。从自然生态角度看，西汉时期的"五郡塞外"，既有适宜畜牧业发展的草场，也有土质较好的利于农耕的大片土地，多条河流的交错分布，也为畜牧业和农业生产带来了方便的水利资源。这种客观条件，对于乌桓人的发展是有利的。乌桓被迁徙到五郡塞外以后，西汉政权也加强了与乌桓人的交流，并且设置"护乌桓校尉"专门管理与乌桓有关的事务。西汉昭帝始元二年（前85），史籍中出现了"乌桓渐强"②的记载。这个时间距离乌桓人迁居五郡塞外以后大约34年。当时，匈奴仍然是北方草原地区实力最为强大的势力。各部史籍所指乌桓人"渐强"时都提到了"发掘匈奴单于冢，将以报冒顿所破之耻"③一事。实际上，单凭这一事件，还看不出乌桓强大到何种程度，只能说明乌桓已经敢于触碰匈奴势力了。

---

① 周振鹤编著：《汉书地理志汇释》，安徽教育出版社，2006年，第412页。
② 《后汉书》卷90《乌桓鲜卑列传》，第2981页。《三国志》卷30《魏书·乌丸鲜卑东夷传》注引《魏书》曰载为"至匈奴壹衍鞮单于时，乌丸转强"；据《汉书》卷94《匈奴传上》记载，"壶衍鞮立为单于时，正是西汉昭帝始元二年"。与《三国志》记载不同，盖因"壶"和"壹"形近所致。
③ 《三国志》卷30《魏书·乌丸鲜卑东夷传》注引《魏书》曰，第833页。

在史籍中，能够证明乌桓迁居五郡塞外以后逐步强大起来的史实是西汉昭帝元凤三年（前78）西汉为解决乌桓与匈奴问题而设置的"度辽将军"。在这个历史事件中，交织着西汉、匈奴、乌桓之间的战和关系。而从三者关系发展的过程中暴露出的线索可知，乌桓人似乎真的较以前强大了。一是匈奴"壹衍鞮单于大怒，发二万骑以击乌丸"①。进击乌桓需出兵"二万骑"，说明这已经是匈奴在兵力上能够占有优势的数字，据此也可以估测，乌桓的能战之士应在一万至二万之间。另一史实是汉朝派度辽将军范明友率领二万骑②出击匈奴未果，回军时乘乌桓新被匈奴击败而再击乌桓。汉军与匈奴二万骑兵交战，如果要想取胜，汉军也不会少于二万。匈奴逃遁以后，汉军顺势进击乌桓，取得斩首六千余级、获乌桓三王首级的战绩，间接表明了乌桓当时的军力。"六千余级"乌桓战士，绝非参战的全部，如果略做扩展，对乌桓的能战之士以万人左右计，四至五人出一战士，那么，当时乌桓人的人口至少应当在五万左右。而且，"王"级人物的出现，也表明乌桓社会已经进入了等级比较分明的历史时期。

遭到汉军打击后的乌桓人，经过休养生息，很快便再次强大起来。王莽统治时期，乌桓"并与匈奴为寇"③。东汉初年（建武元年至建武二十五年），乌桓势力快速发展。乌桓骑兵或与匈奴联合掠略边塞郡县，或以本族之兵入塞抢掠，与汉军交战。在这个历史时期内，乌桓与匈奴掠略东汉边塞郡县，"代郡以东尤被其害"，而且"居止近塞，朝发穹庐，暮至城郭，五郡民庶，家受其辜，至于郡县损坏，百姓流亡"④。显然，东汉边郡的政局因乌桓骑兵的不断掠略已经动荡不安。尽管乌桓人活动的主要地区仍然在五郡塞外，但从"朝发"可以"暮至"的时间估计，乌桓人的驻牧地出现了总体向南移动的迹象，而且，随着匈奴势力对今天河北省、山西省北部控制的减弱，乌桓势力不断向这两个省的塞

---

① 《三国志》卷30《魏书·乌丸鲜卑东夷传》注引"魏书曰"，第833页。
② 《后汉书》卷90《乌桓鲜卑列传》，第2981页。《三国志》卷30《魏书·乌丸鲜卑东夷传》注引"《魏书》曰"载为"三万骑"。
③ 《三国志》卷30《魏书·乌丸鲜卑东夷传》注引"《魏书》曰"，第833页。
④ 《后汉书》卷90《乌桓鲜卑列传》，第2982页。代郡，东汉时期约为今天山西省阳高县。

外发展。特别是建武二十二年（46），匈奴发生内乱，乌桓乘机对匈奴实施打击，导致匈奴北徙"千里"，"漠南地空"①，乌桓势力已经在漠南大部分地区自由往来。在各支乌桓势力中，驻牧于上谷（今河北省怀来县东南一带）塞外"白山"的乌桓人"最为强富"②。此时，距乌桓人被迁徙到"五郡塞外"已有160余年。不久，随着匈奴分裂为南北两部、东汉在与鲜卑交往中逐步占据主动，乌桓在东汉时期以币帛为赂、以拉拢为主的策略的感化下日渐与汉朝友好，最终走上了被东汉政权继续内迁的道路。

乌桓人大约在"五郡塞外"生活了170年，对这个时期的历史情况，在考古发掘中也有显示。

学界关注点比较集中的是1956年发现于辽宁省西丰县执中村一带的古墓群，考古学界将其命名为"西岔沟文化"。在对西岔沟文化的讨论中，争议较大的是古墓群的族属问题，涉及的古族有匈奴、乌桓、鲜卑和夫余。如果从古墓群所反映的年代、文化特征、分布区域等方面考察，再结合文献中与乌桓人迁徙的有关记载，其历史内涵比较贴近于"五郡塞外"的乌桓人。

至今，对于西岔沟文化所反映的年代，多数学者都倾向于西汉早期和中期，这个时间，也正是西汉武帝、昭帝、宣帝在位的历史阶段。孙守道先生对西岔沟所处的时代推定为"相当于武帝到昭帝时期，它的上限在武帝之前，它的下限有可能到宣帝初期"③，这个看法是比较令人信服的。而乌桓人被迁徙到五郡塞外，也正是处在这个历史时间段内的汉武帝时期。

在经济形态方面，西岔沟遗址的游牧经济特征也为研究者们认可。对于西岔沟类型文化所处的地理区域，范恩实先生的文章概括为"今辽宁西丰、吉林东辽地区、南部近汉代的长城塞，东部依吉林哈达岭与松花江水系分隔，西部隔东辽河与蒙古草原的今通辽地区相望，向北则可

---

① 《后汉书·乌桓鲜卑列传》载为"数千里"；《三国志》卷30《魏书·乌丸鲜卑东夷传》注引"《魏书》曰"载为"千里"。
② 《后汉书》卷90《乌桓鲜卑列传》，第2982页。
③ 孙守道：《"匈奴西岔沟文化"古墓群的发现》，《文物》1960年第8、9期，第28页。

与吉林西部的东北平原与内蒙古草原过渡地带合为一体"①。从学术角度看,这一概括与研究游牧民族的历史时所应该具有的思维方式是契合的。在同一文章中,范恩实先生通过对西岔沟古墓群学术史的回顾、出土文物的细致分析,尤其是对"西岔沟类型五组文化因素共生面貌的形成"的解析和讨论,得出了"从西汉初期开始,大兴安岭东麓拥有与平洋墓葬相似文化,同时又受到匈奴文化影响的人群南迁到今东辽河上游及其南部的西丰地区,迁徙活动的高潮发生在汉武帝时期"的结论,而乌桓人被迁徙到"五郡塞外"与此论证基本吻合。所以,从西岔沟墓葬也可以大体得知生活在五郡塞外时期乌桓人的一些信息。根据孙守道《"匈奴西岔沟文化"古墓群的发现》一文介绍,畜牧业在当时经济生产中已经占有主导地位,畜产品可见马、牛、羊、骆驼、犬、兔等,也有狩猎经济产品鹿、鹰、虎等;各类兵器、马具、生活用品多有出土;陶器以及斧、锛、镢、锄等生产工具数量也较多。此外,还有五铢等钱币。这些出土实物从不同角度揭示了乌桓人当时的生活特征以及对周边其他各族文化的吸收。

第二节 广布"缘边十郡"

驻牧于五郡塞外的乌桓人,与中原政权的接触不断增强,在边郡的活动也日趋频繁。至东汉建武年间,大批乌桓人前往东汉边郡地区,表示愿意与东汉朝廷建立"朝贡"关系。东汉光武帝采取软硬兼施的策略,对乌桓人封王、封君长,并允许乌桓人从五郡塞外迁驻十郡塞内,设置"护乌桓校尉"管领乌桓事务。生活在十郡塞内和塞外的乌桓人,社会经济和人口数量都出现了前所未有的增长。

一、东汉政权迁乌桓于塞内

被迁徙到"五郡塞外"的乌桓人,经过 170 年左右的发展,力量不断强大。至东汉初年,乌桓势力已经可以与匈奴进行一定规模的军事较

---

① 范恩实:《论西岔沟古墓群的族属——兼及乌桓、鲜卑考古文化的探索问题》,《社会科学战线》2012 年第 4 期。

量，这也使东汉朝廷不得不经常考虑和采取各种方法处理与乌桓的关系。当时，东汉人所知道的最强的一支乌桓势力是活动在上谷塞外的白山一带。从地理位置看，这支乌桓人活动的地区正是水草肥美的以今天内蒙古自治区正蓝旗为中心的广阔区域，良好的草原生态环境非常有利于乌桓人的畜牧经济发展。驻牧在"五郡塞外"的各支乌桓势力中，上谷塞外的乌桓也是直接与匈奴活动的地区接壤的。在史籍记载的与匈奴连兵"为寇"于东汉边郡的各支乌桓中，上谷乌桓无疑是充当了主要角色。而其他四郡的乌桓，虽然史料中没有详述其发展情况，但从后来款塞进入十郡的人数看，也已经具备了很强的实力。其中，辽西乌桓的实力或许更强一些。

为了削弱乌桓力量，建武二十一年（45），东汉政权委派伏波将军马援率领三千骑出代郡（今河北省蔚县为中心的地区）"五阮关"①进击上谷乌桓。此次出击，虽有小胜，但却在回军时遭到乌桓骑兵的尾随袭击，损失马匹上千，汉军狼狈入塞。由此可以看出，到45年前后，仅仅上谷塞外的乌桓势力就已非三五千汉军骑兵可以匹敌的。未能用武力有效制止乌桓掠略的东汉统治者，转而寻找机会以经济手段拉拢乌桓人。建武二十二年，匈奴内乱，乌桓乘机打败匈奴势力，迫使其北徙。至此，乌桓在代郡以东各郡塞外基本可以称为最强势力。就在这个历史阶段，东汉朝廷于45年还曾派辽东太守祭肜统兵对鲜卑势力实施了打击，使鲜卑势力遭受重大损失，在短期内不敢再窥伺东汉边郡。此后，东汉又以"财利抚纳"②鲜卑偏何部，并令其进击匈奴，以示对汉朝的忠诚，匈奴在鲜卑的打击下衰落。此后，鲜卑、乌桓都入塞朝贡。可见，这种以武力征讨配合经济拉拢的策略，对鲜卑和乌桓势力都起到了震慑作用，也削弱了匈奴与乌桓和鲜卑之间的联络。经常扰乱东汉北部边郡的匈奴、乌桓、鲜卑三股势力，匈奴势力逐渐衰退，乌桓和鲜卑在短期内都已经无力与东汉势力对抗，特别是夹在鲜卑与东汉政权之间的乌桓，继续留驻

---

① 《后汉书》卷90《乌桓鲜卑列传》，第2982页。《三国志》卷30《魏书·乌丸鲜卑东夷传》注引"《魏书》曰"载为"五原关"。
② （宋）司马光编著，（元）胡三省音注：《资治通鉴》卷44《汉纪》光武帝建武二十四年至二十五年，中华书局点校本，1956年，第1408页。

"五郡塞外"，必然受到东汉、鲜卑、匈奴各支势力的挤压，需要在东汉武力进击与威慑以及和平的经济拉拢中做出选择，乌桓人由塞外向东汉边郡内的大规模迁徙就是在这种背景下出现的。

对于乌桓人的这次举族大规模迁徙，相关史籍从不同角度均有所载。在研究中，学界引用的基本史料是建武二十五年（49）"辽西乌桓大人郝旦等九百二十二人率众向化，诣阙朝贡，献奴婢牛马及弓虎豹貂皮"①。乌桓人的这次"向化"行动，史籍中直接点到的是以辽西乌桓为代表，实际上可以视为"五郡塞外"乌桓人迁驻于十郡塞内的早期行动。因为，辽西乌桓的"向化"与"五郡塞外"乌桓人的整体内迁都是在49年这个时间段内，只是入塞的时间有先有后而已。在进入十郡塞内的乌桓各部中，辽西、辽东乌桓的强大早在西汉昭帝范明友渡辽水击乌桓时已经为中原人所知。而上谷、渔阳、右北平三郡塞外的乌桓势力，至少在49年前后上谷塞外白山的一支被东汉人认为是比较强大的。从这种情况分析，乌桓迁驻"五郡塞外"以后，渔阳、右北平两部分发展或许略逊于其他三郡。不过，这次乌桓人的"向化"行动是有九百余人"率众"的行动，虽然所率之众有多少没有记载，但进入边郡的乌桓人应当不会太少，当是一次联合行动。当然，这种情况也正是东汉朝廷以和为主的方针所要达到的目的。因此，东汉朝廷很快便采取了"封其渠帅为侯王君长者八十一人（按：《三国志》载为"八十余人"），皆居塞内，布于缘边诸郡，令招来种人"②的办法，使愿意为东汉朝廷"宿卫"的乌桓人"布列辽东属国、辽西、右北平、渔阳、广阳、上谷、代郡、雁门、太原、朔方诸郡界"③，并且再次设置了"护乌桓校尉"管理内迁的乌桓人以及边境地区的军事、经济事务。进入十郡塞内的整个过程，昭示了乌桓人愿意"向化"、东汉朝廷以封官拜爵拉拢乌桓上层贵族，又以经济手段对乌桓人给予援助的历史事实。同时，在这个过程中也明显地贯穿着东汉朝廷要求乌桓为东汉侦察匈奴和鲜卑行动，并且要协助东汉军队进击匈奴和鲜

---

① 《后汉书》卷90《乌桓鲜卑列传》，第2982页。《三国志》卷30《魏书·乌丸鲜卑东夷传》注引"《魏书》曰"载为"九千余人率众诣阙"，此"诣阙"者数目太大，恐非实情，不取。

② 《后汉书》卷90《乌桓鲜卑列传》，第2982页。

③ 《三国志》卷30《魏书·乌丸鲜卑东夷传》注引"《魏书》曰"，第833页。

卑的强制性内容。尽管乌桓入汉朝贺时也有"愿留宿卫"的表示，但在东汉朝廷方面却把利用乌桓"侦备，击匈奴、鲜卑"①作为入居十郡塞内乌桓应当履行的职责，"复置"护乌桓校尉管理乌桓事务就是一种强制性措施。而且，进入十郡塞内的乌桓人，实际上已经被纳入了东汉边郡行政管辖体系之内。因此，这次迁徙从本质来讲也是强制特色十分浓厚的行为。

在东汉光武帝时期乌桓人迁入的十郡中，东部五郡的地理范围是由西汉时期"五郡塞外"向郡内的延伸，五郡边境对乌桓人开放。实际上，进入了东部五郡塞内，并不意味着"五郡塞外"被放弃，那里仍然是乌桓人活动的场所，只是进出塞内、塞外自由了，活动的空间加大了。史料中记载的"令招来种人"，也正是东汉朝廷对进入郡内生活的乌桓大人尽可能动员塞外的乌桓人入塞居住的要求。

应当注意，虽然东汉时期东部五郡的行政辖区在总体上基本没有大的变化，但却出现了与西汉时期不同的名称，也对郡县做了一定的调整。西汉时期的"五郡"为上谷、渔阳、右北平、辽西、辽东郡，然而，在东汉建武二十五年乌桓人内迁时出现了"辽东属国"这个名称，甚至在《三国志》注引王沈《魏书》的记载中也以"辽东属国"替代了辽东郡。检索《后汉书·郡国五》的记载，两者都存在。实际上，这种情况的出现是因东汉时期设置"辽东属国"时辽西郡和辽东郡行政建制发生变化所致，两个郡的县级单位有所调整，也与玄菟郡调整县级单位有关。西汉时期辽东、辽西郡的一些县被调整到了"辽东属国"的治下，或调入玄菟郡。但是，东汉边境郡级和县级行政区的变化并不影响对进入塞内的乌桓人居住历史的研究。当然，"辽东属国"的设置并不是在49年，而是在东汉安帝时期，但史家在记载乌桓人进入东汉十郡塞内时却没有细致地讲明这种情况。可以断定，在辽东属国设置以前，乌桓人就已经进入了东汉的辽东、辽西行政区内，地理区域范围不会有太大的出入。

关于比西汉时期增加的其他五郡，也是东汉政权承继西汉而来的行政辖区，把乌桓迁入十郡塞内统一管理，就与此前的东部五郡形成了管理乌桓人的北方边疆郡县联合体系，也形成了从东汉东北地区向北方、西北延伸的防御体系。

---

① 《三国志》卷30《魏书·乌丸鲜卑东夷传》注引"《魏书》曰"，第833页。

在新增的五郡中，广阳郡郡治为今天的天津市蓟州区，西汉武帝时期，封皇子刘旦为燕王，设燕国于蓟，至西汉昭帝元凤元年（前80），刘旦反，国废，更名为郡。东汉初年，广阳郡并入上谷郡，至东汉和帝永元八年（96）恢复设置①。东汉时广阳郡属于幽州刺史部，除郡治外还辖有四县。广阳郡地处渔阳郡西南、上谷郡东南、涿郡东偏北，核心区域辖有今天的北京市，在十郡之中属于向南比较深入的郡。允许乌桓人进入，实际上是对进入上谷郡和渔阳郡乌桓人南进的进一步放开。

代郡是东汉对乌桓开放的边疆地区又一郡级行政区。在十郡之中，与上谷郡西部毗邻的就是代郡。战国时期，赵武灵王置代郡，历经秦、西汉、王莽时期，行政辖区几经变化。至东汉时期，仍然设郡，郡治为高柳（今天山西省阳高），郡治以外下辖十县。代郡以北为今天河北省张北地区以及内蒙古自治区商都等地，与北方草原相连，其境内有恒山和偏东地区的太行山脉，也有多条交错分布的河流。因其具有易守难攻，地理环境又易于北上、西进、南下、东控的优势，战国、秦汉以来就是北方游牧各族与中原政权交替往来的战略要地。乌桓人进入这个地区长期居住，易于休养生息和不断发展强大。

战国时期，赵武灵王"北破林胡、楼烦"后设立云中郡、雁门郡、代郡后，雁门郡历经秦与西汉、王莽时期，至东汉时期归属于并州刺史部。东汉雁门郡的治所设于阴馆（约今山西省朔州市）东南、代县西北，郡治以外下辖十三个县级行政区。雁门郡辖有的区域，东连代郡，西与云中郡、定襄郡接壤，南与对乌桓开放的十郡之中的太原郡毗邻。境内山岭险峻，句注山（雁门山）更是古来兵家争夺要塞。乌桓人进入雁门地区，得到了良好的发展空间。由于雁门郡南与太原郡（郡治晋阳，约位于今山西省太原市西南晋源镇一带）接壤，这里也成了乌桓南下的重要通道。

在东汉时期乌桓人南下入塞的十郡中，朔方郡具有特殊性。东汉朔方郡的郡治为临戎（约位于今天内蒙古自治区磴口县以北补隆淖尔镇一带）②，其所辖区域大致为今天内蒙古自治区鄂尔多斯市、乌海市的北部地

---

① 《后汉书》志23《郡国志五》，第3527页。
② 国家文物局主编：《中国文物地图集·内蒙古自治区分册》（下），西安地图出版社，2003年，第616页。

区。朔方郡辖境内有著名的库布齐沙漠，有高阙、鸡鹿等古之要塞。值得注意的是，乌桓人进入的朔方郡塞内的地理位置与其他九个郡并不相连。在朔方郡与雁门郡之间，受到云中郡（治今内蒙古自治区托克托县古城村古城）、定襄郡（治今内蒙古自治区和林格尔县土城子古城）、五原郡（治今内蒙古自治区包头市九原区麻池镇西北古城）以及西河郡（治今山西省离石区）的阻隔。也就是说，在朔方郡及其北部草原活动的乌桓人，要想联络雁门郡以东地区的乌桓人，必须要经过云中等郡。出现这种情况，与48—49年南匈奴进入云中、五原等地有直接关系。从南匈奴入塞以后各部的分布情况看，朔方郡为南匈奴右贤王部驻牧区。除右贤王外，南匈奴各部还分布在代郡、雁门郡、云中郡、五原郡、定襄郡、北地郡、西河郡各个边郡塞内。如此，就在事实上形成了在雁门、代郡以西主要分布着匈奴各部和一部分乌桓人驻牧于朔方一带的局面。

乌桓人来到十郡地区，得到了较"五郡塞外"一带更好的发展空间。这期间，乌桓人的生活基本是稳定的，东汉十郡所辖地区也没有发生过持续性的大的动乱，故史籍有"明、章、和三世，皆保塞无事"①的记载。到东汉安帝永初三年（109）前后，十郡地区以及东汉北部边疆的政局逐渐出现动荡。东汉朝廷走向衰落，对南匈奴、乌桓、鲜卑的控制力也逐步减弱。随着中国古代历史上三国鼎立时代的到来，乌桓人的历史也逐步进入了新的时期。

二、乌桓人口发展进入高峰期

从"五郡塞外"到广布东汉北边"十郡"，乌桓势力的发展很快便进入了高峰期，乌桓人在中国古代北方地区历史中的影响力日益显现。

东汉光武帝建武二十五年（49），乌桓多部迁入缘边十郡后，直至东汉献帝建安十一年至十二年（206—207），大约在十郡及其塞外地区生活了157年之久。在此期间，乌桓势力出现了快速发展的势头，在中国古代北部边疆地区的历史中扮演着令各个民族和政权都必须关注的角色。

乌桓人进入"十郡"后，有了较为稳定的生产和生活环境。十郡地区既有适合农业生产的广阔平原，又有利于农牧兼营的草原和山地，农

---

① 《后汉书》卷90《乌桓鲜卑列传》，第2983页。

牧互补更为便利。而且，在东汉政权宽松的政策下，乌桓人进出塞内外完全自由，许多乌桓民众仍然在塞外从事游牧生产，可以说，其本族的游牧业生产并没有受到影响。另外，从49年进入十郡以后，十郡以及周边政局稳定，直到109年的大约60年间都没有大的战事①。乌桓人每年都能得到东汉朝廷的物质赐予，官方组织的商业交往也能够正常进行，入塞的乌桓部众也能得到安置和"给其衣食"②的待遇。

人口增减是判断乌桓势力是否得到发展的要素之一。

迁徙到"五郡塞外"的乌桓人，经过多年的生息发展，到西汉昭帝年间渐渐强大起来。依据西汉昭帝元凤三年（前78）乌桓骑兵主力能够与汉军二万骑交战的数量大致推算，如果每一"落"出一战士，则这次战斗中的乌桓骑兵大约来自六千"落"，人口至少有五六万。但这未必是"五郡"乌桓的全部能战之士。所以，尽管没有直接史实对其人口的实际数量进行统计，但乌桓人口已经远远超过被匈奴击溃的东胡"余类"时期是可以肯定的。而且，到49年乌桓被迁入十郡时，又经过了半个多世纪的发展，乌桓的实力的确又有所增强。据史籍记载可知，仅上谷白山一带以及辽西地区的乌桓势力就已经达到令中原人不可小视的程度。另外，从王莽时期乌桓妻小被作为人质安置于边郡塞内的情况分析，仅仅用军事手段或派遣中原政权的将领去控制乌桓已经难以奏效了，这也间接地反映出乌桓势力在东汉建立以前的发展情况。

在探讨进入十郡地区乌桓人口时，应先分析乌桓向十郡塞内迁徙时明显强大的两支势力，从中观察乌桓人口的总体情况。

在当时比较强大的两支势力中，辽西乌桓是学界普遍关注的。据史料记载，在东汉初年乌桓迁驻十郡塞内以前，辽西乌桓大人郝旦率领九百多乌桓大小头领向东汉朝贡，其中有八十多位乌桓"渠帅"被东汉朝廷封为侯王。可以肯定，这些被封者都是乌桓人的大小头领，乌桓民众是由他们带领的。不过，这九百多乌桓朝贡者到底是代表着"五郡塞

---

① 从49年迁入十郡塞内至109年渔阳乌桓起兵入代郡，仅《三国志》卷30《魏书·乌丸鲜卑东夷传》注引《魏书》曰有"渔阳乌丸大人钦志贲帅种人叛，后被辽东太守祭肜击破"的记载。因此过程中无他郡乌桓的响应，应是规模很小的一次局部冲突。

② 《后汉书》卷90《乌桓鲜卑列传》，第2982页。

外"的全部乌桓人还是部分，仍是值得辨析的。按照《后汉书》以及《三国志》对乌桓进入十郡塞内前后史实的陈述，乌桓大人郝旦所率领的九百多人中，并没有包括上谷白山地区的乌桓人。指出这一问题，不仅仅是因为史籍没有记载朝贡者中没有上谷乌桓，同时也考虑到当东汉朝廷迁乌桓于十郡塞内时，紧接着便在上谷宁城（西汉时期设有西部都尉，约位于今河北省万全县，今宣化县西北有古城址）设置了直接针对解决与乌桓之间事务的护乌桓校尉。这个军政建制的设置地点选在上谷而非辽西，说明上谷才是因乌桓强盛而应当重点防御的区域，也是管控十郡乌桓的敏感地区。根据这种情况可以认为，郝旦所统九百多乌桓大小头领中没有上谷乌桓，而上谷乌桓的总人口也不会少于辽西乌桓。当然，以五郡之乌桓进入十郡地区，乌桓人的力量实际上是被分解了，即使在这种情况下，辽西、上谷乌桓仍然受到史家的关注，说明乌桓人口数量已经有了较为明显的增长。但是，由于汉籍史料对乌桓人的人口问题没有明确记载，所以，乌桓进入十郡以后各个时期的人口数量也只能根据零散的线索进行估测。

一般来讲，估测乌桓的人口数量有两个途径：一是战争中的参战骑兵数或者乌桓人在边境其他地区活动的人数；二是根据乌桓人的邑落总数进行大致推算。关于第一个途径，虽然史籍中零散地记载了一些参战人数，但是迁徙到十郡地区以后乌桓人为了某种目的集中十郡之兵的情况却根本没有，只有某郡乌桓在十郡之中的某一两个郡掠略的历史现象。据此而估测，乌桓的总人口是难以贴近真实情况的。按照历史发展的时间检索，进入十郡以后，乌桓骑兵大规模出现是在建安年间，数量在万骑以上。不过，当时的乌桓势力中已经混入了其他各族，以此估测乌桓人口会有水分。可见，如果以史料中出现的乌桓骑兵数估测其总人口，准确度较低。

关于乌桓人的邑落，史籍有多处记载，其反映的也都是综合性的内容，尽管很难检索到十郡乌桓中每一郡有多少邑落，但在研究乌桓人口问题时，与乌桓习俗吻合的邑落方面的记载还是比较珍贵的史料。检索《三国志》卷30《魏书·乌丸鲜卑东夷传》注引"魏书曰"以及《后汉书·乌桓鲜卑列传》中专门记载乌桓人"落"的数量的史料，较为完整的有东汉灵帝初年（168）上谷、辽西、辽东、右北平四个地区合计一万六千余落的内容。如果按照一落有二三十口人估测，这四个郡当有乌桓人 30 万左右。当然，这肯定不是"十郡"乌桓的全部人口。根据东汉初年迁徙乌桓于缘边十郡进行安置后，直到乌桓渐渐强大起来的活动范围看，还有六个郡的乌桓人没有被载入史籍。所以，如果以《后汉书·乌桓鲜卑列传》记载的 168 年作为一个时间点做保守估计，把其余六郡的乌桓人计入的话，当时应当至少有两万落以上，乌桓总人口应在 50 万左右。

据此也基本可以肯定，乌桓人在进驻十郡地区以后，经过一个多世纪以休养生息为主的生产和生活，人口发展进入了高峰期。而乌桓势力在东汉中后期至建安时期影响不断增强的基本原因也正在于此。

第三节　徙居"中国"①，融入他族

东汉末年乌桓人被"徙居中国"②，指的是建安十二年（207）曹操亲征乌桓时在柳城（约位于今辽宁省朝阳市南十二台乡袁台子村）一带重挫乌桓主力蹋顿部以后，把阎柔统率之下的一万多落乌桓人南迁的事件。这也是乌桓被迁入十郡地区后的又一次较大规模南迁，此后，史籍中除可见少量、零散的与乌桓人有关的史迹外，乌桓人的活动情况基本难觅踪迹。数量如此之大的乌桓人被迁入中原地区，而且是集中迁徙，其后来的历史变迁是值得关注的。

一、乌桓在东汉中后期不断增强的影响力

东汉初年迁徙到缘边十郡地区的乌桓人，得到了在塞内、塞外比较广阔的区域内生产和生活的空间，自然环境有利于游牧业和种植业的发展。而且，在此后相当长的历史时期内，由于东汉政权在对匈奴、鲜卑、乌桓的交往中主要采取了友好互利的方针，乌桓等族也纷纷示好于东汉朝廷，北方地区的政局基本保持在长期稳定的状态之中。乌桓人在发展

---

① 《三国志》卷 30《魏书·乌丸鲜卑东夷传》，第 835 页载："及幽州、并州柔所统乌丸万余落，悉徙其族居中国，帅从其侯王大人种众与征伐。"此条史料中的"中国"，泛指当时北方草原地区以南的以农业生产为主的中原地区。后文凡加引号的中国，与此同。
② 《三国志》卷 30《魏书·乌丸鲜卑东夷传》，第 835 页。

本族游牧经济和其他生产门类生产方面基本没有受到限制，与其他各族的经济交往和东汉互市等也正常进行。在这样的社会环境中，乌桓实力得到了比驻牧于五郡塞外时还引人注目的发展。在东汉安帝永初三年（109）前后，已经成为一支较强的势力开始活跃在中国古代北方历史舞台，甚至偶尔还参与到中国古代北方地区各种势力的角逐之中。这个时间距49年乌桓进入十郡塞内已经度过了60个年头。

有关109年以前十郡乌桓人的整体发展情况，史籍基本没有记载，只能检索到一点间接的线索。《后汉书·乌桓鲜卑列传》简要地记载了乌桓人进入十郡后"明、章、和三世，皆保塞无事"的情况，说明在上述历史时期内，十郡乌桓人的多数邑落都处于基本正常的生产和生活中。但是，以游牧为俗的乌桓人，也不是始终习惯于郡县内的定居生活，在往来不受限制的十郡各地，也会有乌桓人出入于边塞内外，甚至仍然以游牧作为主要生产方式。这部分出入于边塞内外的乌桓人，因适应于游牧生活，又有十郡内定居经济的补充，整体发展或许更好，其中有代表性的一支就是赤山乌桓。据史籍记载，大约在58年以前的一段时间内，赤山乌桓"数犯上谷，为边害"①，东汉朝廷虽经过当地官员以多种办法安抚，但结果皆不能奏效，政局持续动荡。为解决渔阳、上谷地区的问题，东汉朝廷委派辽东太守祭肜联合鲜卑偏何统领的部众共同征讨乌桓②。这是在乌桓迁驻缘边十郡十年左右时出现的一次有影响的历史事件。在史籍中，"赤山乌桓"指渔阳地区（约北京密云地区以北，今天内蒙古自治区正蓝旗至赤峰市周边地带都有可能是其活动范围）塞外③的乌桓人。学界对"赤山"有较大争论，分歧点集中在"赤山"是否就是"乌桓山"这个问题上。笔者在前文已经论证，乌桓山所在的空间位置大体应在大兴安岭东麓或东麓偏南地区，据此，这支给东汉上谷地区带来政局混乱

---

① 《后汉书》卷20《铫期王霸祭遵列传》，第745页。
② 《三国志》卷30《魏书·乌丸鲜卑东夷传》注引"《魏书》曰"在记载这个事件时用了"永平中，渔阳乌丸大人钦志贲帅种人叛"，而且被东汉辽东太守祭肜"募杀"的行文。"永平中"，大约为65—66年，时间晚于《后汉书》和《资治通鉴》记载的58年。提到"渔阳"而未言赤山。但事件内含基本一致。
③ 应当也包括塞内的乌桓人，因为东汉朝廷自49年开始是允许乌桓进入十郡塞内的。

的赤山乌桓，更有可能是《资治通鉴》"胡注"所指出的"偏何击渔阳赤山乌桓钦（歆）志贲。盖歆志贲本赤山种而居渔阳塞外也"①。也就是说，在东汉年间，"赤山种"的乌桓邑落或已有若干分支，钦志贲所部可以视为"赤山种"乌桓所属的一支。从事件本身来讲，汉朝方面调动辽东名将祭肜率领包括鲜卑在内的兵力平定渔阳乌桓，足见渔阳乌桓力量之强大。而且，此次平定乌桓以后"肜之威声，畅于北方，西自武威，东尽玄菟及乐浪，胡夷皆来内附，野无风尘。乃悉罢缘边屯兵"②的影响力，则更是东汉皇朝建立以来所少见的。

在这次事件以后，几乎所有的史籍都将乌桓再次较大规模在缘边地区掠略的史迹系于东汉安帝践位以后。这说明在58年以后的大约半个世纪中，乌桓人在边缘十郡塞内外的生产和生活再次处于比较稳定的状态。而当乌桓再次频繁见诸史籍时，已经是中国古代北方地区名副其实的强劲势力了。可以说，从安帝永初年间开始，直至建安年间乌桓在柳城一带被曹操武装打击而受到重创，中国古代北方地区较为重大的历史事件中都可以见到乌桓的身影。

据史载，东汉安帝永初三年（109），渔阳乌桓联合"右北平胡"千余骑在代郡和上谷郡一带掠略。"千余骑"的规模并不算大，值得注意的是，当史籍中再次出现乌桓对郡县政局造成影响时，十郡之中仍然是渔阳乌桓见于史籍。这说明渔阳乌桓虽然遭受打击，但恢复较快，经过休养生息，部众实力再次强大到引起东汉朝廷重视的程度。史料中的另一部分人"右北平胡"，显然是对游牧部族的泛称，右北平也是东汉时期乌桓人的驻地之一，本身就在十郡之内，这里的"胡"，不排除也是乌桓人。

也就在这一年的秋季，"渔阳、右北平、雁门乌丸率众王无何等复与鲜卑、匈奴合，钞略代郡、上谷、涿郡、五原"③，人马增多，区域扩大，引起东汉朝廷的高度重视。这次事件的发展，大致经历了两个阶段。先

---

① 《资治通鉴》卷44《汉纪》明帝永平元年，第1432页。
② 《后汉书》卷20《铫期王霸祭遵列传》，第745页。
③ 《三国志》卷30《魏书·乌丸鲜卑东夷传》注引"《魏书》曰"，第833页。对于东汉与乌桓在109年以后至125年的武装冲突，《三国志》和《后汉书》记载详略不一。这部分内容的史料主要引于这两部史籍，不再详注。

是乌桓等族来势凶猛,在五原(郡治九原,内蒙古自治区包头市九原区麻池镇西北古城)一带掠略,人马数量达到了七千以上。五原郡太守率兵出战,在"九原高渠谷"之战中不敌乌桓、匈奴和鲜卑的联兵,大败而归,五原郡长吏被杀。由此可知,郡级行政区所属的兵力已经抵挡不了雁门乌桓等族的骑兵。在这种情况下,东汉朝廷委派大司农何熙担任行车骑将军[①],并与度辽将军梁懂率"左右羽林五营士,发缘边七郡黎阳营兵合二万人"联合出兵才击败了对手,使得乌桓"稍复亲附",边郡形势有所稳定。东汉朝廷以近乎乌桓等族三倍的军队方能取得一定的优势,击败对手,可见这时的乌桓已经比较强势,而且在很大程度上可以控制匈奴和鲜卑。另外,从乌桓等族掠略的地区也可以看出,其影响力已经向代郡以西地区扩展。

至顺帝阳嘉四年(135),乌桓在云中郡一带拦截商贾车千余辆,并且与度辽将军耿晔统率的数千骑汉军交战多次,胜多败少。在此之后,乌桓人几乎成为在东汉北方缘边地区郡县内外驰骋往来的主角,大约每隔十年左右就与汉军有一次影响较大的冲突。当汉军力量略强时,乌桓便出塞而去。当时,除了活动在渔阳、雁门、右北平郡边塞内外的乌桓人经常掠略外,朔方、辽西、辽东等郡的乌桓人也纷纷加入了掠略缘边诸郡的行列。针对这种情况,东汉朝廷虽然采取了一些强硬的措施,但都无助于缘边十郡地区的稳定。特别是在168年前后,史籍中比较一致地记载了上谷、辽西、辽东、右北平四支乌桓势力发展壮大的整体情况。这四支乌桓势力多者达到九千余落,少者八九百落,总计大约一万五六千落[②]。而且,几支乌桓势力的首领"皆有计策勇健"[③],处在逐步走向联合的阶段。

东汉灵帝中平四年(187),各支乌桓势力出现了较大规模的联合,与此同时,乌桓人也参与到与北方各支政治势力的角逐之中。

乌桓各支势力的联合,与东汉中山太守张纯有着密切的关系。张纯

---

① 东汉车骑将军排在将军系列第三级,属于中央派出的武官,地位甚高,见《后汉书》,第3563页。
② 《后汉书》与《三国志》均有类似记载,四支乌桓势力的总数基本一致。但这两部史籍在记载时都用了"余落"这样的不确定性行文,"余"多少很难确定,事实上也无法确定。所以,一万五六千落也只是估计。
③ 《三国志》卷30《魏书·乌丸鲜卑东夷传》,第834页。

在《后汉书》和《三国志》中均未列传，只知其曾经担任中山太守。东汉时期的"中山"，相当于郡级行政区，但却是刘秀于建武三十年（54）封给儿子中山简王刘焉的"王国"，地位比一般郡级行政区要高，《后汉书》中记载为"中山国"①，治所在今天河北省定州市。中山国所属区域与乌桓所在的缘边十郡中的某些郡相邻，与乌桓交往的概率较大。

东汉时期，中山国由西向东分别与代郡、涿郡、广阳郡、渔阳郡毗邻。四郡之中，涿郡北部为上谷郡乌桓驻地，其余三郡也都有大量的乌桓人。张纯作为中山国的主管官，对于乌桓人的情况是清楚的。史籍记载，张纯是"叛入丘力居众中"②的，且"自号弥天安定王，遂为诸郡乌桓元帅"③。作为乌桓人之外的成员，没有任何阻力就被乌桓人接受，并且还担任了"三郡乌桓"的总统帅，这在乌桓人迁徙和发展的过程中还是首次。这种情况可以说明，长期生活在十郡内的乌桓人与东汉十郡内的官吏和民众已经基本和谐地相处了。张纯也能够利用乌桓的力量，在东汉后期混乱的政局中谋求自己的利益。

在这个历史时期，史籍中出现了"三郡乌桓"、乌桓"三王部"和"三部"的记载。这种情况，可以说是乌桓社会发展的一个变化，从表面来看，乌桓有着从分散向着带有联盟特征发展的趋势。但是，由于种种原因，乌桓最终也没有形成本族的部落联盟。而从东汉中后期乌桓各部的情况看，大小规模的组合还是在不断进行当中。至袁绍"矫制"封授辽西、辽东、右北平乌桓首领为三单于时，史籍中出现了三郡乌桓之说。至于张纯为元帅时所统的三郡乌桓，应当是不包括辽西乌丸在内的。根据张纯投奔丘力居时的情况分析，丘力居也不会将大权完全让给张纯。当时，张纯能够参与指挥的是辽东、上谷、右北平的乌桓人。另外，张纯自号"弥天安定王"时，还有同时背叛东汉朝廷的曾经担任泰山太守的张举（此人在乌桓中的地位似乎要高于张纯）。而乌桓、张纯、张举实际上是三股势力，保守估计，其联合起来大约有十万以上能战之士。在

---

① 《后汉书》志20《郡国志二》，第3434页。
② 《三国志》卷30《魏书·乌丸鲜卑东夷传》，第834页。《后汉书》记载略同。
③ 《后汉书》卷90《乌桓鲜卑列传》，第2984页。《三国志》卷30《乌丸鲜卑东夷传》，第834页载为"中山太守张纯叛入丘力居众中，自号弥天安定王，为三郡乌丸元帅"。

东汉末年，这股势力在北方地区是很有影响力的。

此后，至东汉灵帝时期，东汉幽州牧刘虞招募"胡"人斩杀了张纯，乌桓辽西大人丘力居亦死。乌桓在重新组后产生了首领，由丘力居从子蹋顿"总摄三王部，众皆从其教令"①。可见，乌桓势力并没有因张纯被杀而散去，而是向着各部统一的方向迈进了一步。当时，在袁绍与公孙瓒两股势力征战不休的局面中，蹋顿派遣使者与袁绍接触，并且在军事上援助袁绍集团。袁绍则对乌桓采取了利用、扶持的策略，使乌桓成为可以利用的武装力量。而处于上升势头中的乌桓势力也在这个时期得到了较快的发展，史籍中就有"时幽、冀吏人奔乌桓者十万余户"②的记载。当时，就连战败的袁绍之子袁尚也投奔乌桓以求保护。可以认为，此时的乌桓势力已经是一支北方地区不可忽视的力量，也是乌桓人在中国古代历史中影响最大的时期。

乌桓势力的强大引起了正在与袁绍集团争斗的曹操的重视，在北方地区复杂的政治局面中，曹操对乌桓除了进行小规模的征讨外，也在不断寻找机会对乌桓给予致命的打击。东汉献帝建安十二年（207）在辽西郡柳城（约今辽宁省朝阳市南十二台乡袁台子村）一带针对乌桓的"白狼山之战"，从根本上瓦解了乌桓的主力，改变了乌桓人的历史走向，也对曹操稳定北部边疆的政局起到了重要作用。

这一战役的发起方是东汉献帝时期实际掌控朝廷大权的曹操集团。建安十二年五月，曹操亲率大军准备经无终（今天津市蓟州区）进击柳城地区的乌桓。七月，因夏季雨水较多，道路"泞滞不通，虏亦遮守蹊要，军不得进"③，大部队停留在无终地区。不久，曹军采用长期生活在徐无山地区④的田畴的建议，佯作撤军，转而从卢龙塞（河北省唐山市迁西县与承德市宽城县的接壤处，今河北喜峰口）出兵，"乃堑山堙谷五百余

---

① 《三国志》卷30《魏书·乌丸鲜卑东夷传》，第834页。
② 《后汉书》卷90《乌桓鲜卑列传》，第2984页。
③ 《三国志》卷11《田畴传》，第342页。
④ 根据《三国志》《水经注》等文献分析，徐无山是大约位于今唐山市西北部的某座或某一群山的称呼，《三国志》中的"无终山"也应与徐无山有关。田畴曾带领部分避难百姓进入"徐无山"地区，那里有较好的生产和生活条件，并与乌桓部族接触方便，所以，此人熟悉当地的地理环境，也了解乌桓人的情况。

里，经白檀，历平冈，涉鲜卑庭，东指柳城"①，按照这条路线，曹军曾集结于渔阳、右北平一带，经白檀（应即今河北省滦平县东北兴州河南岸一带），至"平冈"②（右北平郡郡治所在地区，地处老哈河上游），经过鲜卑活动地区的南部，兵锋直指乌桓主力屯驻的柳城。从地理位置看，辽西郡以柳城为中心的地区是东汉时期乌桓入驻的十郡之一，军事地位十分重要。但在曹军改变进军路线后，乌桓首领蹋顿率领的三郡乌桓以及投奔乌桓的袁尚残部，仍将注意力集中在无终一带，并被曹操从无终回军时所立"方今暑夏，道路不通，且俟秋冬，乃复进军"③的牌子所迷惑，放松了警惕。没有料到曹军突然出现在柳城西南约二百里的白狼山（今辽宁省喀喇沁左翼蒙古自治县东部的大阳山）一带，并与乌桓主力数万骑相遇。轻装奔袭的部分曹军与乌桓、袁尚残余势力组成的联军在兵力对比上一少一多，数量悬殊。但曹军的突然出现，也使乌桓猝不及防，摸不清曹军虚实。在这种情况下，曹操登高远望，观察敌阵，冒险采取突袭战术，命令身边大将张辽迅速出击，取得了继"官渡之战"之后又一次以少胜多战役的胜利，击溃了乌桓与袁尚联军。处于较为强盛时期的乌桓，在这次战役中被"斩蹋顿及名王已下，胡、汉降者二十余万口"④，三郡乌桓的统治中枢遭受重创，至此，辽东、上谷、右北平的乌桓势力基本被打散。据史籍记载，此次战役后有"辽东单于速仆丸及辽西、北平诸豪，弃其种人，与尚、熙奔辽东，众尚有数千骑"⑤，不久之后也被辽东太守公孙康斩首，余众散去。此后，史籍中再未见到有关乌桓强大起来的记载。乌桓人迁徙到东汉缘边十郡的历史随之结束。

二、乌桓被徙居"中国"后史迹

从史籍记载可知，东汉建安年间是乌桓人口数量最多的时期。"白狼

---

① 《三国志》卷1《魏书·武帝纪第一》，第29页。
② 国家文物局主编：《中国文物地图集·内蒙古自治区分册》（下），第206—207页。平刚古城址在今内蒙古宁城县甸子镇黑城村，称"黑城古城"，考古发掘已确定此城的外城是汉代平刚故城。
③ 《三国志》卷11《田畴传》，第342页。
④ 《三国志》卷1《魏书·武帝纪第一》，第29页。
⑤ 《三国志》卷1《魏书·武帝纪第一》，第29页。

山之战"以蹋顿为首的乌桓军被曹军打败,其人口才大量减少。史家在揭示这次战役的情况时,间接地涉及了乌桓的人口数量,但各部史籍的记载不尽一致。《三国志·魏书·乌丸鲜卑东夷传》记载的是袁尚与蹋顿之众"兵马甚盛",战败后"死者被野";《三国志·魏书·武帝纪第一》的记载则为"斩蹋顿及名王已下,胡、汉降者二十余万口",把袁尚所部投归乌桓的人也计算在内;《后汉书·乌桓鲜卑列传》所载比较具体,明确指出了战前曾有"幽、冀吏人奔乌桓者十万余户"(以户计算,人口数当在户数的4倍左右),而建安十二年,"曹操自征乌桓,大破蹋顿于柳城,斩之,首虏二十余万人"。根据这些记载分析,当时蹋顿与袁尚大约统有二十万以上的能战之士参加了这次战役。如果减掉十万汉人,乌桓骑兵大约有十万,以每五口人出一战士计算,人口总数当在五十万以上,但这还不是全部乌桓人口。因为,参加"白狼山之战"的主要是辽西、辽东、右北平的乌桓人,右北平以西地区是否有乌桓人加入尚不明确。

那么,东汉缘边十郡中其他几个郡的乌桓人哪里去了呢?

对此,也有线索可寻。战后,曹操率军还至易水(在河北省西部易县境),有"代郡乌丸行单于普富卢、上郡乌丸行单于那楼将其名王来贺"①。这两部分乌桓人,同样是《三国志》中的记载,可却被史家从"白狼山之战"中分离出来,而且,两位"乌丸行单于"之下还有一些"名王"。如果根据对战役的描述,蹋顿等名王都被斩首了,就连逃到辽东的乌桓首领速附丸、楼班、乌延也被杀掉,首级被送至曹操那里。所以,代郡和上郡乌丸在"白狼山之战"以后出现,说明这次战役并不是十郡乌桓全都参加了,西部几个郡的乌桓并没有出现在战场上。另外,在东汉迁乌桓于缘边十郡时,也未见有这条史料中的上郡(治在肤施县,约为今陕西省榆林市榆阳区鱼河镇)"乌丸"。从地理位置看,上郡更贴近中原,所以,暂将这部分"乌丸"人视为从缘边十郡中继续向中原发展的一支,他们并没有参加这次战役。根据这种情况,在计算乌桓的人口时,也就要尽可能地考虑这些郡的乌桓人。所以,根据蹋顿所统的乌桓人估测的乌桓人口,并不是东汉末年的全部。在十郡中的其他几个郡中,至少上谷、渔阳、雁门各郡的乌桓势力还是比较强大的,从东汉将乌桓

---

① 《三国志》卷1《魏书·武帝纪第一》,第30页。

人迁徙到缘边十郡初期到后期，各郡乌桓的人口都是处于不断发展的状况中，保守估计，应当至少有十万左右的乌桓人活动在十郡的中西部地区。这样，在东汉末年，乌桓的总人口在七十万甚至更多是应当有说服力的。

"白狼山之战"后是哪个地区的乌桓人被"徙居中国"？人口到底有多少？这是在研究乌桓历史变迁到了"徙居中国"这个阶段值得关注的问题，也是寻找乌桓逐步在中国历史中消失的重要线索之一。

根据史籍记载，这次战役后被迁徙到"中国"的乌桓人有"幽州、并州柔所统乌丸万余落"①。此"柔"，即阎柔，东汉广阳（郡治为今天的天津市蓟州区）人氏，《三国志·乌丸鲜卑东夷传》说此人"少没乌丸、鲜卑中，为其种所归信"。广阳郡是东汉时期乌桓人活动的行政区之一，光武帝建武二十五年以后，有乌桓人长期屯驻。阎柔从少年时代就与乌桓人密切交往，对乌桓了解较深。而其长成后，曾参与到公孙瓒与袁绍的争斗之中，率领乌桓、鲜卑和汉军组成的联军，击败公孙瓒设置的渔阳太守邹丹的地方部队。后来又杀掉（护）乌丸校尉邢举并取而代之，成为袁绍的部下。"官渡之战"后脱离袁氏集团得到曹操的重用，先后被任命为护乌丸校尉、左度辽将军，从征三郡乌丸后因功被封关内侯。此人所掌控的军队，乌桓骑兵占有很大比例，同时也有其他民族的士兵。在"白狼山之战"以后，为了控制乌桓势力，曹操采取了将乌桓部落迁徙到"中国"的办法。深得曹操信任又掌握着幽、并二州乌桓骑兵的阎柔，显然是被选中承担统率乌桓邑落迁徙"中国"的任务。

但是，按照《三国志》的记载，阎柔所统的这部分乌桓人是幽州和并州的万余落，与《后汉书·乌桓鲜卑列传》所记载的207年大破蹋顿以后"其余众万余落，悉徙居中国云"似乎并非一回事。蹋顿、袁尚大败之后，已经群龙无首，逃奔塞外和其他地方的乌桓人会较多，也会有一定数量被俘虏的乌桓人，但可以肯定，蹋顿率领的乌桓邑落已经是溃不成军了。而阎柔所率领的"乌丸"万余落，很明显是听其调遣的有战斗力的乌桓骑兵，万余落中还有"侯王大人种众"等②，组织系统完好，

---

① 《三国志》卷30《魏书·乌丸鲜卑东夷传》，第835页。
② 《三国志》卷30《魏书·乌丸鲜卑东夷传》，第835页。

没有兵败重组的迹象。所以，即使是如《后汉书》所说的蹋顿所部的乌桓邑落同时被迁入"中国"，也是在经过整合之后归阎柔统一管理和调动的。

这样，"白狼山之战"以后被迁徙到"中国"的乌桓人就有幽州、并州、辽西、辽东、右北平几个地区的。但是，"徙居中国"这种看似乌桓被举族迁徙的记载也未必全面，从两晋、南北朝时期的历史来看，塞内和塞外都还有大量的乌桓人活动。所以，在这个历史节点上，乌桓人的大体去向似可以分为两部分。一部分是阎柔所统辖的"万余落"以及战后同时被"徙居中国"的乌桓人，其人口的实际数量应当至少以两万落以上估测，大约不会少于12万人。另一部分是战后仍然留在十郡地区以及十郡塞外的乌桓人，这部分乌桓人，有的仍然以若干"落"为单位聚族游牧，有的则在北方草原地区各族争斗的过程中加入了鲜卑或其他有实力的集团。不过，留在塞外的乌桓人口的总数更是难以估测，如果从拓跋鲜卑政权中出现的乌桓力量来看，塞外乌桓人的数量不会少于内迁的。当然，乌桓被迁徙的前后，也正好是中国古代历史上比较混乱的时期。三国鼎立时代的到来，南北朝时期的踵至，北方草原地区鲜卑檀石槐、轲比能、拓跋鲜卑的兴起等都对乌桓迁徙以后的历史带来了不同程度的影响，乌桓也正是在这种复杂的历史发展过程中消失了。

207年以后被"徙居中国"的乌桓人，在相关史籍中可窥其若干线索。

《三国志·魏书·乌丸鲜卑东夷传》的记载比较含糊，认为阎柔所统的万余落乌桓人被迁徙后，由阎柔"帅从其侯王大人种众与征伐。由是三郡乌丸为天下名骑"。依照这条史料，这部分乌桓邑落在内迁后仍然归阎柔统领，而且成为当时闻名北方的"名骑"。然而，关于阎柔与三郡乌桓的更为直接的、详细的情况却无载，可以检索到的有《三国志·公孙瓒传》记载的"文帝践阼，拜辅虎牙将军，柔度辽将军"①。据此可知，曹操死后，阎柔仍然掌握着这部分以乌桓骑兵为主的部队，并受到重用，而此时已经是220年以后了。

关于曹魏时期乌桓的线索，在《三国志》卷30《魏书·乌丸鲜卑东

---

① 《三国志》卷8《魏书·二公孙陶四张传》，第247页。

夷传》注引"《魏略》曰"记载了曹魏明帝景初元年（237）秋，"遣幽州刺史母丘俭率众讨辽东。右北平乌丸单于寇娄敦、辽西乌丸都督率众王护留叶，昔随袁尚奔辽西，闻俭军至，率众五千余人降。寇娄敦遣弟阿罗槃（槃）等诣阙朝贡，封其渠帅三十余为王，赐舆马缯采各有差"①。《魏略》的作者鱼豢，生活在曹魏统治的末期至西晋初期，《三国志》的注中，大量地引用了鱼豢的这部私著史书。此处所载乌桓的情况，虽然不能断定就是随阎柔迁入的一万余落中的乌桓邑落，但至少可以估计是活动在右北平和辽西一带的乌桓余部。因其"诣阙朝贡"并接受了封王和赐予，所以，与曹魏的关系是密切的。

在《晋书》的《帝纪》《载记》《传》等内容中，载有"乌丸"活动的一些内容，但较为散乱，而且这些乌桓人是阎柔所统领的一万余落的后人，或是乌桓的其他分支，还当从学术角度进一步深入考辨。不过，可以肯定的是，西晋时期乌桓在中原地区，尤其是在中国古代北方地区的活动比较活跃。进入中原地区或出入于边塞的乌桓人虽然仍然没有建立政权，但却广泛地接触、依附于西晋政权，以及后来出现的鲜卑慕容氏、鲜卑宇文氏、鲜卑段氏等政权，在魏晋南北朝的历史中忽隐忽现。

在此之后，直到唐代，又有《旧唐书》卷199下《北狄·室韦传》记载的"乌罗护之东北二百余里，那河之北有古乌丸之遗人，今亦自称乌丸国。武德、贞观中，亦遣使来朝贡"②。这条来源于"正史"的史料，应是史家通过某种途径对远在千里之外的各族情况的了解。若从"遗人"与"乌丸国"的行文来思考，"遗人"的数量未必会多到足以为国的程度，或是很少的一支。另外，既然为"国"，也要与周边他国相区别，相来往，并留下应有的史迹。而有"朝贡"之举，或可证明确有这部分人的存在以及其与唐朝之间有联络。至于"乌丸之遗人"与魏晋南北朝以后突然不见踪迹的乌桓人之间的历史连接关系，恐怕单凭这条史料是难以说清的。

与唐代出现乌桓"遗人"类似，在《辽史》中也有关于乌桓的几条

---

① 《三国志》卷30《魏书·乌丸鲜卑东夷传》注引"《魏略》曰"，第835页。
② 《旧唐书》卷199下《北狄·室韦传》，第5357页。

记载，在此略作分析。

《辽史》卷37《地理志》"乌州"条有"本乌丸之地，东胡之种也。辽北大王拨剌占为牧，建城，后官收"①。这是一条在探讨乌桓山位置时学者们比较重视的史料，但其指出的"乌丸之地"距辽代历史久远，在研究中，作为探讨辽朝以前甚至上溯到秦汉时期的乌桓驻地具有一定的价值，但在探讨乌桓在南北朝以后的流向时却基本没有可取之处。另一条是辽太祖二年（908）夏五月癸酉，"诏撒剌讨乌丸、黑车子室韦"②。在这条史料中，"乌丸"列在首位，但实际上黑车子室韦才是当时契丹人要降服的劲敌。从辽太祖元年（907）开始直至908年，明确征讨黑车子室韦的记载就有五次，907年二月，黑车子室韦的八部向契丹投降。但908年契丹再次出兵，说明仍然有未降服的黑车子室韦余部，而且这部分未降服的黑车子室韦人与"乌丸"人当有所联合，所以同为征讨对象。室韦人生活在大兴安岭地区，史籍记载其与契丹同源。大兴安岭以南为契丹，以北为室韦，而室韦随着时代的变迁又有名称各异的许多分支。辽太祖初年，名为黑车子室韦者较为常见。而黑车子室韦活动的地区，也正是东胡被击溃以后其余部逃跑所至之地，后来形成了鲜卑与乌桓二族。所以，辽朝早期在今天的呼伦贝尔地区出现被称为"乌桓"的人也是正常的。若从源流角度分析，这部分乌桓人与唐代的"乌丸之遗人"间隔时间较近，在区域上基本属于一个大的范围，两者有源流关系的可能较大。

根据史籍记载可知，除207年后被"徙居中国"的乌桓人之外，在边塞诸郡以及塞外仍然有乌桓人留居，其在与拓跋鲜卑的交往中出现频率较大，在探讨乌桓流向时值得注意。但这部分乌桓人大多都融入了鲜卑和拓跋鲜卑，消失在历史长河之中③。

可以认为，乌桓从出现到消失在历史中，大约经历了千年左右。其中，魏晋南北朝以后有一段时间的间断，至唐朝出现"遗人"痕迹，辽

---

① 《辽史》卷37《地理志》，第445页。
② 《辽史》卷1《太祖纪上》，第3页。《辽史》卷69《部族表》，第1078页亦载：二年，五月"皇弟惕隐撒剌讨乌丸及黑车子室韦"。
③ 相关内容，将在乌桓与各族关系中论述，此略。

朝早期又与黑车子室韦同见于史。在千年左右的历史中，乌桓人始终未能建立自己的政权，只是被动地向南迁徙，在中原或其他民族的政权中得到生存，而留给后人的最为深刻的印象就是英勇善战的乌桓骑兵。魏晋以后，史籍中能够见到的只是零零散散的、未见得可靠的乌桓人的历史踪迹。

第四章 乌桓的经济类型

从乌桓历史发展的整体情况来看，其经济类型是以畜牧业为主要特征，兼及粗放的种植业、相关的手工制作、兵器铸造等。乌桓人的畜产品以马、牛、羊的数量为多，马在畜牧和狩猎生产中、在游牧人的生活中，以及对外交往和战争中发挥着重要作用。另外，乌桓人在生活中重视对狗的豢养。乌桓人因地制宜地从事一定的种植业作为生活补充。迁徙至中原地区边塞后，用从中原地区获得的米、酒曲酿酒。制作穹庐为居室，拥有有本族特点的制毡技术。

第一节 畜牧业与狩猎业

乌桓人的狩猎业与畜牧业基本呈交织在一起发展的特征。早期狩猎业比重较大，迁居五郡塞外后，畜牧业发展迅速，但狩猎业依然为生活中不可或缺的经济类型。将两者结合起来研究，可以窥见其基本状况。

乌桓人生产的一般特征，在《三国志》注引王沈《魏书》中简略记载为"俗善骑射，随水草放牧，居无常处……日弋猎禽兽"；《后汉书·乌桓鲜卑列传》的文字表述与《三国志》有所不同，载为"俗善骑射，弋猎禽兽为事。随水草放牧，居无常处"。比较一致的是两部史籍都从狩猎与游牧方面肯定了乌桓人的生产和基本生活特征，其他史籍的记载也基本准此。所以，迄今为止的几乎所有研究成果，也都将乌桓人的经济生活定位为狩猎与游牧业。然而，历史学也要求研究者在尊重史实的前提下发展地看问题，注意分析事物在发展过程中的可变性特征，乌桓人的历史正是以变化较大为特征的。如果根据乌桓历史变迁的实际进行考察，狩猎与游牧业的定位并不是一成不变的。随着乌桓人向五郡塞外、缘边十郡之内，以及中原地区的迁徙，带来的自然环境的变化，狩猎业首先就受到了冲击。与此同时，以游牧为主要生产方式的畜牧业也受到了冲击，"随水草放牧，居无常处"的条件被人为地限制或因迁徙他地自然环境发生转变，这种生产和生活特征也在逐步发生变化。

依据前文引用的两条资料，在乌桓人早期的经济中，狩猎在生产中占有比较重要的位置，但具体重要到什么程度却是需要辨析的。因为两条史料本身就存在值得注意的相异之处。乌桓人早期生活在大兴安岭一带的山区，因自然条件便利，骑射狩猎为生活来源之一也很正常。但是，两部史籍中分别出现了"日弋猎禽兽"和"弋猎禽兽为事"的不同记载。从字面分析，两条记载所表达的都是乌桓人对狩猎的依赖程度，但如果嚼字求解，则会发现两者的区别。《三国志》的"日弋猎"，从字面上给人以松散的感觉，所反映的对"弋猎"的依赖程度略弱于《后汉书》的"为事"，似乎是一种补充。而"为事"，则可以视为一种不可或缺的生产活动。当然，对于狩猎经济在乌桓人经济中所占比例，仅凭文献记载是很难考证清楚的，如果依据考古发掘的资料做些估测，再结合文献资料的记载互相比对，或许会更加贴近事实。

在考古发掘和研究中，与乌桓游牧和狩猎经济直接有关的发现尚难确定，但是，可以从学界对东胡的考古研究中，以及对东胡与乌桓、鲜卑的研究中得到一些线索。

关于东胡的经济形态，学界比较一致的看法是其以畜牧、狩猎以及粗放农业为基本特点，这与史籍中记载的乌桓人以狩猎和游牧为业，同时也按照季节耕种稼米的经济形态类似。而《后汉书》和《三国志》记载的乌桓人的游牧与狩猎的经济形态，在时间段上应当是处于被迁徙到五郡塞外以前的历史时期，乌桓迁徙至缘边十郡塞内以后，史籍中已经很少或基本没有记载有关其经济生活和习俗方面的内容。所以，诸如《三国志》等史籍比较集中地记载乌桓人的习俗和特征的内容，多为其原始习俗。而经过考古发掘和研究后认定的一些内容，多为实实在在的物品，对研究乌桓人的历史很有帮助。

在井沟子遗址的遗存中，值得关注的与狩猎有关的发现，虽然数量不多，却涉及有鹿、獐、狐狸的骨骼，也有蚌、螺类遗物，骨器类的物品也较多，如镞、锥、钩、匕等；而与畜牧业有关的内容，则表现在墓葬中普遍有用牲的情况，"牲畜种类有马、牛、羊、驴、骡、狗六种，共计51个个体，均为饲养动物。它们的个体数和所占百分比分别为马19

（37.3%）、羊 13（25.5%）、牛 12（23.5%）、驴 4（7.8%）、骡 2（3.9%）、狗 1（2%）"①。同样，值得注意的还有人的骨骼，朱泓等学者对井沟子遗存中人的骨骼特征从生物考古学方面提出的学术看法尤其重要。研究者指出，"对内蒙古林西县井沟子遗址西区墓地出土的古代居民遗骸所进行的包括体质人类学、分子生物学和稳定同位素分析的生物考古学综合研究表明，该组东周时期居民的人种类型普遍具有低颅、阔面、面部扁平度很大等西伯利亚蒙古人种的体质特征，与已知的鲜卑人、契丹人、蒙古人的种族特征十分接近"②。综上可以看出，一方面是用牲情况所反映出来的与生活和生产关系密切的马和羊的比例很高，已经占到了 60% 以上。畜牧与狩猎所占比重之大，说明当时生活在这个地区的人是从事游牧的古族。另一方面，从人种学有关的特征上看，墓中之人也接近鲜卑人，而鲜卑人正是与乌桓人大约在同一时期东胡被匈奴击垮以后的溃逃者，与东胡有着渊源关系。所以，虽说考古学基本认定井沟子遗址西区墓葬的年代大体为春秋晚期到战国早期，但东胡势力的强盛是在匈奴头曼单于时期，按照历史的连续性分析，在头曼以前东胡人就已经在这个广阔地域内活动了。而且，如果有如此发达的畜牧业作为经济生活的基础，又有一定工艺水平的青铜、制陶等手工制作，以井沟子遗址西区墓葬印证东胡经济形态还是接近史实的。当然，也不能排除这里的遗存与乌桓早期游牧和狩猎兼具的经济形态有关。有学者就认为："从墓内殉葬的动物种类和鹿角工具的大量存在分析，墓区主人是北方地区以游牧为主兼狩猎的民族。"③ 这一分析，也为进一步研究东胡向乌桓的过渡提供了思路。

在考古发掘的遗址中，平洋墓葬和西岔沟类型的文化也揭示了东胡或乌桓人经济形态中畜牧生产的某些情况。在平洋墓葬中，用牲种类包

---

① 井沟子遗址的考古资料均参照吉林大学边疆考古研究中心、内蒙古文物考古研究所：《2002 年内蒙古林西县井沟子遗址西区墓葬发掘纪要》，《考古与文物》2004 年第 1 期。
② 朱泓、张全超、常娥：《探寻东胡遗存——来自生物考古学的新线索》，《吉林大学社会科学学报》2009 年第 49 卷第 1 期。
③ 陈全家：《内蒙古林西县井沟子遗址西区墓葬出土的动物遗存研究》，《内蒙古文物考古》2007 年第 2 期。

括了马、牛、羊、猪、狗,只是早、中、晚期各种牲畜的数量有所区别。按照潘玲的研究,平洋墓葬可分为战国早中期、约战国中期至西汉早期、西汉中晚期[①],这样的时间区间,正是东胡到乌桓早、中期历史的转变阶段,而中原史家所记载的乌桓的经济状态,也与这个时期大致相符。如果是西汉中期以后,马、牛、羊增多而狗的殉葬减少也是正常的。

在对乌桓人经济形态的研究中,西岔沟古墓群所揭示的内涵也是不得不提到的。从发掘的遗物可知,在这个历史时期,乌桓人的经济形态已经进入了以游牧为主的时期,马、牛、羊成为主要畜产品,狩猎类的生产活动在这个时期也同时存在。在时间上,西岔沟古墓群所对应的时期大约是西汉武帝时期,乌桓已经被迁徙到包括辽东郡在内的五郡塞外。在这里,乌桓赢得了相对稳定的生活和生产环境,畜牧经济出现了比以往明显的发展。此后,乌桓人被迁徙到缘边十郡塞内,又被"徙居中国",基本失去了以往从事大规模畜牧和狩猎的自然环境,中原人所知只是乌桓人善于畜牧和狩猎之"俗"。在畜牧业生产方面,乌桓人为保持骑兵的强大,仍然对马匹的牧养十分重视,史料中更多地出现对乌桓骑兵和马匹的记载就是证据。而且,因乌桓骑兵名闻天下,骑兵的优良也成为人们评价乌桓人的标志。

第二节 粗放的种植业

史籍中关于乌桓种植业方面的内容十分简略。据《三国志》注引王沈《魏书》记载,乌桓人活动地区"地宜青穄、东墙,东墙似蓬草,实如葵子,至十月熟"。与本条史料类似的内容,在《后汉书》中谈到"其土地宜穄及东墙。东墙似蓬草,实如穄子,至十月而熟"。除此之外,其他史籍对乌桓种植业情况基本无载或与上述两条雷同。显然,乌桓经济中有与种植有关的内容,但或许并不存在赖以为生的种植业,也不存在耕作技术水平很高的种植业,即使耕种,也是那种漫撒籽式的、粗放型的。

从这段史料可知,适应活动地区的自然条件从事粗放的种植业是乌桓人的一种习惯。因"地宜"而耕种是史料比较一致的记载。这里所指

---

① 潘玲:《平洋墓葬再研究》,《边疆考古研究》(第10辑),科学出版社,2011年。

的"地",并非一个小的范围,而是乌桓人进入东汉"缘边十郡"行政区内屯驻以前活动的主要地区,具体当指五郡塞外到乌桓山地区乌桓人活动的所有空间。在这样广阔区域内的土地,并非都有种植青䅟的条件,由于各个地区从古至今自然环境、气候都有一定的变化,所以,只能做些一般性的估计。

史料中的"青䅟"是一种耐旱、生长期较短的植物,主要生长在干旱和半干旱地区。乌桓人种植这种植物,说明在当时活动的地区种植"青䅟"是可以有所收获的。而"宜"字也说明,其他粮食作物或是不适应当地种植,或是乌桓人对其他粮食作物还基本不了解,所以,被史家所知的只有"䅟"和"东墙"。

史籍中如此简单的记载,使得后人对乌桓种植业的了解就只能停留在"䅟"和"东墙"方面。而且,就连《三国志》与《后汉书》的记载也有"䅟"与"青䅟"之别。由于两部史书记载都很简略,所以,只能参考其他文献的记载略做辨析。《说文解字》对"䅟"的解释为:上"麻",下"黍"①,今字库中没有。许慎(约58—约147)为东汉时期人,其看法当更为接近其所处历史时期人们的普遍认知。《中华大字典》"亥集·麻部"有此字,其解释为"忙皮切音縻支韵。䅟也。见[说文。][按吕览阳山之䅟注。关西谓之䅟。冀州谓之—。]"②。依照这两种解释,"䅟"就是"縻",只不过在不同的地区有不同的称谓。在《齐民要术》卷2《黍䅟第四》中对"䅟"也有比较详细的介绍。石声汉译注,石定枎、谭光万补注的《齐民要术》,运用各种史料对黍和䅟进行了注释和翻译③,在相关研究成果中是比较全面和深入的,在研究乌桓人的"青䅟"时值得重点参考。该书第138—139页"译文"中有对"《广志》④

---

① (东汉)许慎:《说文解字》,中华书局,1963年,第144页下。
② 《中华大字典》,中华书局影印本,1978年,第2940页。
③ 石声汉译注,石定枎、谭光万补注:《齐民要术》(上册),中华书局,2015年。作者选取史料严谨,考证逻辑合理,译文清晰,笔者将根据撰写需要,对该书已引文献在内的内容全面引用。
④ 《广志》一卷,清代黄奭辑录,原书已佚,原作者为郭义恭,学界对此人生活在西晋或东晋意见不一。但此书中与农学有关的史料被《齐民要术》收入而得以保存。

说"一段话的今译,指出了"穄有赤、白、黑、青黄、燕鸽等,一共五种"的情况。其中,"青黄"类的"穄"与"青穄"似乎比较接近。一般来看,这种植物处于生长期时为青色,在逐步成熟的过程中会出现变化。但《齐民要术》明确谈到了在收割穄、黍时的一些情况,其中有"穄青喉"之说。译注者认为:"穄的穗基底和秆相接的部分,相当于颈或喉的地方,还保有青绿色,这时就要收割。"① 按照《齐民要术》记载的行文,这个看法是有道理的。而且,这样来看,史料中的"青穄"所指的是穄在即将收割以前的状态,与"青黄"大体相符,有着很强的可信度。

收割回来的穄要脱壳、蒸后存放,而且要密封。穄米收成较低,储藏入冬,也是食肉饮酪的重要补充。另外,从食用特点来讲,穄米有黏与不黏的区别,就是在现代人所食用的糜子中,也有黏的和不黏的。

"穄"对种植条件要求不高,对新开垦的荒地很适应,无霜期较短也能达到成熟,这正符合乌桓人因地宜而种的特点。当乌桓人活动在乌桓山以及五郡塞外时期,在大兴安岭南麓、西拉木伦河以及老哈河流域,既有适宜游牧的良好草原,也有可以开垦的面积不等的荒地。乌桓人按照季节播种穄类植物,作为生活的一种补充也是很正常的事。从古至今,糜子的种植区域也很广泛,但主要在北方。从史籍记载来看,乌桓人种植"糜子"已经比较有经验了,"地宜"的说法看似简单,实际上其中却包含着在长期种植和食用的过程中总结的经验。也就是说,对于这种粮食,乌桓人已经懂得了何时种植,种在什么样的土地上,如何收获、储存和食用。

另外一种叫作"东墙"的植物,《三国志》和《后汉书》都说其"似蓬草";《齐民要术》引"《广志》曰"对东墙描述为"东墙,色青黑,粒如葵子。似蓬草。十一月熟。出幽、凉、并、乌丸地"②。这里所载的成熟期比前两种史料记载晚了一个月,但在"似蓬草"一项上是一致的。可见,"东墙"为"沙蓬"的可能性最大,其果实和植株皆可用于生活。东墙的果实如穄米,一般用来榨油,虽说考古发掘中没有乌桓人食用植物油的实例,但从东墙籽的作用可知,乌桓人对这种植物的利用已经不是

---

① 石声汉译注,石定枎,谭光万补注:《齐民要术》(上册),第142页。
② 石声汉译注,石定枎,谭光万补注:《齐民要术》(下册),第1207—1208页。

普通的食用。再从可以作为饲料的东墙植株分析，也能估测到乌桓人的畜牧业已经不仅仅依靠游牧，而是有了用于畜牧业的储备饲料。另外，"《广志》曰"中提到的"幽、凉、并、乌丸地"几个适宜种植东墙的地区，对研究乌桓人种植和食用东墙也很有帮助。乌桓人迁出乌桓山地区后，活动的大致区域正是在幽、并塞外。由于《广志》的作者郭义恭大约生活在西晋或东晋时代，其所知的"乌丸地"，应当就是乌桓山地区以及乌桓人被迁后活动的五郡塞外地区。这些地区的自然条件是有利于东墙生长的。不过，如果按照乌桓历史发展的过程分析，史籍记载的乌桓经济作物中出现的这两种实物，应当都是乌桓迁居缘边十郡以前的情况。迁驻缘边十郡之内以后，因自然环境发生了转变，种植业已经不成问题了。缘边十郡之内都有适合种植的农业区，也有农业人口屯驻，种植的品种也很广泛，对乌桓社会经济的转变与发展有潜移默化的作用。

  区分四季是农牧生产特别是农业生产中播种与收获的重要环节，可以视为在长期生产和生活中的经验总结。乌桓人的种植业虽然属于粗放类型，但在识别季节方面却表现出丰富的经验。据《三国志》注引"《魏书》曰"的记载可知，乌桓人"识鸟兽孕乳，时以四节，耕种常用布谷鸣为候"。《后汉书》对此也载为"见鸟兽孕乳，以别四节"。乌桓人没有本族文字，也没有识别年、月、四季的历制，这里所记载的"四节"，肯定是中原史家对所了解的乌桓情况的主观归纳。可以肯定的是，乌桓人可以熟练地运用适合自己生产和生活习惯的方法去识别节气。当然，根据"鸟兽孕乳"以别四季是有很强的实用性的经验，在一定层面上也反映着自然界变化的规律。但是，由于马、牛、羊、猪、鸟以及各种兽类动物的发情期、交配期、妊娠期、产期等都有着各自的规律和特点，时间、季节、环境等都会带来一定的变化，所以，乌桓人以"鸟兽孕乳"区别四季应当是集中在某几种比较典型的鸟兽方面。史籍中提到的与耕种有关的"常用布谷鸣为候"就是很有参考价值的事例。

  布谷鸟又称大杜鹃，一般栖息于山地、丘陵地区，也常见于平原和森林之中。在动物学中，将这种鸟归类于夏候鸟。在四季分明的中国北方地区，布谷鸟一般都是于春季的四五月份迁来，至九十月飞往他乡，停留时间大约有五个月，其繁殖期是在五至七月。一般认为，布谷鸟鸣叫比较频繁的时间段是芒种前后，是其择偶的一种表现。在中国北方地区，芒种时节正是紧张地播种晚谷、黍、稷等夏播作物的时候。乌桓生活的年代虽然距今已有两千多年，此间气候也会有所演变，但他们以布谷鸟鸣叫识别季节，确定耕种和收获时间，说明乌桓人对因季节变化安排生产已经习以为常了。

　　根据这种情况分析，虽然在时至今日的考古发掘中没有发现乌桓人有生产和食用谷类的迹象，但乌桓人的经济生产中存在着粗放的种植业则是可以肯定的。值得指出的是，在与乌桓活动地区有关的考古发掘中，西岔沟遗址出土的许多生产工具中就有钁（形状似镐，用于刨土的工具）、斧（可用于砍削或作为武器）、锛（石器时代已有，在中国古代，铁锛也用于耕垦）、锄（农具）等。对这些与农业生产有关的工具，考古学界有学者认为不是乌桓人制作[①]，而是来自汉朝。实际上，根据乌桓历史发展过程中与周边各族的交往情况分析，这些工具如果非乌桓人制作，其来源也会很复杂。至少会有汉朝政权在与乌桓交往时的赐予、乌桓人通过与中原边郡地区人们交流所得、乌桓人在边境地区掠略而来、乌桓在与其他民族交往时所得等多种可能。但无论怎样，这些工具是墓主人生前使用并喜爱的物品，死后又被作为随葬品似无疑窦。

　　从目前可以检索到的史料以及相关的考古发掘来看，乌桓人的生产方式中还是存在粗放的种植业的。但是，正如王莽时期被"质"于郡县之内的乌桓人因"不便水土，惧久屯不休，数求谒去。莽不肯遣，遂自亡畔"[②]一事所揭示的那样，乌桓人当时还是不习惯于种植业以及定居生活的，迁徙到缘边十郡塞内以前，生产和生活仍然以游牧业和狩猎业为主要特征。遗憾的是，乌桓人被迁入十郡直至进入"中国"以后的经济情况，史籍中基本没有反映，可以得知的仅有乌桓邑落多少、参战骑兵的大概数量、战争中死亡的大致人数、三郡乌桓为天下名骑等信息。从这些记载的信息中，可以估测出乌桓人的经济仍然以牧养马匹作为主业，牛羊之类的畜产品也应当存在，但对于其游牧业的规模、水平等就很难准确交代了。

---

① 孙守道：《"匈奴西岔沟文化"古墓群的发现》，《文物》1960年第8、9期。与孙守道先生观点类同者不一一列举。
② 《后汉书》卷90《乌桓鲜卑列传》，第2981页。

第三节 手 工 业

乌桓人的手工业大体可以分为两类。一类是与日常生活有关的物品，如衣物、饰品、生活器皿等；另一类是与狩猎、保卫自身安全以及对外用兵时的武器等。结合考古发掘提供的资料，可以勾画出乌桓人手工制作的基本情况。

一、日常生活用品

据《后汉书·乌桓鲜卑列传》记载，乌桓"妇人能刺韦作文绣，织氀毼。男子能作弓矢鞍勒，锻金铁为兵器"。《三国志·乌丸鲜卑东夷传》注引王沈《魏书》的记载有所不同，其文为，乌桓"大人能作弓矢鞍勒，锻金铁为兵器，能刺韦作文绣，织缕毡毼"①。前者将妇女和男子所从事的制作活动分开记载，而后者则全部归于乌桓大人所为②。这样的区别，或与乌桓社会组织管理有关。但比较一致的是两条史料所谈到的均为乌桓人比较原始的家庭手工制作项目。

在乌桓有代表性的手工制作项目中，"刺韦作文绣"的"韦"，从语法关系方面分析，很明显是被"刺"的对象。那么，这种"韦"到底是一种什么物品，其基础材料又是什么呢？学界在以往对乌桓人手工制作的研究中，多认为属于纺织手工方面的内容。但如果结合乌桓人以游牧为主的经济和生活特征再做分析，在其比较原始的手工制作中，除了可能存在与农耕民族类似的手工纺织外，还应当有取材方便、技艺世代相传并与游牧习俗密切相关的手工制作。在直接针对史料的研究中，只有从这个角度分析史料，才能与乌桓的历史更为贴近。所以，这个"韦"字所指，并非棉、丝之类的手工制品，而是许慎在《说文解字》中做出的"兽皮之韦"③的解释。今天对古文"韦"字之意解释比较清楚的《古

---

① 《三国志》卷30《魏书·乌丸鲜卑东夷传》注引王沈《魏书》曰"，第832页。"毼"通"氀"。
② 根据史料成书先后分析，《三国志》记载应当比较准确，乌桓男人应当是从事各项手工制作的主力，包括刺韦作文绣以及织氀毼，妇女也会参与。
③ 《说文解字》，第113页上。

代汉语词典》，释"韦"字为熟牛皮，加工后的牛皮，有韧性的皮带、皮绳等，基本都与皮类物品相关①。所以，乌桓人的"刺韦"，实际上就是一种比较古老的制皮手工劳作。而"作文绣"，或与在皮制品上添加某种色彩或对其进行美观有一定关系。在考古发掘中，西岔沟第45号墓出土了缝有铜圆泡、鱼、兔、螺的革带残片②。实际上，从当时来看，这件物品应当有着比较复杂的制作过程，其中的"革带"即为比较古老的皮制品，而将铜圆泡、鱼、兔、螺缝在革带上，也是一种艺术加工的过程。这与"作文绣"或可有一定的联系。

乌桓人的再一项手工制作是"织氀毼"（或曰"织缕毡毼"）。《三国志》与《后汉书》在文字记载方面略有区别，但所说为一事，就是制作"氀毼"，也就是毡子类的物品。《后汉书》注引"《广雅》曰"释"氀毼"为"罽也"。"罽"是一种毛织品，可用来做帐幕等。制作毡子类的毛织品，要有对基础原料羊毛（或其他毛类）进行选毛、梳毛、捣毡等较多程序。中国古代北方游牧民族匈奴等都有本族的制毡技术，乌桓人手工制作中的"织氀毼"，当是从东胡时代延续下来并具有乌桓本族的特点。这里的"织"，应当是指手工制作的过程和特点。在西岔沟古墓群中有一种现象，"环首小铁刀和铁锥，以及成组的铜铃、陶纺轮等几乎全部出于腰间"③。据此可以认为，这些都是墓主人随身携带或经常使用的器具。其中，金属器具为多，而"陶纺轮"也出现于腰间，说明其也是主人生前很看重或经常使用的器具。当然，这个陶制的"纺轮"是否肯定是用于"织氀毼"以及怎么"织"还需继续甄别。如若仅从器具的用途分析，其在乌桓"织"类的手工劳作中使用的可能性还是比较大的。有所疑问的是，陶器的坚韧度在制作毡子时是否可行，此类问题，仍然需要依赖于考古学的深入研究才能逐步揭开其面纱。可以大体肯定的是，由于乌桓人的居住是以"穹庐"为特征的，其服装也表现为"毛毳为衣"，所以，对于乌桓人来说，这项手工制作无疑是十分重要的。

---

① 《古代汉语词典》编写组：《古代汉语词典》，商务印书馆，1998年，第1615页。
② 孙守道：《"匈奴西岔沟文化"古墓群的发现》，《文物》1960年第8、9期，第34页图10。
③ 孙守道：《"匈奴西岔沟文化"古墓群的发现》，《文物》1960年第8、9期，第25页。

饰品类制作在乌桓人的手工制作中占有很大的比例。《后汉书·乌桓鲜卑列传》记载，乌桓"妇人至嫁时乃养发，分为髻，着句决，饰以金碧，犹中国有簂步摇"。《三国志》注引"魏书曰"的记载与《后汉书》仅一字之异，即"冠步摇"。"簂"，音与"贵"同，意为妇女盖在头上的饰巾，可以视为一种常用的首饰。而"冠"字，除了有帽子、戴、头巾等意思外，还有"覆盖"之意。应当指出，"簂步摇"与"冠步摇"都是来自中原史家的记载，可以看作是中原人对乌桓妇女这种饰品的理解，不乏带有用中原类似物品与乌桓类比之意。检索史籍可知，"步摇"是中国古代妇女佩戴的一种首饰。东汉和帝元兴元年（105），邓太后临朝执政，"赐冯贵人王赤绶，以未有头上步摇、环珮，加赐各一具"。对此，李贤等注引"《释名》曰"解释步摇为"皇后首副，其上有垂珠，步则摇也"①。很显然，这是戴在头上的一种带有"垂珠"的首饰，走动时会呈摇摆状。与"步摇"有关的情况，《后汉书·舆服志下》也载有："皇后谒庙服，绀上皂下，蚕，青上缥下，皆深衣制，隐领袖缘以绦。假结，步摇，簪珥。步摇以黄金为山题，贯白珠为桂枝相缪。"②史料中的"绦"与绦同，为丝带类物品。"山题"是"步摇"的底座，形如山，戴在额头前。显然，"步摇"是一种配有底座以及各种珠宝的头饰。陈寿撰《三国志》，以及范晔撰《后汉书》所参考的与乌桓有关的史料中，毫无疑问都有类似于东汉朝廷所用的"步摇"类首饰。只是乌桓人"步摇"的原材料和形制是否与东汉一样还需存疑。

作为一种比较贵重的饰品，乌桓人的"步摇"，也是需要多种材料，经过多道工序才能制作完成。在西岔沟墓葬中就出土有"大量的玛瑙、碧色玉石、绿色石、白色石、各色琉璃质的管状珠、圆形珠、瓜楞形珠、扁方长方或菱形的石佩"③等，其中或有与"步摇"有关的部件。这些部件的制作，至少涉及了对原石的选料和加工，以及针对不同首饰确定形制。同样，史籍在对乌桓人"步摇"的描绘中，有底座、金碧之类各种

---

① 《后汉书》卷10《皇后纪第十上》，第421—422页。
② 《后汉书》志30《舆服志下》，第3676页。《后汉书》志6《礼仪志下》，第3152页注引"丁孚《汉仪》曰"也有"孝灵帝葬马贵人，赠步摇、赤绂葬，青羽盖、驷马"。
③ 孙守道：《"匈奴西岔沟文化"古墓群的发现》，《文物》1960年第8、9期。

部件。而且，要使之可以摇动，也要有某种材料制成的绳类物穿引或绑系。可以认为，这种首饰需要有一个综合性较强的制作过程。所以，各种部件的准备本身就是手工制作的过程，而组装则是带有一定工艺水平的制作过程。正因如此，这种饰品的数量不会太多，也不是所有乌桓妇女都能佩戴的。从这个角度看，《三国志》和《后汉书》都将乌桓妇女佩戴"步摇"记载为"嫁时"的情况是合乎情理的。

除上述外，在西岔沟墓葬以及其他与乌桓有一定关系的考古发掘遗址中，也还有一些饰品类的物品，如铜泡、钱形铜佩饰之类。

陶制品在西岔沟墓葬中发现较多，已经是乌桓人手工制作的内容之一。在西岔沟考古发掘中发现的陶器主要为生活用品，大约有三百余件，有陶罐、壶、碗、杯、鬲之类。陶器多为夹砂粗陶，有红褐色与灰黑色，花纹有乳点纹、刻凿纹、圈点纹等①。陶器的制作一般都要经历从手工制作到轮制的演变，这个过程是很长的，有学者认为，"西岔沟类型的大部分陶器，都能从今西丰、东辽地区前一阶段的考古遗存中找到根源"②。据此亦可以推知，西岔沟时期乌桓人的制陶技术，已经不是太原始的了，制作技术、工艺、陶器种类等都已经进入了常态演变阶段。

二、武器和工具等

史籍记载，乌桓"大人能作弓矢鞍勒，锻金铁为兵器"③。由此可见，乌桓人已经掌握了制作一些与游牧生活和军事活动的有关的器具的手工技术。从东胡被匈奴击溃的时间算起，经过一定时间的休整，乌桓经济逐步走向稳定发展，到西汉中期前后，史籍中出现的乌桓骑兵数量，动辄以几千计已是常事。所以，与骑兵数量有关的马具、兵器等器具的制作量也应当是很大的。在西岔沟墓地，发现了较多的各类工具、武器等，

---

① 文中所列举的西岔沟出土物品，参考孙守道《"匈奴西岔沟文化"古墓群的发现》，《文物》1960年第8、9期；范恩实《论西岔沟古墓群的族属——兼及乌桓、鲜卑考古文化的探索问题》，《社会科学战线》2012年第4期。文中恕不一一加注。

② 范恩实：《论西岔沟古墓群的族属——兼及乌桓、鲜卑考古文化的探索问题》，《社会科学战线》2012年第4期。

③ 《三国志》卷30《魏书·乌丸鲜卑东夷传》注引"《魏书》曰"，第832页。

其中，兵器的数量、种类具有很重要的地位。据孙守道先生总结，"出土的兵器可分短兵、长兵、远射器三项"[①]。短兵有刀有剑，以剑为主，共得七十一把；长兵器主要有矛铤之类四十八把；远射器以镞为主，多达千余枚。总体看，各类兵器涉及的金属原料有熟铁和铜，说明当时已经掌握了一定的冶炼手段，并能用手工将铁和铜打造成各种兵器，数量也很大。可见，其锻造工艺亦在随之发展。在兵器中，引人注目的是大量的铁制长剑，"由剑柄的式样至少可以说明这是他们（指乌桓人）自己锻造的而不是外来的"[②]。而且，使用长剑也是乌桓人的一个特点。另一种值得关注的是镞的种类，其制作材料有细石、骨、铜、铁数种，铜铁镞又有"翼式、棱式、扁平式和矛式，计五十余种"。可以肯定，种式之多至少是与用途有关，而能够制作出这么多种式，则标志着乌桓人的兵器制作技术水平。从中也可以看出，乌桓人仍然保留着一定的原始的制作石器、骨器的技术，也吸收或学到了铜铁武器的制作技术。

在工具中，马具显得十分抢眼。对于以游牧为生产和生活特征的乌桓人来说，马具既是生产工具，又是军事用品。西岔沟出土的马具，"绝大部分是铁制马衔。衔镳皆熟铁锻制"[③]。在金属马具中，工艺比较复杂的就是衔镳的锻制。西岔沟出土的衔镳数量之多，证明当时已经可以批量锻制了。除衔镳外，还有一些铜制器具，如铜镞、铜泡、卡具以及铜铃、带钩之类，或许均与骑行有关。可见，在手工制作方面，与骑马游牧有关的器物也有较多种类。

在西岔沟墓葬中，其他类别的工具还见有石磨盘、杵形研磨器、砥石、石刀、石镞等；金属工具有小铜刀、铁镢、铁斧、铁锛、长方薄板状铁锄，生活用品中的铜镜，还有"盖弓帽、带铺首的小铜壶、细绢布片"等。这些器物中的某些物品，虽然有可能是与周边其他政权或民族交换而来，但多数应当是乌桓人制作的。

总体来看，乌桓人手工制作已经进入了比较成熟的、以游牧为主要

---

① 孙守道：《"匈奴西岔沟文化"古墓群的发现》，《文物》1960年第8、9期。文中西岔沟考古资料不另加注者皆参考引用孙守道此文。
② 曾庸：《辽宁西丰西岔沟古墓群为乌桓文化遗迹论》，《考古》1961年第6期。
③ 孙守道：《"匈奴西岔沟文化"古墓群的发现》，《文物》，1960年第8、9期。

特色的阶段。手工制作能够运用的原材料涉及铜、铁、石、金、玉、皮革、毛、毡、绢、布、贝类等。手工制作的产品涉及生活和军事所需的各个方面。手工制品的铜、铁器化，制品的多样化，也在很大程度上为畜牧业和种植业的发展带来了方便，甚至增加了产量，提高了乌桓人的生活质量。乌桓人在乌桓山地区，以及走出这个地区以后能够较快发展起来的原因之一或许就在于此。

三、食品加工与酿造

乌桓人的生产和生活以游牧为主，兼有狩猎和粗放的种植业，所以，其日常生活中的食品和饮品也与游牧习俗有关，具有很明显的民族特色。在相关史料中，尽管对乌桓人食品加工方面的内容基本无载，仅有间接的线索，但从中也可以窥测到乌桓人经济生活中存在着简单的食品加工等生产类别。可以基本断定，"食肉饮酪"是其日常生活中的常态饮食，穄米、东墙之类的农产品也是乌桓人饮食中可见的品种，自制"白酒"或许为比较珍贵的饮品。

乌桓人所食用的肉类，主要是指游牧生产所蓄养的各种牲畜的肉，狩猎所获的野生动物的肉也会占有一定比例。

据史籍记载，乌桓人"食肉饮酪，以毛毳为衣"[①]。对于游牧民族来说，肉食是生活中的主要食品。史籍记载和考古发现都已经证明，乌桓人牧养的牲畜主要有马、牛、羊、驼、狗，狩猎所得有鹿、虎之类，这些都是日常肉食品的来源。在西岔沟古墓的发掘中，发现了二十余面铜饰板，用这种物件随葬，对于墓主人来说应当是很珍贵的。铜饰板的纹饰有"双牛、双马、双羊、双驼、犬马、犬鹿、鹰虎等，或作温静相处状，或作搏斗撕咬状"[②]。可以肯定，这是对当时人们生活真实内容的凝练。其中的牲畜种类，与史籍的记载总体上是吻合的，只是为什么以"双"为图，无双者也配为一犬一鹿等还很难说清。如果从食用角度分析，牛、马、羊等都是游牧人的食品。其中，需求量较大的应当是羊肉，这可能是因为羊除了用于食用、制作衣着、祭祀或礼品外，可用性范围

---

① 《三国志》卷30《魏书·乌丸鲜卑东夷传》注引"《魏书》曰"，第832页。
② 孙守道：《"匈奴西岔沟文化"古墓群的发现》，《文物》1960年第8、9期。

相对较窄，食用时加工比较简单，饲养也比较容易。其他牲畜除了食用功能外，在战争、劳作、运输等多方面都有着更为重要的用途，所以，宰杀量也会相对较少。在一般情况下，马与羊的比例大约为1∶6。

对牛羊肉的储存与加工是游牧民族比较普遍的食品手工制作，虽然制作过程并不复杂，但在细节方面也有要求。比如，需要储存的牛羊肉，需要对刚刚宰杀的牛羊肉进行选择，必须是新鲜的，最好是纤维粗和口感好的肉，羊肉多选择腿部的肌肉。凡是需要储存的羊肉或牛肉，一般都采取风干的制作方法。在一年之中，制作风干肉的季节多在深秋至初冬，这段时间正是草原上没有苍蝇的季节，北风也较多，肉不会因气候炎热而发霉变质。在制作工艺方面，风干肉并不是晒干，而是将肉切成条状置于棍子或绳子上，放在通风阴凉处，经两三个月吹晾，方可达到储藏的要求。这样处理过的肉，在外出活动或者征战时，各自携带，便于食用。在与乌桓历史有关的史料中，尽管没有对于风干肉的相关记载，但从同为东胡族系的蒙古人的饮食习俗中，可以依稀看到以游牧为主要生产和生活特点的乌桓人当年储存肉食的情况。蒙古族与东胡族系各族在族源方面有着或密或疏的渊源关系，因此，以蒙古族的饮食习俗类推乌桓等族也是准确率较高的。

史籍中记载的"饮酪"，所指比较宽泛。对于游牧民族来说，"酪"既有饮品，也有固态奶食品。这些与奶有关的饮品和食品，在主餐中均是不可或缺的。无论是牛奶还是羊奶，除了直接饮用外，为了便于储存和携带，还需要对相当一部分鲜奶进行必要的加工，制成半干或全干的奶制品。乌桓人如何制作奶类的食品，今天已经很难知悉。不过，从蒙古牧民制作奶制品的程序和工艺方面可知，奶酪是一种发酵制品，有生奶酪与熟奶酪之别。在制作时都要提取出奶中的奶油，经过发酵后放入锅内慢慢煮熬、搅动，当酸奶成豆腐状或凝结成块状后，再挤压去除水分，放入模具中成形，切割成大小不等的块状，经晾晒成干。当然，乌桓人生活的年代与后来的蒙古族以及其他"食肉饮酪"的游牧民族所处的时代相隔甚远，制作工具会比较简陋，奶制品的制作技术、工艺等也会有所差异，但在将鲜奶制成固态状储存等方面应会大体一致。

在史籍中，可以察觉到乌桓人对稷米与东墙进行加工的一点细节。这两种植物类的食品，应当是乌桓人用来补充或调剂生活的。稷米收获以后，需要脱壳、晾晒等一系列的加工，然后才可以食用。西岔沟遗址中发现的陶罐、碗等器物，或与穄米的储存、食用有关。而东墙这种可以用来榨油的植物，在收获、加工方面同样会有比较古老的工艺技术。另外，乌桓人还能够使用从中原地区得来的米制作"白酒"。尽管这种"白酒"未必度数很高，或许就是一种米酒，但也可证明乌桓人在粮食加工方面已经不是停留在原始阶段了。当然，随着乌桓人逐步向缘边十郡塞内的迁徙，对植物类食品的了解会日益全面，依赖程度会不断增加，加工的技术水平也会逐渐提高。

可以认为，饮食的多样化，对于提高乌桓人的生活质量起到了一定的作用，而生活质量提高的直接结果就是人口的增多，军事力量的整体增强，从乌桓历史发展的不同阶段来看，正是呈现了这样的事实。

第五章　乌桓的社会组织与管理要素

在历尽大约千年的历史中，乌桓人一直未能建立游牧政权，各类史料中零散记载着其社会组织以及与首领和管理有关的内容，常见的乌桓人的社会组织是"邑落"和"部"。乌桓人迁入中原政权控制的缘边五郡和十郡地区后，邑落组织仍然存在，直到"徙居中国"后，史籍中对邑落的提法逐步消失。乌桓历史中与管理有关的内容比较杂乱，其首领有大人、帅、王、单于等名称，也有中原地区的某些封号。总体来看，没有系统、完善的组织管理体系是乌桓有别于其他北方游牧民族的重要特点。

第一节　乌桓的"邑落"和"部"

史籍记载的乌桓人的"穹庐为宅"相当于家庭，乌桓人的"邑落"是由数个或更多居住于"穹庐"的家庭组成。许多的"落"又构成了"部"。部的大小、强弱，与"落"的多少有关。随着乌桓人迁入缘边郡县内外，其原有的社会组织逐步解体。"落"与"部"的称呼全部消失。

一、乌桓人比较原始时期的社会组织

由于乌桓是东胡被匈奴击溃以后分离出来的一支，所以，观察乌桓人的社会组织也有必要回溯东胡的情况。但检索相关史籍，均未见对东胡的社会组织有所记载。能够得到的线索是"东胡强而月氏盛。匈奴单于曰头曼，头曼不胜秦，北徙"[①]。显然，当时的东胡要比匈奴强大。而且，匈奴、东胡、月氏都有各自统控的区域，东胡也有最高统治者"王"，对统治区内民众的组织和管理大致应当与匈奴和月氏相当，不

---

① 《史记》卷110《匈奴列传》，第2886—2887页。

然是难以与匈奴匹敌的。而《三国志》注引"《魏书》曰"以及《后汉书·乌桓鲜卑列传》都明确地记载东胡"汉初，匈奴冒顿灭其国"。此一"国"字，说明东胡国是一个类似于匈奴政权性质的游牧古国。这样的"国"，如果没有比较健全的社会组织和管理系统是很难与匈奴抗衡的。东胡被击溃后逃到今天大兴安岭地区逐步发展起来的鲜卑和乌桓，在社会组织和管理方面是否继承了东胡时代的内容，史籍记载和考古发现都无直接的证据。所以，研究乌桓的社会组织，也只能按照史籍中明确记载的"邑""落""部"做些探讨。

《三国志》注引"魏书曰"以及《后汉书·乌桓鲜卑列传》在对乌桓习俗等进行概述时都提到了乌桓人的社会组织"邑落"，即"邑落各有小帅，数百千落自为一部"①。两部史籍成书时间虽有先后，但从行文和撰写的内容来看，在编修时所参考的书籍似有类同者。其中一个很明显的现象就是"邑落"和"部"，这很明显是采用了中原地区的习惯来记载乌桓人的情况。对此，可以视为中原史家对乌桓社会组织有了直观认识，或有当代人们对乌桓的习惯性认识，根据对乌桓的综合了解写入史籍的。由于这种对乌桓社会组织的界定是在中原地区人们已有的观念的基础上做出的，所以，是否切合乌桓社会的实际还应当仔细研讨。

一般来讲，中国古代的"邑"和"落"都是与行政区划有关的称谓。早在商周至战国时代，中原地区就称世袭封地为"邑"，后来又有"食邑"之类的称呼。两汉时期虽有一些变化，但仍在沿用。随着历史的发展，中原地区往往也将城市以及城市辖有的下级行政区称为"邑"。而对于"落"的解释，则有"村落""聚落""部落"等，与乌桓的"落"似无关系。从史家比照中原的社会行政组织将乌桓的社会组织载入史籍的角度解释，乌桓人的"邑落"就会具有部落、聚落或相当于"食邑"的社会行政组织功能。但如果根据乌桓历史发展中的一些具体线索进行分析，乌桓人的"邑落"和"部"，又有其自身的特点，乌桓人的社会组织形态当与其游牧特色有密切关系，而不是像中原那种以定居为特色的邑落。

---

① 《三国志》卷30《魏书·乌丸鲜卑东夷传》注引"《魏书》曰"，第832页；《后汉书》卷90《乌桓鲜卑列传》，第2979页。

至今，学界在研究中有将"落"与"户"互通进行比较的，也有将"落"理解为"帐落"或"帐户"的①。如果把乌桓人的"落"解释为"户"，类似于中原地区的一户人家，那么，每"落"也就是 5 口人左右，多者或可接近 10 口。不过，在中原地区的习俗中，"邑落"与"聚落"大体类似，均可以视为村落、城镇等空间形态，并不是家庭。从史料的行文分析，乌桓人"各有小帅"的"邑落"也正是类似于村落或聚落的聚居社会形态，但其人口移动性较大。而"数百千落"中的"落"，也是"邑落"。

乌桓人的家庭，在《三国志》注引"《魏书》曰"中有间接记载，即"以穹庐为宅"②。"穹庐"和"宅"都是为居住而建，"宅"是定居民族的居室，与院子合起来则为"宅院"，在农耕民族的生活中是一家人居住的场所。把"穹庐"比作"宅"，显然含有一户人家共同生活之意。乌桓人以母亲为代表的"族类"，居住在不同的穹庐中，所以，穹庐才是与家庭类似的基层单位。

基于上述对乌桓人"邑落"或"落"的理解，"落"级单位就是由至少几个居住穹庐的类似于"户"的家庭组成，一"落"的人口数量也会达到几十人，甚至更多。

另外，乌桓人早期邑落的情况是"数百千落自为一部"③。从这一记载中可以看出，当时乌桓人的社会还处于分散的状态，以百落或千落自然结合为一部，并无强制聚为一"部"的迹象。但按照这样的记载，"部"就是大于"落"的高一级社会组织，只是"部"的规模因"落"的多少而大小不一。这种结合的原因或很复杂，有可能是以血缘为纽带，也有可能存在姻亲关系或氏族关系。史料中反映的对乌桓人能够集结为大小群落具有凝聚力的因素就是乌桓人以母为尊，"怒则杀父兄，而终不害其母，以母有族类"④。此条史料中"族类"的真正含义是值得辨析的，其

---

① 至今所见专著和论文，大多从这些角度去解释邑、落，因看法没有大的区别，这里不一一列举相关成果。
② 《三国志》卷 30《魏书·乌丸鲜卑东夷传》注引"《魏书》曰"，第 832 页。
③ 《三国志》卷 30《魏书·乌丸鲜卑东夷传》注引"《魏书》曰"，第 832 页；《后汉书》卷 90《乌桓鲜卑列传》，第 2979 页。
④ 《三国志》卷 30《魏书·乌丸鲜卑东夷传》注引"《魏书》曰"，第 832 页。

涉及的直接问题就是乌桓有没有"核心氏族"。目前，关于乌桓人是否有核心氏族，学界尚无定论。但多数研究者都认为，与乌桓人处于同一时代的匈奴是以"屠各种"为核心的，而匈奴单于出身的"挛鞮氏"又是"屠各种"的核心。与匈奴类似，在鲜卑族以及其他北方以游牧业为生计的古族的历史中，这种核心姓氏的情况或多或少都可以找到。但乌桓人"以母有族类"似与匈奴不同，其表明的似乎是一种普遍遵守的母系时代的原始习俗。史料中提到的杀父兄当属于个案，不会经常出现，而所尊之母带有明显的家族的意思，并没有能够代表所有乌桓人的核心氏族的含义。这样，乌桓人"数百千落自为一部"中的"部"，就是由许多家族性"落"组成的。由于数百或数千个这样的家族群体在较长的时期内大体活动在一个区域，相互交往，相互依赖，便结合成一个"部"。这样的"部"应当是松散分布、规模不等的，而且，在乌桓人没有向汉朝的缘边五郡地区迁徙以前，有多少"落"或有多少"部"史籍均无记载。当然，是否已经形成了"户"—"落"—"部"这样的社会组织形态也无直接证据。按照《后汉书》以及《三国志》的记载，这是中原史家编著史书时得知的乌桓人的组织形态，所以，根据乌桓人早期社会经济和社会生活的特点，可将这种情况初步认定为乌桓人处于比较原始时期的社会组织形态。

二、迁徙中社会组织的变化

西汉武帝时期，乌桓被迁徙到上谷、渔阳、右北平、辽西、辽东五郡塞外；至东汉初期，又被迁至缘边十郡地区，并能够自由进出于塞内外，还得到了东汉朝廷的经济支援，史籍中对乌桓历史现象的记载也在这个过程中发生着变化。

进入缘边十郡地区以后，史籍中所见最多的是在乌桓名称之前冠之以"辽西""渔阳"等某一郡级行政区名称来称呼乌桓的情况，即"辽西乌桓""渔阳乌桓"之类。而且，在相当长的历史时期内，对乌桓人社会组织形态没有记载，直到东汉灵帝初年才明确出现了当时几支影响力较大的乌桓势力的具体情况。相关史籍比较一致的记载为："乌桓大人上谷有难楼者，众九千余落，辽西有丘力居者，众五千余落，皆自称王；又辽东苏仆延，众千余落，自称峭王；右北平乌延，众八百余落，自称汗鲁王；并勇健而多计策。"①可以看出，这段记载中反映的乌桓人的社会状况与以往有所不同。乌桓的社会组织经过较长时间的演变，经过向中原边境地带的行政区内外的不断迁徙，在形式上有所变化，史籍中只是以"落"来表示乌桓的组织形态，"邑"被略去了，也没有"部"级单位。这一变化虽然不是很大，但也间接地表明，进入缘边十郡内的乌桓人，已经脱离了原始的数千百落为一部的社会组织形态，进入了以区域为单位聚居的阶段。而且，每一个地区的乌桓人，已经不仅仅是以家族或血缘关系聚合在一起，而是服从于带有集团首领性质的"某个"人的统一指挥，甚至有汉人充当了乌桓人的统领人。可见，乌桓社会原有的以母亲为尊的血缘关系出现了明显的淡化。由于有了这种变化，家庭和血缘纽带已经失去了对外族的排斥作用，所以才会出现"前中山太守张纯畔，入丘力居众中，自号弥天安定王"②，以至"为诸郡乌桓元帅"的情况；也很自然地出现了"广阳人阎柔"凭借自年少时生活在乌桓人中间，对乌桓有比较深入的了解，其长成后煽动乌桓部众协助袁氏集团的情况。而在当时历史中出现袁绍集团、曹魏集团等均以不同手段和方式拉拢和争取乌桓势力为自己的政治目的效力也就不难理解了。

实际上，在这种状态下，乌桓原有的社会组织形态已经在很大程度上发生了转变。当袁绍、曹操等各种势力需要乌桓支援时，乌桓能战之士便随同出兵作战，老幼妇孺留守在屯驻地。"数千百落自为一部"时代乌桓人自己决定是否参与战斗的权力等都被取代了，无论乌桓愿意或不愿意，都已成为被其他势力摆布的工具。

捎带指出，由于活跃在北方地区几支较强的乌桓势力影响很大，所以，直到南北朝时期仍然有"三郡乌丸为天下名骑"③之说。在以往的研究中，学界对这部分乌桓"名骑"大多给予很高的评价，并从多角度探讨其优点。实际上，对于游牧民族来说，骑战的优势或强于农耕政权的军队只是一般常识。白狼山战役中，曹操军中的名将仅见张辽一人，便

---

① 《后汉书》卷 90《乌桓鲜卑列传》，第 2984 页。《三国志》记载与此条基本相同，不另注。
② 《后汉书》卷 90《乌桓鲜卑列传》，第 2984 页。
③ 《三国志》卷 30《魏书·乌丸鲜卑东夷传》，第 835 页。

将蹋顿所统之乌桓"名骑"打得惨败，名王级别的首领几乎全军覆没。所以，认识这类问题，还当从生产方式与社会组织（包括军事组织）的关系方面入手。由于乌桓是以游牧业为生产特征的古族，所以，其社会组织与军事组织基本是一致的，能战之士来自各个家庭，从小就生长于鞍马，骑射技术当然娴熟，而且，骑兵在战场上的灵活多变性也是古代战争中无可比拟的。史籍中对乌桓"名骑"的肯定，应当主要集中在这些方面。当然，从当时各个历史事件中乌桓骑兵参与的线索分析，所谓的乌桓"名骑"，系指参与北方各种势力角逐的乌桓骑兵。袁绍失败后，曹操于建安十二年（207）统重兵击溃乌桓主力，乌桓"名骑"中的一部分尚存在于万余落乌桓人中，这部分人由阎柔率领徙居"中国"，其余部分也有万余落，仍然活动在边塞地区。

从乌桓历史发展的整个过程来看，其社会组织也是以家庭为基本单位的，在史料中的反映就是居于"穹庐"之人；乌桓人的邑落由数个或更多居住于"穹庐"的家庭组成，可以简称为"落"；许多的"落"又构成了"部"，"部"的大小、强弱，与"落"的多少直接相关。但这种情况随着乌桓人迁入缘边郡县内外而发生了变化，原有的社会组织逐步解体，比较多见的是散于各个政权中的乌桓骑兵组织。随阎柔进入中原的万余"落"，也失去了"落"的称呼，逐步融于历史的长河中，留在塞外的乌桓人，在长期的历史发展中，也被其他游牧民族融合。

第二节 乌桓社会管理要素

乌桓人虽然没有建立政权，但却有管理本族事务的各级各类首领，在被袁绍、曹操、西晋等纳入其政权后，又被封赐了一些乌桓本族之外的官职。这些虽然没有形成系统的、渊源连接紧密的乌桓人社会的管理体系，但也能够从中观察到乌桓社会中与管理有关的某些具体内容。

一、乌桓对本族的管理要素

在乌桓人早期"以母有族类"的社会形态中，母亲是一个家庭或者具有血缘关系家族的代表，知其母便知其族系。然而，史料中的"族类"，并非乌桓人的核心氏族，其规模再大也就是一个血亲家族。母亲是这个家族的象征或代表，在家族中拥有特殊的地位，能够召集家族的成员，但却未必是家族所有事务的管理者。史籍中比较明显涉及乌桓妇女或母亲在管理和组织方面的内容是"故其俗从妇人计，至战斗时，乃自决之"①。这是一条与征战有关的内容，表明了当出现战争的可能性时，乌桓妇女在战前是策划的核心。如果把整句联系起来思考，其意思则侧重于在决定战还是不战的问题上"妇人"的意见占有主导地位。而一旦战争打起来，参战者在实战中就有着根据具体战况灵活决定的自主权。即便如此，这条针对战争的史料，所指也是乌桓旧俗，这个习俗甚至在乌桓山时代就开始改变了。当然，也有一些研究者据此将乌桓社会确定在母系氏族的发展阶段②，或者是带有"母系社会的遗迹"③。这个讨论虽然是属于乌桓社会性质的问题，但也与社会组织和社会管理关系密切，值得略做讨论。

关于母系社会的特点，摩尔根在其《古代社会》一书中早有论述，恩格斯在《家庭、私有制和国家的起源》中也有明确的界定，学术界也根据世界各地的不同情况有过讨论，可以参考的研究成果较多。但从以往研究成果的总体看，结论均出自对比较典型的、具有普遍意义的事例的分析。中国古代北方游牧民族的历史具有很强的区域性特点、民族特点以及与他族交融的特点，有着从旧石器和新石器时代进入有文字记载④时代的复杂的发展经历，有些古族的社会发展的阶段特征并非能够用以

---

① 《三国志》卷30《魏书·乌丸鲜卑东夷传》注引"《魏书》曰"，第832页。《后汉书》卷90《乌桓鲜卑列传》，第2979页载为"计谋从用妇人，唯斗战之事乃自决之"。《三国志》记载中有一"故"字，此字之后若加一逗号就较易理解。此"故"之意，当指乌桓故俗。在乌桓不断迁徙和接触中原政权的过程中，这个习俗已经改变。

② 对于乌桓的社会性质，马长寿在《乌桓与鲜卑》一书中认为，在东汉建立以前，乌桓处于近似于农村公社的邑落公社阶段。曾唯一《乌桓邑落社会性质探讨》（载《四川师范大学学报》（社会科学版）1990年第2期），认为"在入居内地前的西汉时期，乌桓邑落尚未进入父系氏族阶段，应属于母系氏族公社晚期"。类似论述，以往研究还有一些，不赘。

③ 林幹：《东胡史》，第23页。

④ 中国古代北方游牧民族有本族文字记载的历史开始较晚，在论述匈奴、乌桓等族的历史时，文字记载的历史，只能根据汉文史籍的记载。

往研究的事例和理论解释清楚，乌桓便是其中之一。所以，对于乌桓社会性质的研讨，只有依据乌桓社会发展的特殊经历才能得出基本符合实际的认识。

对于乌桓社会发展的特殊经历，史籍中明确交代其为东胡被匈奴击垮后逃亡的一支，以乌桓为族名见诸汉文史籍，至唐代以后有关乌桓具体活动的内容消失。可见，乌桓的发展历程不同于匈奴、东胡、鲜卑，也不同于大致与乌桓活动在同一时代的其他古代民族。在有所差异的诸项因素中，乌桓始终未能建立任何形式和级别的政权是最为突出的。因此，在乌桓历史中，系统和比较全面的组织和管理内容缺失也并不奇怪。从源流角度回溯，能够参考的只有东胡。如果说乌桓社会形态处于母系社会晚期，那么，对强盛一时的东胡的社会形态似乎就应当定在母系氏族社会的早期或中期了，但在史籍记载的乌桓人的社会历史中，基本看不出乌桓与东胡在社会形态方面的源流关系。参考以往多数研究成果的趋向性看法，一般来讲，在母系氏族社会中当有一个核心氏族，其他氏族围绕着核心氏族而居住和生活。但是，这个特征在乌桓人的历史中也没有确凿可信的事例。另外，母系氏族社会还会有妇女"酋长"类的统领人，负责对各类事务的决定、组织和实施，男人要敬奉妇女并听从妇女的指挥，妇女对生产、生活、财产分配、征战等有决定权。在这些内容中，乌桓妇女除了在征战与否方面有约定俗成的权力外，其他方面的权力几乎都不存在。而且，在史籍中提到的乌桓妇女的内容，集中起来也就很简单的几条，无非是在征战前"从妇人计"，乌桓人怒则可杀父兄，但"终不害其母"，其原因是从母系方面可以查到"族类"，而"父兄以已为种,无复报者故也"①。此外,再可见到的记载就是婚嫁等方面的内容。根据现有史料，如果要确定乌桓的社会性质，或者按照不同发展阶段去研究乌桓的社会性质都难以形成证据链。在这种情况下，对于乌桓社会基本情况的研究，从社会管理要素方面入手，注重对历史中残留的点滴线索做尽可能的分析，或许可以揭开一点乌桓历史的谜团。田余庆在探讨乌桓与拓跋的共生关系时曾经提到过一种方法，就是"利用细微的资料进行审视，尽量向这个设想靠近"；先生也认为，"历史贵实证，

---

① 《三国志》卷30《魏书·乌丸鲜卑东夷传》注引王沈"《魏书》曰"，第832页。

本文所涉问题，有的环节无法得到实证，像是雾里看山，隐约中得窥其轮廓，山的本态，山的细部，却无法审视清楚……研究民族古史，就其无文字记载年代而言，有时恐怕不免要使用这种方法，确切结论不一定能得到，但也许能起开阔视野、启发思考的作用"①。田先生指出的这种方法，看似把握性不大，实际上是对史料的条分缕析。在研究乌桓社会管理问题时，历史资料和考古发掘资料都提供不了能够系统连接的实证，所以，只能利用断裂的、残阙的资料进行审视，尽可能靠近乌桓历史的真相，为今后的研究提供一点思路。

在《三国志》和《后汉书》等任何有关乌桓的史籍中，均没有记载妇女为管理者，可以检索到的只是在乌桓的早期历史中妇女具有象征某一"族类"的内容。因此，在乌桓早期的历史中，乌桓妇女最多也就是对家庭或某一族系有一定的管理权，不是对所有乌桓人的管理权。根据乌桓历史发展可知，在度辽将军范明友击乌桓时，乌桓已经是一支比较强大而又有统一行动的势力，至东汉末年、魏晋时期，又有了万落或几千落聚居的集团特征，这种社会状况至少是会有管理因素存在的。如果乌桓妇女不具备进行这种管理的真实性，那么，承担"落"或"部"基本事务的管理者就另有其人。

一般来讲，作为管理者就会有头衔，在中国古代北方主要以游牧为业的古族中，对本族的高中低各级管理者是有不同称谓的，如"单于""可汗""贤王""俟斤"等。但根据史籍记载，乌桓人对担任管理相关事务者的称谓，并没有反映出本族的语言或习俗。在乌桓没有得到中原或其他政权的册封以及拜官以前，史籍中出现的管理者是在推举程序中产生的"大人"和"小帅"，范明友击乌桓时也有"王"作为统领者的情况②。这显然是史家根据自己掌握的情况，又基于当时人们习惯性的认识得出的看法，而且延续了较长的历史时期。

在乌桓人的早期历史中，"常推募勇健能理决斗讼相侵犯者为大

---

① 田余庆：《拓跋史探》，第 108—112 页。
② 综合对乌桓管理者的记载，早期虽然有"王"，但应不是乌桓本族管理者的主线，东汉初年以后，乌桓以"王"为称谓的首领在史籍中出现比较频繁。"大人"和"小帅"似为不同级别的管理者。

人"①。这是一种由部落民众参与的比较原始的"推举制",能够被推举为"大人"的条件很简单。"小帅"则是各个邑落的管理者,而大人和小帅都"不世继也"②。这条史料所反映的内容看似简单,但显然与"从妇人计"截然不同。其中,既有"大人"产生的方式,又有其所管事务的几项内容,也有管理者的级别区分。

可以看出,乌桓人本族的社会管理系统大致可以分为两级,"大人"是最高权力所有者,是某部乌桓人的首领,只有相当数量的"落"结合为"部"才会设"大人",但史籍中始终未见经过所有乌桓人选举后公认的首领。可以被"推"为大人者,必须具备的基本条件是"勇健能理决斗讼相侵犯者"。当出现"斗讼"或"相侵犯"的情况时,大人就能够施展包括健壮的体力在内的手段解决矛盾。大人之下的管理者小帅,则是"落"级的统领人。

在乌桓社会中,大人和小帅的位置不能由本系子女继承,而且,每当新的大人被推举出来,大人的姓氏即被冠之于部,作为某部乌桓人的姓氏标志。所以,在称呼乌桓某一部分势力时会出现郡名或乌桓大人的名称,这也当是导致乌桓人姓氏无常的主要原因。与此类似,史籍中记载乌桓大人所管相关事务的内容也比较零散。

第一,乌桓大人拥有召集权。

《三国志》记载为"大人有所召呼,刻木为信,邑落传行,无文字,而部众莫敢违犯"。也就是说,作为部落首领,遇有部落内外的各类事务需要集中处理时,乌桓大人有召集和调动各个邑落的权力。乌桓人有古老的"刻木为信"的召集方式。史料中没有详细说明乌桓人如何"刻木为信",所"刻"内容是什么,但所刻之木的权威性却有所反映。对乌桓人来讲,凡大人所刻之木传行之邑落,"部众莫敢违犯"③。根据这些情况分析,乌桓人的社会形态已经处在剩余产品出现的历史阶段,不平等以及私有观念已经产生,甚至已经成为事实。对于任何古代民族来说,剩

---

① 《三国志》卷30《魏书·乌丸鲜卑东夷传》注引《魏书》曰。《后汉书》卷90《乌桓鲜卑列传》载为"有勇健能理决斗讼者",无"相侵犯者"四字。
② 《三国志》卷30《魏书·乌丸鲜卑东夷传》注引《魏书》曰,第832页。《后汉书》卷90《乌桓鲜卑列传》载为"无世业相继"。
③ 《三国志》卷30《魏书·乌丸鲜卑东夷传》注引《魏书》曰,第832页。

余产品的出现所导致的直接后果之一，就是会出现人们之间为了追逐利益而发生矛盾和争斗。与此同时，调解意识和调解人也随之产生。调节人往往是被公众认可的，调解权会随着威望的提高而增大，利欲和权欲同样也会熏染着调解者的心灵，权力者随之出现。很显然，乌桓人的大人就是这么产生的。应当指出，史籍中记载的东胡时代东胡最高首领称"王"，而原属东胡一支的乌桓，对最高首领的称谓并没有继承东胡。这种情况的出现，应当不是东胡或乌桓对自己首领称谓的真实反映，而是史家的主观理解。

第二，乌桓大人拥有组织生产权。

在乌桓人的社会组织中，大人不仅具有调动和指挥部众的权力，也担负着组织生产的职责。而能够指挥他人生产，首先要有能够服众的生产技能，在人们生产能力比较低下的历史阶段，统领者在生产方面的才干是其保持自己威信的重要支撑。正如匈奴冒顿单于能够发明鸣镝一样，《三国志》注引"《魏书》曰"记载的乌桓大人是"能作弓矢鞍勒，锻金铁为兵器，能刺韦作文绣，织缕毡毼"的能手。这条史料的后半句与《后汉书·乌桓鲜卑列传》所载有别。《乌桓鲜卑列传》为："妇人能刺韦作文绣，织氀毹。男子能作弓矢鞍勒，锻金铁为兵器。"这两部史书，《三国志》成书在前，陈寿所撰《三国志》的《魏书》部分的内容，主要依据是王沈的《魏书》，早于《后汉书》一百余年，具有很高的史料价值。但《后汉书》作者范晔也是可信的古代史家，名望颇高。至于范晔为何将"《魏书》曰"的记载以劳作内容、劳动强度等划分为由妇女和男子承担的不同劳动，并且没有做出相应的解释，这其中或许有一定原因，但史无旁证，难究其真。由于这种情况的出现，对于这段史料的理解也就会出现分歧。《三国志》很明显地将乌桓大人作为在从事两类手工劳动时起决定作用的角色记载下来，而《后汉书》则以性别不同分类。根据两部史书成书年代不同，在没有确凿史料印证范晔所论正确的情况下，应当尊重"《魏书》曰"的记载。另外，从乌桓社会发展的具体时段来看，在"推举制"，特别是乌桓还处在比较原始的时代，原始的手工制作是否有了如此细致的分工还不能确定。制作弓矢鞍勒、锻金铁为兵器是男子体力所长，参与或掌握刺韦作文绣、织氀毹的技术，男子也是有可能的。乌桓大人有较为全面的生产技术和能力并不为怪。

第三，乌桓大人拥有维护部落安宁和调解、平息争斗等权力。

史籍中与乌桓大人职能有关的事务还涉及平息争斗、捕逃等。处于比较原始时期的古族，一般都有不成文的约法，虽说只是口头上的法规，但在执行中却很严格。在乌桓人早期历史中，大人的主张就带有"法"的性质，所以有"其约法，违大人言死，盗不止死"①的规定。可以看出，违大人言者，必死，乌桓大人的绝对权威在此反映得非常明确。有了这样的绝对权威和处理违言者的权力，乌桓大人才能在诸部落之间因某些利益或原因发生争斗时出面调解，使之平息，才能名正言顺地对挑起事端、造成不良后果的一方实行惩罚，对"出其牛羊以赎死命"②做出决定，对于叛逃出乌桓部落的人，大人才有权将其逐放至"雍狂"之地。值得注意的是，乌桓大人在对"盗"的处理方面需要掌握分寸，只有"盗不止"者才能处死。这种处理方法，间接地反映了乌桓人对人口进行保护的办法，也说明在一定的历史时期内，乌桓人的繁衍能力和人口的成活量处于较低的水平。

第四，乌桓大人拥有统领乌桓军队征战的权力。

乌桓人对其他政权或古代民族的征战或参与某些战争，最早的可见于西汉时期，魏晋南北朝前后逐步减少。但凡是有乌桓参与的战事，乌桓大人都是作为乌桓本族军队的统领人出现。对此，也可以视为乌桓人社会管理的一个方面。这种管理，寓于战前的选择士兵、训练、集结、调动兵力，以及与部队行动有关的所有方面。东汉末年至曹魏初年，统领乌桓骑兵的首领出现了变化，张纯、阎柔二人曾在不同时期担任过乌桓部队的主要统帅。这种情况的出现也是很正常的，因为当时乌桓的社会组织也已经在迁驻缘边十郡后发生了变化，乌桓人长期与汉人军队和边郡民众交错杂居，你中有我、我中有你的现象在十郡中比较普遍。诸如张纯、阎柔这样的长期接触乌桓并与乌桓人关系密切的不会是区区数人。乌桓驻牧地区的社会呈现出的民族成分多元化，也导致了乌桓社会组织和管理者的演变。

综合以上分析，可以得到乌桓人社会组织和管理情况方面某些值得

---

① 《三国志》卷30《魏书·乌丸鲜卑东夷传》注引"《魏书》曰"，第833页。
② 《三国志》卷30《魏书·乌丸鲜卑东夷传》注引"《魏书》曰"，第833页。

注意的信息。在乌桓族早期历史中,存在着一些带有管理特征的要素,从处于乌桓山时期到汉武帝遣骠骑将军霍去病击破匈奴左地徙乌桓于上谷等五郡塞外之时,乌桓基本还处在以本族的习俗管理各类事务的时期,王、大人和小帅是级别不同的管理者。而当进入缘边十郡至曹魏初年前后,乌桓社会随着其居住地区民族成分向多元化转变,组织管理者中也出现了其他民族的人员。然而,乌桓社会是否进入了"在部落联盟的内部,实行军事民主制的政治形式,一般而言,每个部落有自己的首领,建立部落联盟之后,有一个各部共选的联盟首领。这个联盟的首领,即是调节各部落之间的关系、协调对外部战争的总指挥"[①]的历史时期还需研究。因为,尽管乌桓社会发展过程中的许多要素与恩格斯所论类似,但又不尽相同。从乌桓活动的总体情况看,其社会组织状态始终比较分散,无论在五郡塞外,还是在缘边十郡塞内,邑落多少不一的各支乌桓势力独立活动的特征十分清晰,是否出现了军事民主制时代那样的联盟式的组织形式,并且有各部共选联盟首领的会议召开,是否有全面负责各个不同郡县乌桓事务的"总指挥"等,这些都还是有待深入研究的问题。

二、乌桓社会组织和管理要素的变化

在走出乌桓山以后,乌桓社会组织和统领人出现了一些值得注意的变化。但由于乌桓人的迁徙始终带有"被动"的特点,所以,其社会组织和管理要素的变化也都带有比较明显的非乌桓本族特征。

西汉武帝元狩四年(前119),卫青、霍去病率重兵分别出定襄和代郡击匈奴,重创匈奴势力。为了利用乌桓的力量帮助汉朝防御匈奴,乌桓被迁徙到汉朝北部和偏东北地区的五郡塞外,这次迁徙对乌桓人的社会演变产生了一定的作用。史籍在记载乌桓邑落在不同地区的聚居情况时采用了汉朝的郡名,即上谷乌桓、渔阳乌桓、辽东乌桓等。某一部分乌桓人因活动的主要地区不同而被冠之以郡名,看似属于表面性的变化,实际上从一个侧面反映了当时人们对乌桓社会状况的直观印象。而且,

---

① 〔德〕恩格斯:《家庭、私有制和国家的起源》,《马克思恩格斯选集》(第四卷),人民出版社,1972年,第19页。

这样的表述也反映出一个实质性问题，那就是乌桓在整体上并没有聚族而居，也不存在像匈奴单于那样的领袖和诸如单于庭那样的统治中心。当然，这也正是乌桓历史中社会组织和管理内容十分散乱，难以系统连接的重要原因。而中原地区以及其他北方游牧民族与社会管理有关的组织方式、管理者的称谓被乌桓接受，也对乌桓不断地失去本族特征起到了加速的作用。

如果按照乌桓分布于这五郡塞外分析，至少应当有五位乌桓大人负责内部的各项事务，当时乌桓人的主干部分也集中在这五个地区。而这种以区域为单位把乌桓人聚集起来的做法，也使得乌桓原有的邑落组织至少在一定程度上被打乱，乌桓大人是否仍要"推举"产生也可能出现变化。乌桓大人除了负责对本族事务的管理外，也要出面与中原政权联络和沟通各种事宜，并且在与匈奴、鲜卑等族的交往中作为统领人抛头露面。

据史籍记载可知，驻牧于五郡塞外后，乌桓首领的称谓中出现了"王"，但是，这个"王"属于哪个级别却无记载。《三国志》卷30《乌丸鲜卑东夷传》注引"《魏书》曰"记载，西汉昭帝时期，度辽将军范明友曾统兵前往辽东地区追击匈奴，因匈奴逃遁进击未果而转击乌桓，并取得了"斩首六千余级，获三王首还"的战绩。按照西汉军队出击匈奴又转击乌桓的方位分析，这几千被击杀的乌桓人应当是活动在辽西、辽东一带，属于后来被迁徙到缘边五郡塞外乌桓人中的一部分。这里提到的乌桓"王"的地位应当小于"大人"。因为，度辽将军范明友以三万骑（《后汉书》载为二万骑）的绝对优势突然袭击乌桓，被斩首的乌桓人有六千余人，被擒杀的"王"也没有什么名气。史籍中已经明确记载了当时"乌丸转强"一事，就连擅长骑兵作战的匈奴人都要出兵两万骑才能与乌桓匹敌，说明乌桓人当时的组织体系以及兵力是可以应付较大规模作战的，其最高指挥者是高于"三王"的。所以，"王"这一级的首领在乌桓人中的出现是迁驻五郡塞外以后，可以视为在与中原政权以及匈奴的接触中乌桓社会中出现的新的管理要素。而"王"这个称谓本身也不是乌桓本族对某级首领的称呼，而是汉人史家根据对乌桓的了解写入史籍的。

至王莽统治时期，乌桓人对本族人的管理权遭到了严重的削弱。《后汉书》中记载，王莽篡位，于新王莽始建国二年（10）"欲击匈奴，兴十二部军，使东域将严尤领乌桓、丁令兵屯代郡，皆质其妻子于郡县"①。这"十二部军"分为"十道"②，主要目的是震慑和出击匈奴。当时，严尤作为"讨秽将军"统兵进驻渔阳。乌桓被迁徙到五郡塞外以来，渔阳地区乌桓势力是发展较快的一支。严尤作为王莽派出的统领乌桓骑兵的将领，对乌桓人来说是强制性的。但由于乌桓人的妻小父老皆被作为人质控制在缘边郡县境内，乌桓人也只得暂时服从严尤的调遣。事实上，处于这种状态下的乌桓人，自身的社会基础已经被打乱，本族的"大人"或"王"已经失去应有的管理权而被他族控制和管理。虽然这种被控制的状态持续的时间较为短暂，但是也在很大程度上打乱了乌桓人的正常生活。被"质"于郡县之内的乌桓妻小，以及被汉军控制的乌桓骑兵，不能如以往那样随便迁徙和游牧，"不便水土"困扰着乌桓人的正常生活。尽管乌桓骑兵中的一些青壮年可以伺机逃离郡县，但当这种情况出现时，为质于郡县内的妻小却遭到了大规模的屠杀。这种状况，对于乌桓社会发展，特别是人口的繁衍也造成了十分不利的影响。在生存处于重重危机的状况下，乌桓人或结伙抄掠边郡，或投奔匈奴求得一时平安。可见，王莽统治时期，乌桓人的生活、管理系统遭受了沉重的打击，基本处于混乱或瘫痪状态。

东汉初期，随着战事的结束，东汉朝廷对乌桓采取安抚政策，对大小不同的乌桓首领封王、封侯，乌桓人的社会管理要素也发生了较为明显的变化。当时，活动在东汉北方地区的各族中，乌桓是对东汉袭扰较为频繁者之一，从塞外向塞内迁徙并能够得到东汉朝廷的经济支援和政治认可是各支乌桓势力的普遍意向。为了维护北方地区局势的稳定，东汉朝廷也抓住这样的机会调整与乌桓的关系。

建武二十五年（49），"辽西乌桓大人郝旦等九百二十二人率众向化，诣阙朝贡"③。这九百余人在后来被东汉朝廷册封时，有八十一人得到了

---

① 《后汉书》卷90《乌桓鲜卑列传》，第2981页。
② 《汉书》卷99《王莽传中》，第4121页。
③ 《三国志》卷30《魏书·乌丸鲜卑东夷传》注引王沈《魏书》记载为"九千余人"。不取。

侯、王、君长之类的名号。"侯"是中国古代爵位的称谓，西汉时期有同姓和异姓诸侯王。诸侯王有自己的"王国"，地盘大者拥有数郡之地，后来逐步缩小，至东汉时期，侯王国一般只有一郡甚至一县之地，所掌管的人户多者万户，少者几百或千户不等。把这样的爵位授予乌桓首领，显然是表示双方的亲近关系，被封的乌桓首领，在管领乌桓人口的数量方面也具有很大的灵活性。东汉朝廷认为，这些被封"侯""王"①的乌桓首领是能够"招来种人"②的，并希望他们能够做到。可见，被封者是乌桓各部中有一定身份、名望或影响力的头领。而侯、王之类的名号成为乌桓首领的称谓，表明在乌桓的社会组织管理要素中出现了非本族的内容。

还有一种现象，即被封王的乌桓大人，往往还被冠之以与中原郡县或职官有关的封号，甚至直接授予汉官官称。如"雁门乌桓率众王无何""亲汉都尉"③等中的"雁门""率众""都尉"。另外，史籍中还明显地反映出在这次大规模封授乌桓贵族以后，东汉朝廷授予乌桓大人中原政权职官的做法已经逐步常态化。如东汉安帝永初年间，就拜乌桓大人戎末魔为"都尉"，汉代的都尉是"比二千石"的职官。东汉时期，内地郡取消了都尉，但在边郡仍保留着都尉、属国都尉，也有因事临时设置的情况。乌桓在保留着本族的大人等管理要素的同时，较多地接受中原政权封授的称谓，这是乌桓社会管理要素的新内容，在研究乌桓社会变迁时值得注意。

东汉时期，乌桓人在迁徙到缘边十郡前后，除了接受了中原地区的官爵、封号外，也对其他北方游牧民族中首领的称谓有所吸收，比较常见的是"单于"。乌桓人对"单于"这个称谓并不陌生，匈奴冒顿单于击溃东胡以及后来乌桓被匈奴人奴役，向匈奴缴纳畜产品以求生活安宁，都是乌桓人不会忘怀的。对乌桓人来讲，经历了这样的历史过程，对"单于"这个名称应当是刻骨铭心。但"单于"并不是乌桓本族首领的称

---

① 这里的"王"，当与东汉侯国中的"王"大致类同。
② 《后汉书》卷90《乌桓鲜卑列传》，第2982页。当时，乌桓已分布于东汉缘边十郡之地。
③ 《后汉书》卷90《乌桓鲜卑列传》，第2983页。

谓，乌桓首领也没有自封"单于"，这个称谓是乌桓与袁绍结好以后得来的。史载，乌桓人蹋顿在丘力居死后"代立"为大人，总摄乌桓各部。此时，"袁绍与公孙瓒连战不决，蹋顿遣使诣绍求和亲，助绍击瓒，破之。绍矫制赐蹋顿、（难）峭王、汗鲁王印绶，皆以为单于"①，乌桓三单于由此出现。袁绍与公孙瓒在幽冀之间的军事争夺是当时历史中的重大事件，袁氏集团能够战胜公孙瓒，除了占据经济、地理条件较好的冀州地区以及身边有谋士和良将外，乌桓势力的投靠与支援也是重要的因素。《三国志》对此所做评论为"会袁绍兼河北，乃抚有三郡乌丸，宠其名王而收其精骑"②。在袁绍与公孙瓒的决战中，阎柔作为乌丸司马，统领数万乌桓、鲜卑骑兵击败了渔阳太守邹丹所部，挫伤了维护公孙瓒的重要力量。由此，袁绍也察觉到乌桓势力可用，所以，不惜"矫制"笼络乌桓，而使用"单于"称谓并给予印绶，大大提高了乌桓在袁氏集团中的地位。对于乌桓本族来讲，也标志着其社会组织向着复杂化方面发展，管理要素也突破了本族界限走向了多元。

　　匈奴"单于"的地位本来是很高的，相当于"天子"。但是，乌桓大人被授予的"单于"并没有那么高的地位，只能统率某一地区内活动的乌桓。需要指出，虽然袁绍对乌桓首领的封授有"矫制"之嫌，但从封授的程序、规格等方面也还都比较正规，与东汉政权对南匈奴的封授相类似。据《后汉书·南匈奴列传》载，匈奴分裂为南北以后，南匈奴进入云中郡等地驻牧，并遣子"入侍"汉庭。东汉皇帝则"诏赐单于冠带、衣裳、黄金玺、鎏䌈绶，安车羽盖，华藻驾驷，宝剑弓箭，黑节三，驸马二，黄金、锦绣，缯布万匹，絮万斤，乐器鼓车，棨戟甲兵，饮食什器"③。袁绍遣使拜"乌丸三王为单于，皆安车、华盖、羽旄、黄屋、左纛"④。对两者的封赐虽然在器物等方面有一定区别，但从礼节形式上看是趋同的，说明乌桓人也已经享受了正式封授的待遇，被纳入了袁绍集团的管辖之内。这样，乌桓人原有的社会管理系统受到冲击是必然的。而

---

① 《三国志》卷30《魏书·乌丸鲜卑东夷传》，第834页。
② 《三国志》卷30《魏书·乌丸鲜卑东夷传》，第831页。
③ 《后汉书》卷89《南匈奴列传》，第2943—2944页。
④ 《三国志》卷30《魏书·乌丸鲜卑东夷传》注引《英雄记》，第834页。

当时乌桓内部也涌动着权力走向集中的趋势，"总摄三部"就是实例。

乌桓社会管理要素的另一个明显的变化是"推举制"被打破。

东汉灵帝初年，上谷、辽西、辽东和右北平的乌桓大人都"自称王"，而且，这种不同于以往的做法也被乌桓部众广泛接受。更有甚者，在东汉灵帝中平四年（187），辽西乌桓丘力居部竟然还接纳了曾经为东汉中山太守的张纯为乌桓元帅，出现了外族人为最高统领的情况。根据这些变化可知，乌桓的社会组织和管理已经摆脱了"常推募勇健能理决斗讼相侵犯者为大人"的阶段，强者即可为王，并可以成为所有乌桓人的首领。这样的社会基础一旦形成，驻牧于不同郡县的乌桓诸部联合为一体的条件就已经成熟，而且，乌桓诸部以联合体的社会组织形式见诸史的情况也很快便得到了实现。

东汉献帝初年，辽西乌桓丘力居部一跃而成为乌桓诸部之中最为强大者。丘力居死后，"子楼班年少，从子蹋顿有武略，代立，总摄三郡，众皆从其号令"①。"代立"之说，显然是指统领所有乌桓部众的权力已经归入丘力居家族一系。尽管蹋顿是以"从子"身份掌握了主要权力，后来又因楼班成人后让出了单于的位置，但实权却仍然掌握在蹋顿手中。正因如此，在曹操于207年出征乌桓时，有蹋顿之名而无楼班之声。蹋顿能够在乌桓诸部没有争议的情况下"总摄"三郡乌桓②，其号令所出，三郡乌桓都要服从，说明这种权力更为集中的社会组织和管理机制在乌桓诸部中已经得到了广泛的认可，而且，乌桓族的这种社会组织体制一直延续到建安年间。曹操率领大军击破蹋顿以后，活动在幽州、并州地区的万余落乌桓人徙居中原地区，最后组合成为幽州、右北平、辽西三股较为强大的势力。在中原人眼中，有"三郡乌丸为天下名骑"③之称。但是，这"三郡乌丸"已经是一个联合体了，与以往各尊其主的"三郡乌丸"已经不同了。如果从当时历史发展的线索分析，所谓乌桓"名骑"，系指阎柔所统率的徙居"中国"的万余落乌桓人。在此后的历史中，这些乌桓人基本都成了各个政权利用的工具。

---

① 《后汉书》卷90《乌桓鲜卑列传》，第2984页。
② 根据现在可以检索到的史料，未见在蹋顿"代立"前后乌桓诸部对之有异议者。
③ 《三国志》卷30《魏书·乌丸鲜卑东夷传》，第835页。

综观乌桓社会发展的基本线索可知，乌桓始终未能形成如同匈奴族那样强大的游牧政权，也未形成鲜卑檀石槐和拓跋鲜卑那样有着固定的地域和结合紧密的社会形态。其社会组织和管理体制，虽然也经历了相当于原始的部落时期直到由蹋顿"总摄"各部的转变，但始终处在较为松散的各个部落联合的状态中。没有核心氏族、在较长时间内实行原始的大人"推举制"、经常受到匈奴族和中原政权的打击、诸部由五郡到十郡的长期分散驻牧而无本族长期控制的区域等因素，应当是乌桓族社会发展缓慢的重要原因。

第六章　乌桓与游牧诸族和中原政权的关系

按照历史发展线索，被统称为"东胡"的强大古族集团曾与匈奴和中原地区的各政权有过长期的交往。东胡被匈奴击垮后，一部分溃逃者演变为后来的乌桓族。当乌桓见诸文字记载，已是中国古代历史上的秦汉时代。在乌桓人活动地区的周边，既有匈奴游牧政权，又有农耕为主业的中原政权，还有不断发展起来的鲜卑集团。从西汉武帝元狩四年（前119）迁徙乌桓于五郡塞外前后开始，至建安十二年（207）"白狼山之战"以后万余落乌桓人被"悉徙其族居中国"，乌桓基本处在大漠南北古族嬗替而立、中原政权更迭多变的历史状态中，为了自身的生存与发展，就要适应这种人文环境的变迁。归纳起来，在乌桓人与周边的关系发展中，有两条线索是应当注意的。一条是乌桓人与北方草原地区游牧诸族的关系；另一条是乌桓人与中原地区不同历史时期各政权的交往。

第一节　乌桓与匈奴和鲜卑的关系

乌桓臣服于匈奴是见于史籍记载较早的乌桓与北方草原游牧诸族的关系。在匈奴分裂为南北后，乌桓脱离了与匈奴的从属关系。此后，乌桓与鲜卑有了较为密切的往来，双方关系一直延续到南北朝时期，随着乌桓在中原地区的逐步匿迹而结束。

一、与匈奴的关系

乌桓人对匈奴的了解始于东胡比较强大的时期。当时，这部分人还没有被称为乌桓，他们活动在东胡统控下的具体区域也不清楚。在史籍记载中，东胡被匈奴击垮后，原来东胡集团中与匈奴保持臣服关系的就是后来被称为乌桓的一支。这就间接地说明，在东胡时代这部分人就对匈奴已有所知，或许也有直接交往。据《三国志·乌丸鲜卑东夷传》注引"《魏书》曰"记载，以乌桓之名称最早与匈奴发生关系时，东胡集团已不存在，其基本情况为："自其先为匈奴所破之后，人众孤弱，为匈奴臣服，常岁输牛马羊，过时不具，辄虏其妻子。"① 此时，乌桓人应当已经在"乌桓山"地区生活，所临近的应当是匈奴政权控制的东部及东北部地区，系匈奴族左贤王的领地。史料印证了溃逃者势力孱弱的悲惨处境，"人众孤弱"说明已经无任何反抗能力了，所谓"臣服"，是汉人史家的理解。事实上，由于匈奴打败东胡后基本上占领了整个北方草原地区，在"长城以北引弓之国受令单于"② 的情况下，汉人史家以"臣属"定位匈奴与乌桓关系是恰当的。而且，这种臣属关系一直持续到西汉昭帝在位的前85年前后，匈奴政权也已经是壹衍鞮单于掌握大权。

乌桓之所以能够打破与匈奴之间的臣属关系并且逐步转强，与西汉武帝对匈奴的不断击讨有关，尤其是元狩四年（前119）霍去病对匈奴左贤王部的打击，使之在损失七万余人的情况下，放弃驻牧地远遁。在此后较长的一段时间内，"莫南无王庭"，汉朝与匈奴之间的战争和交往更多的是集中在朔方郡以西及西北地区。匈奴左贤王部被汉军击溃，使乌桓人活动的空间宽阔起来，汉武帝也借这次对匈奴作战胜利之机，将乌桓人迁徙到"五郡塞外"。这样，原来由匈奴左贤王控制的地区基本被乌桓人占据，西汉还设置"护乌桓校尉"监察和保护五郡塞外的乌桓人，让乌桓人为汉朝侦察匈奴的活动。在这种情况下，乌桓人也得到了恢复发展的机会，才有了"乌丸转强，发掘匈奴单于冢，将以报冒顿所破之耻"③ 的变化。

然而，有关前119年直至前85年乌桓与匈奴之间的关系史籍基本无载，但从汉朝让乌桓"为汉侦察匈奴动静"④ 分析，乌桓人驻牧的"五郡塞外"仍然与匈奴逃遁以后的活动区邻近，双方活动区域之间没有其他

---

① 《三国志》卷30《魏书·乌丸鲜卑东夷传》注引"《魏书》曰"记载为"常岁输牛马羊"；《后汉书》卷90《乌桓鲜卑列传》载为"岁输牛马羊皮"，略有不同。
② 《汉书》卷94《匈奴传上》，第3762页。
③ 《三国志》卷30《魏书·乌丸鲜卑东夷传》注引"《魏书》曰"，第833页。
④ 《后汉书》卷90《乌桓鲜卑列传》，第2981页。

古族的阻隔。而且，乌桓只有能够比较方便地接触到匈奴人，才能将观察到的匈奴人的"动静"告知汉朝。也正是因为有了这样的活动环境和条件，乌桓人才能"发匈奴单于冢墓"，以泄久积之怨，同样，匈奴人也才能很快得到冢墓被挖的消息并出兵"东击破乌桓"①。这种情况也从一个侧面说明，尽管匈奴左贤王部惨败于汉军导致匈奴与乌桓日常交往的节奏在一定程度上被打乱，但并没有使双方的关系断绝。一般来讲，不同源流的古族之间的持续交往，或是像匈奴与乌桓这样生产方式相近的古族之间的交往，都会在生产、生活、习俗等方面发生交流现象，导致在一个古族的文化中也或多或少地存在他族文化的某些内涵。如果把乌桓的"先人"东胡与匈奴的交往时间连续计算，到乌桓活动在"五郡塞外"时期，至少也有将近一个世纪了。这样，在已有考古成果中，可以大致将遗址范围界定于"五郡塞外"区域内并且在时间上处于西汉武帝至昭帝时期的西岔沟墓葬。既显示有乌桓文化的特征，又因在殉牲中存在"殉马头"的现象，被研究者认为是"受匈奴文化影响的结果"②也就很正常了。

据史籍记载，乌桓人"发匈奴单于冢墓"是中原人从被俘获的匈奴人那里得到的消息。这位匈奴降者说："乌桓尝发先单于冢，匈奴怨之，方发二万骑击乌桓。"③显然，这位匈奴降者对乌桓发掘单于冢的细节也是知晓的，不然他不会用"尝发"这个不确定的时间告知这件事。知道此事后，汉朝方面则将其视为匈奴有可能对汉朝构成威胁的事件，并且也看作是汉朝应当借此事件插手匈奴与乌桓关系的机会。此时，正是西汉昭帝在位的前85年前后，距前119年匈奴左部被汉武帝派军击溃已有30余年。在此期间，乌桓势力经历了完全被匈奴控制到逐步转强的变化。从匈奴出骑兵两万击乌桓可知，乌桓人已经不是30年前的"人众孤弱"了。虽被匈奴击败，但能够与匈奴两万骑兵对阵，并且紧接着又与汉朝大将范明友的两万汉军交战，其实力已经有了明显的提高。

---

① 《后汉书》卷90《乌桓鲜卑列传》，第2981页。
② 范恩实：《论西岔沟古墓群的族属——兼及乌桓、鲜卑考古文化的探索问题》，《社会科学战线》2012年第4期。
③ 《汉书》卷94《匈奴传上》，第3784页。

王莽统治时期，乌桓骑兵归于王莽委派的东域将严尤统领，而乌桓人的妻子、儿女则被当作人质强行安置在郡县之内，乌桓人稍有不服，这些人质就要遭到杀戮。在这种情况下，乌桓人做出了并不情愿的归附于匈奴的选择。当时，匈奴人的处境与乌桓人类似，以往与西汉政权交往时对双方有利的政策全部被破坏。在这种情况下，乌桓与匈奴之间暂弃前仇也是可能的。《后汉书》载："匈奴因诱其豪帅以为吏，余者皆羁縻属之。"① 按照这条史料，乌桓并不是自愿归附匈奴的，乌桓"豪帅"被匈奴控制"为吏"，即受匈奴指使，说明活动在五郡塞外的乌桓人在与匈奴遭受同样命运的境况中实现了联合，长期往返于郡县内外，掠略为生。而且，这种联合一直持续到东汉初年。史籍中所记载的"光武初，乌桓与匈奴连兵为寇，代郡以东尤被其害。居止近塞，朝发穹庐，暮至城郭，五郡民庶，家受其辜，至于郡县损坏，百姓流亡。在上谷塞外白山者，最为强富"② 就是对当时乌桓与匈奴关系的总体概括。这段史料的字里行间虽然充满了乌桓与匈奴野蛮抄掠给郡县民众带来的灾难，但从中也能间接地发现，乌桓人并没有离开五郡塞外而迁往他地，朝发暮至反映了双方之间的大概距离，代郡以东是乌桓出入的主要区域。

乌桓与匈奴并不稳定的联合关系大体持续到46年。在这一年前后，匈奴内部发生了争夺单于储位的争斗，加之"连年旱蝗，赤地数千里，草木尽枯，人畜饥疫，死耗太半"③，乌桓在匈奴内乱的情况下出兵击破匈奴。不久，匈奴分为南北，南匈奴单于日逐王比率众款塞，与东汉朝廷结好，东汉朝廷以使匈奴中郎将监护南匈奴，而南匈奴也将部众屯驻于东汉代郡、雁门以西地区，为东汉侦察北匈奴的动静。在此之后的历史中，乌桓人在从属关系上脱离了匈奴，与东汉朝廷建立了密切关系。

二、与鲜卑的关系

乌桓与鲜卑都是东胡被匈奴击垮逃窜后形成的支系，《后汉书·乌桓鲜卑列传》记载了这两支窜逃者的方位以及相邻关系。其中，史籍载为

---

① 《后汉书》卷90《乌桓鲜卑列传》，第2981页。
② 《后汉书》卷90《乌桓鲜卑列传》，第2982页。
③ 《后汉书》卷89《南匈奴列传》，第2942页。

鲜卑的一支是因活动的地区内有标志性的鲜卑山①，故而以山为族称。从史料中可以得知鲜卑早期活动的区域以及与乌桓人所处的方位为"辽东塞外，与乌桓相接"②。可见，乌桓与鲜卑各有活动区域，但并非受到阻隔，且都在辽东塞外。而且，两者又都是源于东胡，即使以往没有密切交往，也会互有所知，加之语言相同，习俗类似，互相来往并无障碍。然而，在汉文史籍中并没有留下东汉光武帝建武年间以前鲜卑与乌桓交往的内容。直至光武帝初年前后，才有"匈奴强盛，率鲜卑与乌桓寇抄北边，杀略吏人，无有宁岁"③的记载。可见，从王莽时期残杀乌桓人质以后，乌桓人便主要活动在塞外，并与匈奴、鲜卑联合，掠略边郡地区。

此后，东汉朝廷对乌桓重点采取了经济拉拢的方针，使之迁驻于缘边十郡边塞内外，并在此恢复了护乌桓校尉这一军政建制。东汉朝廷一方面对南匈奴、鲜卑、乌桓分别采取拉打结合的手段，另一方面也利用鲜卑的力量牵制和削弱乌桓人的实力。东汉明帝永平元年（58），鲜卑大人偏何就曾因率部打击渔阳赤山乌桓歆志贲部，得到了东汉朝廷每年二亿七千万的经济资助。另外，从在此之后鲜卑经常出没于辽东、右北平、渔阳等郡的情况分析，乌桓人明显受到了鲜卑势力的排挤，以至于在东汉安帝初年，连专门为东汉与乌桓进行交往而设立的护乌桓校尉也主要是处理与鲜卑人的关系了。据史籍记载，当时在护乌桓校尉主管的上谷郡宁城县，专为鲜卑人建造了"南北两部质馆"以安排一百二十部鲜卑来汉的"人质"。而北方草原地区则出现了鲜卑"与匈奴、乌桓更相攻击"④的局面。此后，鲜卑渐渐强大起来，替代了以往的匈奴成为北方草原地区的霸主。乌桓人一方面受到鲜卑的打击和挤压，同时也继续被东汉朝廷控制，生活在缘边十郡内外。乌桓人为报被鲜卑大人偏何打击之仇，寻机而动。据史籍记载，东汉安帝元初四年（117），乌桓大人於秩居联合东汉郡兵奔袭辽西鲜卑连休部，"斩首千三百级，悉获其生口牛马财物"⑤。这是乌桓对鲜卑打击比较强的一次，也是很少有的一次。因为，

---

① 各部史籍中所载"鲜卑山"从何而来，均无明确印证，当存疑。
② 《后汉书》卷90《乌桓鲜卑列传》，第2985页。
③ 《后汉书》卷90《乌桓鲜卑列传》，第2985页。
④ 《后汉书》卷90《乌桓鲜卑列传》，第2986页。
⑤ 《后汉书》卷90《乌桓鲜卑列传》，第2987页。

在东汉安帝永宁元年（120）前后，鲜卑大人其至鞬所部强大起来，其活动范围东至辽东，西至云中、朔方的边塞内外，动辄万余或数万骑，乌桓已经无力与鲜卑对抗。鲜卑的强大及其对乌桓并不友好的态度，使乌桓人实际上已经失去了在北方草原地区生存的空间。在缘边十郡内外活动的乌桓人，回旋于东汉、鲜卑、匈奴之间以求生存，而谙知乌桓骑兵勇猛善战的东汉政权，在援助乌桓生产和生活的同时，也联合和利用乌桓的骑兵部队共同打击鲜卑势力。而随着鲜卑檀石槐政权的建立和强大，有一部分活动在塞外的乌桓人基本被卷入了鲜卑势力之中。而另一部分受到东汉庇护的乌桓，则发展成为以蹋顿为首的一股较为强大的势力。但是，在东汉末年曹魏与袁绍等势力的争斗中，以蹋顿为首的乌桓主力也遭到曹操的剿灭，余部被迁居中原。

当然，檀石槐时期还只是鲜卑与乌桓之间交往的早期情况，当檀石槐政权瓦解后，北方草原地区又被拓跋鲜卑控制了很长时期。留在北方草原地区的乌桓人与拓跋鲜卑之间的交往时密时疏，直至逐步消失在历史的长河中。

从鲜卑历史发展来看，先有檀石槐鲜卑占领了"匈奴故地"并在高柳北弹汗山（今山西省阳高县西北一带）设立王庭，建立了地分东中西三部的部落军事大联盟；后有拓跋鲜卑统治北方草原地区并建立了北魏政权，进而统一中国北方地区，结束了十六国以来的分裂割据局面，形成了南北朝对峙的格局。

在魏晋南北朝前后的历史时期中，乌桓与拓跋鲜卑的关系零散地见于史籍。

据《晋书·卫瓘传》记载，泰始初年（265），卫瓘曾经出任征北大将军、都督幽州诸军事、幽州刺史、护乌桓校尉。"于时幽并东有务桓，西有力微，并为边害。瓘离间二虏，遂致嫌隙，于是务桓降而力微以忧死。"[①] 这里的"务桓"即"乌桓"，应当是留在北方草原地区的乌桓人，其活动区域相当于今天的河北省及其以东地区的北部。力微是拓跋鲜卑始祖，在位时率领拓跋鲜卑迁徙到以盛乐（内蒙古自治区和林格尔县土城子古城）为中心的广大地区，与曹魏政权、西晋政权都有多方面交往。

---

① 《晋书》卷36《卫瓘传》，第1057页。

史料中涉及的内容在时间上跨度很大，其中"务桓降而力微以忧死"并非发生在泰始初年，卫瓘任幽州刺史并以经济手段离间拓跋鲜卑大人是在西晋武帝咸宁元年（275）①，力微去世的时间是在277年。据《魏书》记载，"其年（277），始祖不豫。乌丸王库贤，亲近任势，先受卫瓘之货，故欲沮动诸部；因在庭中砺钺斧，诸大人问欲何为，答曰：'上恨汝曹谗杀太子，今欲尽收诸大人长子杀之。'大人皆信，各各散走。始祖寻崩。凡飨国五十八年，年一百四岁。太祖即位尊为始祖"②。两条史料所载内容相差十二年，实际上，所谈事情的实质并无大的出入。这段史料中揭示的一个很明显的事实就是拓跋力微与乌桓王的关系比较密切，乌桓王曾经跟随在其左右，不然，就不会出现"乌丸王库贤，亲近任势"的情况，也不会有卫瓘"离间二虏"之举。而且，正是由于乌桓王库贤收取了卫瓘的好处，才挑拨拓跋鲜卑诸部大人害死沙漠汗，并进一步挑动诸部大人与力微之间互不信任，以至在力微死后拓跋悉鹿为帝期间出现了大约九年时间的"诸部离叛，国内纷扰"③的混乱局面。从另一个角度看，如果力微时期拓跋鲜卑与乌桓的关系不密切，乌丸王库贤也不会在力微面前有"亲近任势"的地位，卫瓘也不会费尽心思地离间乌桓与拓跋鲜卑的关系。按照《资治通鉴》的记载，拓跋力微时，"幽、并二州皆与鲜卑接，东有务桓，西有力微，多为边患"④。由此可知，辽东、辽西塞外乌桓的实力还是不容低估的。而且，很多乌桓部落已经归入了拓跋鲜卑，双方的融合正在无声的进行。

拓跋鲜卑昭皇帝禄官时期，分其国为东、中、西三部，东与活动在西拉木伦河、老哈河一带的宇文部相接，向西至朔方塞外甚至更远的地带全部被拓跋鲜卑控制。其中，拓跋猗卢的活动中心在盛乐地区。史籍记载，大约在295年，猗卢曾经"迁杂胡北徙云中、五原、朔方。又西渡河击匈奴、乌桓诸部"⑤。在《魏书》中也有拓跋什翼犍建国二年（339），"其诸方杂人来附者，总谓之'乌丸'，各以多少称酋、庶长，分

---

① 《资治通鉴》卷80《晋纪二》武帝咸宁元年至二年，第2541页。
② 《魏书》卷1《序纪第一》，第5页。
③ 《魏书》卷1《序纪第一》，第5页。
④ 《资治通鉴》卷80《晋纪二》武帝咸宁三年，第2548页。
⑤ 《魏书》卷1《序纪第一》，第6页。

为南北部，复置二部大人以统摄之"①之说。对这两条史料的理解，需做简单辨析。

"杂胡"与"杂人"有一字之差，但所揭示的都是归附拓跋鲜卑的人口情况，"杂"是主要特点。不过，"胡"与"人"还是有区别的。猗卢时期的"胡"，至少说明乌桓人、匈奴人、羯人等在被迁徙的人口中比例较高，乌桓人在拓跋鲜卑的控制下正在与各族发生融合，如果拓跋猗卢所迁徙的"杂胡"就是以"乌丸"占多数的人口，那么，将乌桓人较大规模向西部和西北地区的迁徙就是拓跋鲜卑所为。而且，只有这样，拓跋猗卢"西渡河击匈奴、乌桓诸部"才能有较为合理的解释，由此也可以断定，在拓跋禄官时期，乌桓人活动的区域已经从辽东向西北延伸到朔方甚至更远。这种情况也说明，乌桓部落的集中度也在不断减弱。不过，对于当时多族混杂，互相交往，以强制弱，你中有我，我中有你的历史情况，中原史家是很难辨析清楚的，撰修史书时用"杂胡"来表述也属正常。

然而，随着拓跋鲜卑建立北魏政权，统治下的民族成分发生了很大变化，农业人口的比重加大，以"人"替代"胡"来称呼归附者似乎更符合统治者的意志。但是，在对"杂人"的解释中专门以"乌丸"作为总称，至少说明乌桓的地位和影响甚至数量在"杂人"中还是无可匹敌的，不然就不会作为"杂人"的统称被记载下来。而且，这种情况是出现在拓跋什翼犍建国二年（339）前后，并且直至拓跋珪登国元年（386）"因而不改"。以此推算，距离建安十二年（207）曹操征蹋顿的"白狼山之战"大约180年，乌桓人已经处在融入他族，渐失史迹的历史时期了。

当然，检索史籍，也有记载从拓跋猗卢时期到北魏建立以后乌桓与拓跋鲜卑交往的一些情况。

316年，在拓跋普根剿灭拓跋六脩的军事行动后，出现了"卫雄、姬澹率晋人及乌丸三百余家，随刘遵南奔并州"②一事。卫雄是西晋人，生活在代郡地区（今河北省蔚县为中心的地区），投归拓跋鲜卑后得到

---

① 《魏书》卷113《官氏志》，第2971页。
② 《魏书》卷1《序纪第一》，第9页。另据《魏书·卫操传》附"卫雄传"记载，此次有乌丸、晋人"数万众"叛。

重用。显然，这个事件是有乌桓人参与的。如果按照乌桓以"家"为单位的情况，说明在这个历史阶段乌桓本族以"落"为单位的社会组织至少在这个地区已经被替代了。至北魏登国元年（386），拓跋珪先后即代王、魏王之位，与叔父窟咄产生矛盾，避难于阴山之北的贺兰部，并遣使前往慕容垂部寻求支持，以共讨窟咄。在事件发展过程中，由于惧怕窟咄对北部的侵袭，发生了"北部大人叔孙普洛等十三人及诸乌丸亡奔卫辰"①之事。刘卫辰是十六国时期铁弗匈奴的首领，活动在黄河以西的河套地区，与拓跋鲜卑政权始终不睦。而北部大人叔孙普洛则是拓跋珪即代王位后任命的主管北部事务的官员，可谓位高权重。"乌丸"能够与叔孙普洛共投刘卫辰，说明在拓跋鲜卑北部大人辖制的部众中有一定数量的乌桓民众。实际上，在北魏正式建国以前，拓跋鲜卑、乌桓、匈奴、由中原进入草原地区的汉人等，已经形成了多民族交往的格局。

当然，随着拓跋鲜卑建立北魏政权，乌桓与拓跋鲜卑的关系实际上已经转变为乌桓与北魏政权的关系。在北魏统治的较长的历史时期内，乌桓也与慕容鲜卑、宇文鲜卑、铁弗匈奴等各族都有过多种形式的交往。乌桓人的活动区域除了北方草原地区外，今天的山西省、河北省、内蒙古自治区等地也都留下了其活动的足迹。

在乌桓与拓跋鲜卑关系的发展中，拓跋力微至拓跋猗卢时期，较多出现的是乌桓归附于拓跋鲜卑，甚至得到重用；而在拓跋猗卢死后，特别是拓跋珪登国元年（386）前后，则出现了乌桓人叛服不定，聚众掠略的情形。如拓跋珪天兴元年（398），秋七月，"迁都平城，始营宫室，建宗庙，立社稷。渔阳乌丸库傉官韬复聚党为寇。诏冠军将王建讨平之"。九月，又有"乌丸张骧子超收合亡命，聚党三千余家，据勃海之南皮，自号征东大将军、乌丸王，抄掠诸郡。诏将军庾岳讨之"②的事件。从这种情况可以看出，与北魏交往的乌桓人，聚族于某一地区的状况已经被打破，虽然仍能聚集数千人，但也已经是鱼龙混杂，人口已不是纯粹的乌桓本族。

---

① 《魏书》卷2《太祖纪第二》，第21页。
② 《魏书》卷2《太祖纪第二》，第33页。九月条中提到的"乌丸张骧"，曾在拓跋珪皇始二年（397）七月，受慕容普隣之命率五千余人"寇常山之灵寿"。

另外，从史料记载可知，某些乌桓人的姓氏在这段历史时期内也发生了变化。其中，"渔阳乌丸库傉官韬"还应是乌桓本族姓氏，而"乌丸张骧"的"张"姓，或为其进入中原地区与各族长期交往、混居后的姓氏。乌桓人的姓氏变化，也是民族关系研究中很受关注的内容之一。据姚薇元考证，在东胡系各支北方古族中，乌桓人的姓氏曾经演变为郝、张、王等姓氏①。在记载魏晋南北朝时期的史籍中，的确出现了乌桓人姓郝的记载。此姓氏的出现，是否就是由于有了"乌丸大人郝旦"其所部乌桓人就会以"郝"为姓，但是，即使是以"郝旦"的"郝"为姓，也是没有直接证据的。再则，史籍中除了将南北朝时期的乌桓视之为"杂胡""杂人""杂类"外，并没有直接证据讲到乌桓人改性郝氏、张氏等。而且，《汉书》《后汉书》《三国志》等史籍中的乌桓人的姓名都有很强的民族特征，也没有任何规律可循。所见者大致有郝旦、无何、戎朱庼、阿坚、难搂、丘力居、苏仆延、乌延、楼班、蹋顿、咄归、去延、颁下、汗庐、寇娄敦、护留叶、阿罗奖（槃）、能臣氏、库傉官韬等。这些乌桓人的姓名都是由汉人史家转译而来，与郝、张之类的姓氏并无音转联系。另外，学界经常引用的乌桓人"氏姓无常，以大人健者名字为姓"②的史料，也只是在"无常"这一点上与前文所列乌桓姓名基本相符，"以大人健者名字为姓"之说并无后续实证。所以，此类问题还需进一步研究，逐步揭示其真实面目。当然，乌桓人在与鲜卑、拓跋鲜卑的长期交往中，相互交融是必然的，魏晋以后进入中原地区后，与中原地区的汉人以及各族交融也是必然的。在这个长期的交融过程中，乌桓人姓氏方面发生变化，顺应中原习俗也并不奇怪。姓氏的转变，或许也是乌桓人进入中原地区后经过与多民族的交融后逐渐消失在历史的长河中的原因之一。

第二节　乌桓与中原政权的关系

乌桓人与中原政权发生正式交往是在西汉武帝时期。此后，随着乌

---

① 姚薇元：《北朝胡姓考》（修订本），中华书局，2007年，第255、273—278页。
② 《后汉书》卷90《乌桓鲜卑列传》，第2979页。

桓人被不断迁徙,先后与西汉、东汉、曹魏、西晋、北魏等政权发生战和关系,同时,也保持着朝见、产品交换等多种形式的交往。由于乌桓族没有建立政权,部族之间的联合也比较短暂,对中原政权和北方草原地区先后出现的各游牧政权都未构成大的威胁,所以,中原政权对乌桓实行的拉打结合、不断迁徙的方针取得了很好的效果。至曹操亲征乌桓取得"白狼山之战"的胜利并将万余落乌桓人迁徙"中国"以后,乌桓逐步被融入他族。在乌桓与中原地区长期交往的历史中,护乌桓校尉是一个重要的军政建制,在乌桓与中原关系的发展史中值得重视。

一、有战有和叛服无常

在中国古代中原地区各政权中,较早与乌桓发生交往的是燕国。《史记·货殖列传》中有燕国"南通齐、赵,东北边胡"以及"北邻乌桓、夫余"①的记载。当时,北方草原地区真正强大的游牧古族是月氏、匈奴和东胡。由于东胡还没有被匈奴击垮,所以,乌桓作为东胡被击垮后的逃亡者还没有出现。可见,这段记载中的"乌桓"应当是史家的追述。而且,《史记·匈奴列传》就明确地记载为"燕北有东胡、山戎。各分散居溪谷,自有君长,往往而聚者百有余戎,然莫能相一"②。值得注意的是《史记·货殖列传》谈到的"上谷至辽东,地踔远,人民希,数被寇……有鱼盐枣栗之饶"③。其中涉及的地理范围、自然资源都基本与后来乌桓人活动的客观情况相符。这样,燕国北部的"百有余戎"中的"乌桓人",已经在对辽东等地的经常寇掠中为燕国人所知晓。在地理区域内,燕国对东胡实施军事打击的对象最直接的部族也有"乌桓"这部分人。

西汉时期,匈奴日益强大。前119年,汉武帝委派骠骑将军霍去病"击破匈奴左地",并将乌桓从原驻地迁徙到五郡塞外,这是乌桓与西汉政权关系发展中的一个重大事件。

在此之前,乌桓人受匈奴奴役,史料中也未见乌桓与西汉朝廷交往的明确记载。迁徙乌桓的这条史料虽然也没有涉及双方交往的具体情况,

---

① 《史记》卷129《货殖列传》,第3265页。
② 《史记》卷110《匈奴列传》,第2883页。
③ 《史记》卷129《货殖列传》,第3265页。

但从汉武帝迁徙乌桓的目的是"为汉侦察匈奴动静",并确定了乌桓"大人岁一朝见"的双方上层交往形式分析,说明双方的互信关系已经确立。

西汉昭帝时期,乌桓人的势力已经逐步强大起来,因挖掘了匈奴单于的"冢墓"而激化了双方矛盾,匈奴出兵对乌桓进行了打击。西汉朝廷对匈奴在辽东、辽西地区的活动很是担忧,委派度辽将军范明友率军两万打击匈奴。本来,此事是与匈奴击破乌桓相关的,汉朝出兵,似有帮助乌桓之意。但统兵将领范明友却在没有找到匈奴的情况下,回军杀向乌桓使其遭受了重大损失。这样,西汉与乌桓保持了较长时间的友好关系,因度辽将军对乌桓的残杀行动而遭到破坏。而且,从这时开始,度辽将军也作为中原政权专门管理北方地区民族事务的军政机构固定下来。从当时的历史实际看,度辽将军的设置也的确是与乌桓有着直接的关系。"度辽"之名就是由此而来,即指范明友执行大将军霍光的命令渡辽水击乌桓。西汉时期的"辽水",又曰"大辽水",在辽东郡境内,流经望平、襄平、辽队等县,再由今天的营口市入海。在范明友担任度辽将军之后,直到东汉献帝建安年间,约有二十九位度辽将军就任。东汉明帝永平八年(65),根据朝廷对北方统治的迫切需要,正式设置了度辽营,以"中郎将吴棠行度辽将军事,副校尉来苗、左校尉阎章、右校尉张国将黎阳虎牙营士,屯五原曼柏"①。五原曼柏,约位于今内蒙古自治区准格尔旗西北榆树壕古城,"度辽营"即度辽将军的衙府。度辽将军因乌桓而设,但当时只是临时性的,东汉以后,其基本职能是配合"使匈奴中郎将"加强对西河美稷(今内蒙古自治区准格尔旗西部)等多民族活动地区的军事防护,同时也配合北方地区郡、县级的地方部门加强对边疆统治。在与匈奴、鲜卑、乌桓等各族的交往中,常见到度辽将军的身影。

王莽统治时期,对匈奴、鲜卑、乌桓等北方游牧各族实行"羁縻"或强制性政策,其主要目标虽然是针对匈奴,但对乌桓也采取了多种手段进行防备。王莽委派东域将军严尤专门统领乌桓和丁零人的能战之士,协助汉军打击匈奴。与此同时,还将乌桓和丁零人的妻小作为人质迁驻

---

① 《后汉书》卷89《南匈奴列传》,第2949页。关于黎阳营兵,注引《汉官仪》曰:"光武以幽、冀、并兵克定天下,故于黎阳立营,以谒者监领兵骑千人。"

于郡县区内，强制乌桓人按照郡县内的定居习俗生活，如果脱离郡县，就杀害人质，乌桓人在人质被杀的情况下大批逃回北方草原地区，与匈奴联合掠略郡县财物。这种状况一直持续到东汉初年，乌桓人与中原地区的矛盾仍然没有缓和，上谷、渔阳一带的郡县时常遭到乌桓人的掠略，政局不稳，百姓流亡。

初登帝位的光武帝刘秀，明显察觉到代郡以东地区乌桓势力不断掠略带来的威胁，为了处理好东汉朝廷与匈奴、乌桓以及鲜卑等族之间的关系，实现郡县地区的政局稳定，继续推行了对乌桓人拉打结合的方针。建武二十一年（45），在委派伏波将军马援对乌桓实施一定规模的打击后，紧接着便"以币帛赂乌桓"[①]。49年，匈奴内乱，乌桓占据漠南地区，并与东汉建立"朝贡"关系，许多乌桓首领被封为东汉的候、王。从此，乌桓"皆居塞内"，"为汉侦候，助击匈奴、鲜卑"[②]，与中原政权的关系得到了快速发展。

乌桓与东汉政权之间以安定友好为主的关系直到安帝时期才被打破。永初三年（109）以后，渔阳、雁门乌桓时常在边郡地区掠略。东汉出动了度辽将军等统领的边郡部队对乌桓实施军事打击，迫使乌桓再次降服，并拜乌桓大人戎朱廆为"亲汉都尉"。但是，这种局面并未维持多久。顺帝阳嘉四年（135）以后，东汉与乌桓之间再次出现规模不等的军事冲突。而且，随着乌桓实力的不断强大，东汉朝廷对十郡地区的乌桓人逐步失去控制，原本把代郡以东作为主要活动地区的乌桓人，不断进入云中、朔方、上郡等地。而在东汉灵帝年间，则出现了上谷难楼、辽西丘力居、辽东苏仆延三大乌桓势力。献帝时期，曹操、袁绍在北方地区争夺激烈，各支乌桓战斗力很强的骑兵部队常被各种势力利用，参与到混战之中。袁绍为了拉拢乌桓，甚至不惜"矫诏"赐予乌桓"单于印"，其子袁尚还"欲凭其兵力,复图中国"[③]，但本来受到袁绍宠信而统率乌桓骑兵的阎柔，却率领乌桓归附了曹操。然而，曹操对乌桓的强大还是不能容忍的，终于在建安十二年（207）发动了"白狼山之战"，数十万乌桓

---

① 《后汉书》卷90《乌桓鲜卑列传》，第2982页。
② 《后汉书》卷90《乌桓鲜卑列传》，第2982页。
③ 《后汉书》卷90《乌桓鲜卑列传》，第2984页。

人在战争中被杀，余众也被迁入中原地区。从此，乌桓失去了独立存在的可能，集中有数千落规模的情况在史籍中已经消失，乌桓势力被各个政权所利用。

乌桓与中原政权之间大规模战和关系结束后，从魏晋南北朝时期直到唐代还可以见到乌桓零散活动的痕迹。曹魏、西晋、北魏以及十六国某些政权的历史中都有过乌桓人活动的身影。

二、护乌桓校尉的设立与作用

乌桓人在与中原地区各族的长期交往中，逐步成为中原政权管理之下边疆地区的属民。西汉武帝时期，第一次对乌桓人实施了大规模的迁徙，上谷、渔阳、右北平、辽西、辽东五郡塞外成为乌桓人驻牧的主要区域。从这时开始，中原政权为了协调与乌桓的关系，让乌桓人为汉朝侦察匈奴的动静，设置了专门与乌桓联络、管理乌桓有关事务的"护乌桓校尉"。此后，护乌桓校尉作为北方地区的军政建制之一见诸史籍，直到魏晋南北朝以后才逐步消失。

这个建制以"乌桓"命名，非常鲜明地昭示了乌桓人在那个历史时代的影响，而"护"字也表明了中原政权在对待与乌桓关系方面以"和"为主的基本原则。这种情况，在两汉时期北部边疆地区的建制中是少见的。秦汉以来，中原政权对待北方各游牧民族比较普遍的做法是拒之边塞之外或者派重兵征讨，中原政权对待匈奴和鲜卑的关系就是例证。但是，对于乌桓族却采取了比较缓和的不断迁徙的方式，使乌桓人从遥远的山林、草原地区进入边郡内外，双方也有规模不等的武装冲突，但始终没有影响乌桓人被迁徙的步伐。在此过程中，护乌桓校尉在解决与乌桓等北方游牧民族的关系方面持续发挥着重要的作用。

西汉设置护乌桓校尉时，较多地考虑到利用乌桓防备匈奴的问题。至东汉初期，大批乌桓人进入十郡塞内生活，匈奴、鲜卑虽然活动在塞外，但也时常在边郡地区掠略。这样，仅仅依靠郡县基层统治部门是很难全面处理好与北方各族的关系的。光武帝即位后，为了处理好与乌桓的关系，在乌桓人大量归附并且接受了东汉的王、候等册封以后，又给予乌桓人一些衣食物品补充其生活，并希望乌桓能够更多地"招来"本族民众进入十郡塞内。与此同时，东汉朝廷上下也针对乌桓人大量进入十郡塞内权衡利弊，谋划管理办法。司徒掾班彪就曾在对皇帝的上言中指出："乌桓天性轻黠，好为寇贼，若久放纵而无总领者，必复侵掠居人，但委主降掾史，恐非所能制。臣愚以为宜复置乌桓校尉，诚有益于附集，省国家之边虑。"①这个建议的核心，就是要设立一个主管乌桓事务的常驻性的正式建制来管理乌桓事务。所谓"主降掾史"，就是临时设置的主管官员，对于进入十郡塞内的大批乌桓人，以及不断"招来"的乌桓人已经难以管理。而且，与乌桓人有关的事务与一般行政郡县的事务又有所不同，解决不好也会出现不利于边疆稳定的问题。在这种情况下，光武帝接受了班彪的建议，"始复置校尉于上谷宁城，开营府，并领鲜卑，赏赐质子，岁时互市焉"②，这是自西汉武帝以后再次正式设立护乌桓校尉的基本情况。"复置"就是对经过西汉末年至王莽时期遭到"改名换姓"③名存实亡的护乌桓校尉再重新组建和开府。当然，东汉这次设置的护乌桓校尉也与西汉时期有了很大的不同。

根据史料记载，东汉时期恢复设置的护乌桓校尉是作为特殊的军政机构而存在的。在以往的研究中，许多著作或文章，多将这个机构视为职官，这显然是不妥当的。因为，目前可以引证的考古发现和文献记载都已证明，护乌桓校尉是一个军政建制。东汉初年"复置"的护乌桓校尉有固定的驻守地点"上谷宁城"，这与《汉官仪》记载的"乌丸校尉屯上谷郡宁县"④是一致的，此"宁县"即宁城，在今天河北省万全县境，护乌桓校尉在这里"开营府"并建立一系列机构行使职权⑤。"府"是护乌桓校尉的衙门或处理公务的场所，而"营"则是指军营，是护乌桓校尉所属军队的屯驻地。此外，还有"质子馆"以及专门为互市而设的场地。1971年，考古工作者在内蒙古和林格尔汉墓的壁画中发现的宁城《护乌桓校尉幕府图》，幕府建在宁城县城内的西北部，画中绘有幕府大廊、卫士、东门、堂院、营舍、庖舍，还有粮仓、官府、兵弩库等画面。壁画涉及的宁县寺、宁市中、幕府堂院以及周边的建筑等，充分

---

① 《后汉书》卷90《乌桓鲜卑列传》，第2982页。
② 《后汉书》卷90《乌桓鲜卑列传》，第2982页。
③ 王莽时期，改为护乌桓使者。
④ 《后汉书》卷65《张奂列传》注引《汉官仪》，第2140页。
⑤ 《后汉书》卷90《乌桓鲜卑列传》，第2982页。

地展示了以护乌桓校尉幕府为管理核心的全貌。考古画面中的各种场景和实物形态,应为当时生活的真实写照,也是对文献资料记载的有力印证和补充①。

作为设置于郡县之外的军政机构,护乌桓校尉府设有等级分明的各级官员。其中,护乌桓校尉是最高行政和军事长官,机构的名称也就以此命名。在主管官之下,设有长史1人,司马2人,协助护乌桓校尉处理军政事务。另外,针对这个建制的特殊性,还规定"有事随事增之,掾随事为员"②。也就是说,如果有特殊情况需要,护乌桓校尉可以直接任命下级官员,而且数量没有严格的限制。这样的权力,一般的郡级官员是没有的。在和林格尔汉墓壁画墓的《护乌桓校尉出行图》中,绘有跟随护乌桓校尉出行的大约120人、马129匹、车11辆,图中文字有"功曹从事""别架从事""校尉行部"等官吏③,这与《后汉书》中记载的"乌桓吏士""亲汉都尉"等官员④形成了很好的互证。护乌桓校尉还持有系着青色绳子的"银印"作为行使权力的凭证,按照当时的规定,这方银印标志着其地位相当于中郎将和诸郡都尉,俸禄仅次于郡守。然而,这只是在一般权力方面进行比较,实际上,护乌桓校尉还具有不同于郡守的特殊权力。在中国古代封建社会中,皇帝是最高权力的代表,而当某些重大事务需要以皇帝的名义进行处理时,执行者往往被授予特殊的权力和凭证。护乌桓校尉就长期拥有皇帝授予的专项权力,在解决当地的军政事务时,一般不用履行上奏请旨的手续。"拥节"(亦曰"持节")就是拥有这种特殊权力的象征。"节"即"符节",使臣或官员出使、执行特殊任务时,由皇帝亲赐,是最高权力的凭证。两汉时期,把护乌桓校尉任以持节之官,充分体现了中央政权对这个机构的重视。在同一级官员中,"持节"与"无节"之待遇大不一样。"持节者,重导从,贼曹车、斧车、督车、功曹车皆两;大车,五伯璅弩十二人;辟车四人;从

---

① 以下文中有关护乌桓校尉的考古资料不另加注释者,均见内蒙古自治区博物馆文物工作队编著:《和林格尔汉墓壁画》,文物出版社,1978年。
② 《后汉书》志28《百官志五》,第3626页。
③ 文中有关护乌桓校尉的考古资料不另加注释者,均见内蒙古自治区博物馆文物工作队编著:《和林格尔汉墓壁画》,文物出版社,1978年。
④ 《后汉书》卷16《邓寇列传》,第612页。

车四乘。无节,单导从,减半。"① 内蒙古和林格尔汉墓壁画《护乌桓校尉出行图》描绘的正是"持节"者权高势众、令人惊叹的场面。

西汉武帝和东汉光武帝时期,分别处在中原政权与乌桓交往的不同时代,因双方交往的需要都对设置护乌桓校尉府高度重视,这说明在处理匈奴、鲜卑、乌桓等各个游牧古族的关系时,与乌桓的关系至关重要。可以认为,护乌桓校尉是专门为解决中原政权北疆地区民族事务而设的。

根据北疆地区的实际,按照地区特点和民族特点维护正常的社会生产和生活是护乌桓校尉的主要任务之一。

汉武帝击垮匈奴左部前后,乌桓族进入了缓慢南迁的过程,被迁徙到五郡塞外,在较长的历史时期内得到了稳定发展。武帝设置护乌桓校尉后,尊重乌桓人的生产和生活习俗,基本保持了与乌桓和平相处的关系。到了西汉昭帝时期,乌桓的人口、军事实力都有所加强。东汉建武年间设置护乌桓校尉后,令其"持节"管领、保护近塞驻牧的乌桓族部落,解决其日常纠纷,"岁时循行,问所疾苦"②。建武二十二年(46),随着匈奴族的北徙,乌桓族的活动地域不断扩大,漠南大部分地区都有他们的足迹。汉光武帝接受了乌桓族的请求,"封其渠帅为侯王君长者八十一人,皆居塞内,布于缘边诸郡"③。这些迁居塞内的乌桓人,仍然保留着本民族的社会组织形式,以"落"为单位,数十、数千落聚居在一个地区。至东汉灵帝初年,仅集中在上谷、辽西、辽东、右北平几个郡内的乌桓族人口就已经达到一万五六千落。一般来讲,人口增长最基本的条件是经济发展。而经济发展,需要适合的自然条件和安定的社会秩序,这些也都与护乌桓校尉的作用密不可分。

负责组织乌桓、鲜卑与北方地区各族人民之间正常的贸易往来是护乌桓校尉担负的又一项重任。

经济上的友好往来,互通有无,是中国古代北方民族关系发展的基础,自古以来基本没有间断过。护乌桓校尉设置在边疆地区,以具有民族特色的事务为主要职责,以民族之间的经济交往为主要特征的经济事

---

① 《后汉书》志29《舆服志上》,第3650页。
② 《后汉书》卷87《西羌列传》,第2878页。
③ 《后汉书》卷90《乌桓鲜卑列传》,第2982页。

务占有很大的比重。而且,无论是乌桓族、鲜卑族还是居住在北方的汉族民众,都希望自己的物质生活更加丰富和多样化。这种对于物质生活的追求,往往通过形式多样的经济交往得到实现,"岁时互市"[①]就是主要形式之一。东汉初年,复置护乌桓校尉于上谷宁城,管理互市是其主要任务。在上谷宁城,为了给北方各族的经济贸易往来提供方便,护乌桓校尉将幕府前、县城东门和南门之间的广场作为互市的主要场所。在和林格尔汉墓壁画的《宁城图》中称为"宁市中"的就是专为互市而设。在"市"的东南和西北两个外角上还各画一人,隔市场相间而立,可能是巡行市场负责管理的市吏。参加互市的乌桓族和鲜卑族等,欢迎的是农业和手工业产品。从乌桓族酿造白酒所用的曲蘖可知,乌桓人在日常生活用品方面对中原是有一定的依赖性的。每当互市时,乌桓、鲜卑的大人们带领各个邑落的百姓,携带大批的马、牛、羊、驼以及其他民族手工业品来到以宁城为中心的互市点进行交易。从《宁城图》中"宁市中"的描绘来看,能够进入宁城核心互市的人并不多,主要应当是乌桓和鲜卑中的首领级人物,而随乌桓和鲜卑首领来到宁城的民众,人数多时可达数千甚至更多,这些人的交易地点应当在宁城周边。当然,作为军政建制,护乌桓校尉也保证了宁城地区互市的安全。

护乌桓校尉的军政作用还体现在代表中央政权迎接乌桓、鲜卑的使者,维护北疆地区政局的稳定方面。

从西汉武帝时期迁乌桓于五郡塞外以后,双方交往频繁,乌桓大人"岁一朝见"[②]。东汉初年,鲜卑也归附于汉,与乌桓人的相关事务共同纳入护乌桓校尉管领之中。在一般情况下,在边疆地带接待"朝见"汉帝的乌桓、鲜卑大人,转达他们的各种要求,按照汉帝的旨意对归附者封侯、王,予以各种赏赐等事务均有护乌桓校尉参与或直接办理。这些事务礼节性很强,既要体现汉朝皇帝的统治权威,又要尊重北方各族的风俗习惯,尽可能按照游牧民族的风俗习惯要求解决有关问题。这就要求在这个机构中任职的官吏,特别是最高长官,至少大体上要熟悉这些民族的政治、经济、文化、民俗以及他们同周围民族的关系,有在北部边

---

① 《后汉书》卷90《乌桓鲜卑列传》,第2982页。
② 《后汉书》卷90《乌桓鲜卑列传》,第2981页。

疆地区任职的经历。同时，也要掌握北方地区不断变化的政治局势，正确贯彻朝廷的政策。一有疏漏，就会影响与北方各族的关系。从东汉时期几名护乌桓校尉的有关事迹可以看出，凡担任这一职官者，大多都有在北方地区工作的经历，在处理与乌桓、鲜卑的关系时也都比较谨慎。如章帝时期的邓训，曾奉诏将兵屯守渔阳郡黎阳营，这个地区及其周边正是乌桓、鲜卑往来活动的主要地区，对于边疆地区的情况以及有关问题的解决，邓训都有一定的经验。在邓训就任护乌桓校尉之前，上谷太守任兴因解决同乌桓的关系采取的措施不利，导致紧张局面的出现。邓训到任后，采取"抚接边民"①的交往方式，使情况有了好转。建初六年（81），邓训被迁调为护乌桓校尉后也有不凡政绩，甚至乌桓等北方各族还与他结下了很深的感情，希望他能长期驻守边疆。邓训任护乌桓校尉五年后被拜张掖太守，后又迁护羌校尉。东汉和帝时期的任尚，就任护乌桓校尉前曾在窦宪手下任司马，随其出击匈奴，对北方事宜多有所知，后因担任护乌桓校尉职位时期处理边疆事务较好，于永元十二年（100）代班超为西域都护。

由于护乌桓校尉在当地较好地履行职责，也使得北方各族主动与汉朝友好往来。东汉建武二十五年（49），"辽西乌桓大人郝旦等九百二十二人率众向化，诣阙朝贡"②，汉朝与北方各族的关系出现了令人欣慰的局面，"是时四夷朝贺，络绎而至，天子乃命大会劳飨，赐以珍宝"③。不久，汉帝封"其渠帅"为王、侯。同年，鲜卑也派使者通好。明帝年间，东汉政权制定了每年从青、徐二州拨钱"二亿七千万"支持鲜卑的政策。安帝永初中，"鲜卑大人燕荔阳诣阙朝贺，邓太后赐燕荔阳王印绶，赤车参驾，令止乌桓校尉所居宁城下，通胡市"④，还在当地兴建了南北两部"质馆"，接纳来自鲜卑、乌桓各部的"侍子"，"赏赐"等相关事务都由护乌桓校尉来具体操作。

在军事方面，护乌桓校尉与使匈奴中郎将、度辽将军府互为犄角，全面控制东汉北疆地区的政局。护乌桓校尉有"乌桓营"的军队可以调

---

① 《后汉书》卷16《邓训列传》，第608页。
② 《后汉书》卷90《乌桓鲜卑列传》，第2982页。
③ 《后汉书》卷90《乌桓鲜卑列传》，第2982页。
④ 《后汉书》卷90《乌桓鲜卑列传》，第2986页。

动，也可以调动乌桓、鲜卑的骑兵出战。东汉年间，中原政权顾虑的对象主要还是活动在边郡内外的匈奴势力，而护乌桓校尉在安抚乌桓、鲜卑，力求代郡地区局势安定的前提下，多次同大举入塞抄掠的匈奴作战。明帝永平年间，集结北部边疆地区的兵马出击匈奴，骑都尉来苗、护乌桓校尉文穆统率太原等郡兵及"乌桓、鲜卑万一千骑出平城塞"[①]。和帝永元六年（94）冬，也有护乌桓校尉任尚率乌桓、鲜卑大破北匈奴反叛者。此类事例较多，不胜枚举。

  事实证明，西汉时期将乌桓迁徙到五郡塞外，再到东汉政权把乌桓迁入十郡塞内进行统一管理，逐步形成了管理乌桓人的北方边疆郡县联合体系。在这个体系中，有中原地区的农耕民众，也有从事游牧的乌桓、鲜卑部落，各族之间的往来与交融持续了相当长的历史时期。在这样一个较长的历史时期内，与郡县等地方行政管理系统相呼应，也出现了度辽将军、护乌桓校尉、使匈奴中郎将等军政建制，形成了从东北地区向北方、西北延伸的防御体系。宁城以东及其北部广大地区的政治局势，由于有了护乌桓校尉发挥军政作用，直至东汉后期鲜卑族称雄于塞外以前基本是稳定的。

---

① 《后汉书》卷23《窦固列传》，第810页。

第七章 乌桓人的习俗与原始信仰

在被匈奴击垮的东胡人中,有一部分成为后来的乌桓人。中原史家对乌桓习俗的了解,由于有"乌丸者,东胡也"之说,既以东胡习俗类比乌桓,或以乌桓习俗类比东胡。当然,出于两者的渊源关系,这样类比有一定的合理性。但是,乌桓毕竟是在东胡被匈奴击垮以后得名的。逃离原地区后,生活的地域发生了变化,自然环境和人文条件也与以往或多或少有所差异,加之中原史家把对乌桓的了解著录于史也经历了漫长的历史过程,所以,如果从乌桓史的角度解析乌桓人的习俗,得名"乌桓"以后的情况才是最为贴切的。其时间应当上溯到前206年左右,下限至少应当是在乌桓被迁入"缘边十郡"时期。而对于东胡的习俗是否与乌桓完全一致,因无史籍印证,只能通过一些考古材料估测,或者存疑。

第一节 与衣食居住相关的习俗

乌桓人的衣食住行与其所处的自然环境、生产特点有着密切关系。畜牧业是乌桓人的主要生产方式,同时,也以少量的粗放的种植业作为补充,狩猎所获,有着较大的不确定性,但也是乌桓人生活所需的来源之一。按照人类生产和生活的一般规律,大量的畜产品为乌桓人提供了御寒的原料和制作衣物的原料;游牧生活经常徙居的特点,使乌桓人长期保持着"以穹庐为宅"的居住方式,并作为习俗流传下来。然而,目前可以检索到的所有的与乌桓人有关的史料,对衣食住行的记载不仅十分零散,而且微乎其微到无法进行条理性分析和使用的程度,只能针对若干很不完整的事例略做分析。

一、适应游牧生产的衣食习俗

据史料记载和考古发掘可知,乌桓人早期生活在山林地带,周边也有空间大小不等的草原。在此期间,乌桓人以"弋猎禽兽为事"①,日常生活中的主要食品应当是所猎禽兽之肉。到考古发掘认定的西岔沟墓葬时期,乌桓人已经来到了地理环境为"山区、平原和草原三者的交邻地区,正是游牧地带和农耕地带的连结点,它的西面是今日的内蒙古自治区,自此而西,经蒙古高原、准噶尔盆地、南西伯利亚,以至高加索和乌克兰,就是众所周知的绵延不断的欧亚大草原地带"②。考古资料也清楚地揭示了西岔沟墓葬中有大量的马具出土,一些器物花纹上的马、羊、驼、犬马、犬鹿、鹰虎、鱼、兔、螺等图案,都反映出畜牧业已经是当时有一定规模的主要生产部门。在生产和生活方面,游牧特色已经比较浓厚。王沈《魏书》以"食肉饮酪"概括乌桓人的饮食特点,正是点中了其以游牧为主的特点。再从乌桓人"祠以牛羊"、"出其牛羊以赎死命"、杀犬马祭祀、向匈奴缴纳牛马羊税等诸多方面分析,牛马羊已是日常生活中的主要食品,而"饮酪"则说明奶子和奶制品在乌桓人的饮食中是必不可少的。同时,狩猎产品和穄米等也是生活中的必要补充。

从史料记载可知,乌桓人有"饮食必先祭"的习俗。在古代历史中,有这种"饭前祭"习俗的民族较多,只是所祭的方式互有区别。一般来讲,祭祀的不同点大多与生产方式有关。有将食物放在礼器中祭祀的;也有将食物放在地上祭祀土地神的;也有饭前祈祷的等等。关于乌桓人的饭前祭祀,目前尚无确凿的文字资料印证。但其所祭的对象,当与其所敬之鬼神、天地、日月、星辰、山川以及畜牧产品有关。

乌桓人的穿着习俗,史籍中有一定的反映,但缺漏也很严重,只可观其梗概。

据王沈《魏书》记载,乌桓人"以毛毳为衣"。这种情况应当是指乌桓人还处在以狩猎为主要生产方式时期的情况,衣着穿戴比较原始。此

---

① 《后汉书》卷90《乌桓鲜卑列传》,第2979页。
② 孙守道:《"匈奴西岔沟文化"古墓群的发现》,《文物》1960年第8、9期。

后，在以游牧为主要形式的畜牧业逐步发展起来时，"毛毳"就只能作为补充或者装饰了。中原史家记载的乌桓人的穿戴习俗，属于所见所闻、多途所得的综合性总结。所以，这种"以毛毳为衣"的情况，或在乌桓人迁徙的几个阶段都有不同程度的存在。

在与乌桓人送葬有关的记载中，提到了"取亡者所乘马、衣物、生时服饰，皆烧以送之"①一事。可以认为，这里的衣物和服饰是死亡者个人的专属穿戴和物品，而且，衣服和饰品又可以分为两类。从乌桓人以游牧和狩猎为特征的生产方式分析，毛皮是制作衣服的材料，但鸟兽和牲畜的毛皮是要经过加工才能制作服装和生活用品的。由于乌桓人的手工制作中有制毡类的内容，所以，对毛皮的加工技术应当已经具备，用毛、皮、毡制作衣服可能性均是存在的。而服装的样式，从乌桓人与匈奴接触较多又长期在草原和山林中生活的情况分析，适宜骑行和作战当是最佳选择。不过，随着乌桓人与中原地区各族交往的不断增多，布帛之类的原料通过多种途径少量地进入乌桓人的衣着与生活也是必然的。考古学家认为，在和林格尔汉墓壁画的《宁城图》中出现的"那些列队谒见护乌桓校尉的少数部族人物，赭色胡服，不戴冠帽，应就是当时的乌桓人和鲜卑人"②。观察图中所画，这些胡服之人，皆为髡头，应当是乌桓或鲜卑人无疑。"不戴冠帽"并不能说明这些人没有冠帽，应当是出于某种礼节或强制性要求。"赭"，为红褐色，"胡服"为中原史家记载中国古代北方游牧民族服装时的统称。但从画中也可看出，这些"部族人物"的"胡服"好像不是毛皮类的原料，或者是有毛皮原料，因图已漫漶，很难辨认。当然，这是东汉时期乌桓人已经进入缘边十郡地区的情况，在长期的历史发展中，服装的原料和样式发生变化也是正常的。

在人们的日常生活中，饰品与衣着有着密切的联系。乌桓人的饰品，除了文献中有"著句决，饰以金碧，犹中国有冠步摇"的记载外，在考古发掘中也有所显示。西岔沟"出土的服饰品，按其质料说，大体是小铜具、金玉装饰品等，数量相当可观。种类主要有：皮衣片、布片、大

---

① 《三国志》卷30《魏书·乌丸鲜卑东夷传》注引"《魏书》曰"，第832—833页。
② 内蒙古自治区博物馆文物工作队编著：《和林格尔汉墓壁画》，文物出版社，1978年，第18页。

小铜泡、护心镜、各式腰带及其佩饰品、铰具、卡具、带钩、铜环、方形和圆形铜铃，以及各类马形、兽面、轮形的小铜饰具等"①。乌桓人在西岔沟活动的时间，是在迁徙五郡塞外前后，其中的"皮衣片"和"布片"表明，乌桓人的衣着已经不仅仅是以"毛毳为衣"了，皮制品在当时已经广泛存在。饰品以铜、金、玉石等为原料，革带上"缝有两排铜扣，为鱼、兔、螺、圆泡间杂排比"的复杂制作工艺，也印证了乌桓人的原皮材料的质量是过关的。

乌桓人的上述衣着习俗，至少应当保持到被曹操打败，"徙居中国"时期。而进入中原地区以后，乌桓人的衣着特征，随着岁月的流逝以及与农耕民族的交融，逐渐淡出了史家的视野。

二、以"穹庐为宅"的居住习俗

在王沈《魏书》中，简略地谈到乌桓人的居住习俗为"随水草放牧，居无常处，以穹庐为宅，皆东向"。《后汉书·乌桓鲜卑列传》则载为"以穹庐为舍，东开向日"。两者行文稍异，但表达的意思大体一致，肯定了乌桓人的"穹庐"是相当于定居民族的"宅"或"舍"的居住建筑，也一致指出了穹庐正面朝"东"的特点。检索中国古代北方各个游牧民族的居住习俗，匈奴、鲜卑、乌桓、突厥、室韦、回鹘、契丹、蒙古几乎都是以"穹庐"为显著特征的。在长期的研究中，一些学者也倾向于东胡、鲜卑、乌桓、室韦、契丹等族与蒙古族有着或多或少、或亲或疏的族源关系。这样，我们就可以把乌桓人的"穹庐"与这些古族的"穹庐"联系起来进行研究，并且尽可能从中总结出穹庐的特点。

在与中国古代北方草原游牧古族历史有关的史籍中，比较完整地保留了"穹庐"具体情况的是南宋时期的"书状官"彭大雅奉使到蒙古后的著述《黑鞑事略》，其后又有出使蒙古的南宋人徐霆为之疏证。此书所录基本为作者亲历所见，可信度较强。在书中，彭大雅谈到其所见之"黑鞑之国"，号"大蒙古"的人们，"其居穹庐（即毡帐），无城壁栋宇"②。

---

① 孙守道：《"匈奴西岔沟文化"古墓群的发现》，《文物》1960年第8、9期。
② 王国维：《黑鞑事略笺证》，《王国维遗书》（第十三册），上海古籍书店，1983年。后文引徐霆所述亦引自此书，不另注者皆引于此。

为此书作疏证的徐霆则亲眼看见了蒙古人的"金帐",对蒙古毡帐的描绘比较细腻。其所见"金帐"为"草地中大毡帐,上下用毡为衣,中间用柳编为窗眼透明,用千余条索拽住,一门阈与柱皆以金裹,故名",这是可以容纳数百人的大穹庐,是蒙古大汗为了接待他国使臣才专门建造的。徐霆同时还谈道:"穹庐有二样,燕京之制用柳木为骨,正如南方罿(音同挂,意为悬挂)罠(意为"罘罠",指的是宫门外的屏风;又解释为设在屋檐或窗户上的网[①]),可以卷舒,面前开门,上如伞骨,顶开一窍,谓之天窗,皆以毡为衣,马上可载。草地之制,以柳木织成硬圈,径用毡鞔(音蛮,意为用皮革蒙罩、绷住)定,不可卷舒,车上载行,水草尽则移。"显然,徐霆所见穹庐,除了金帐是属于地位较高者居住的外,还有"马上可载"的适宜于游牧生活"居无常处"的普通样式,亦即普通游牧民众居住的穹庐。但是,蒙古人的金帐和车载"穹庐",无论从选材还是工艺方面都是很讲究的,也是研究界公认的集大成之作。乌桓人的穹庐是否与蒙古人的一致,史无明证。但是,从游牧特点来讲,即使是有一定的区别,框架也应大体类似,只是乌桓人生活的时代,原料和技术或更为古老一些,制作水平和质量会比蒙古时期差些而已。这种以游动为特点的住宅,要求乌桓人有充足的马匹和牛作为交通工具。至少在进入缘边十郡之内居住以前,乌桓人的这种住行特点不会有明显的变化。

第二节　婚嫁丧葬习俗

在比较详细地记载乌桓历史的史料中,《三国志》的作者陈寿概括地指出了对乌桓史事的取舍原则,其曰:"乌丸、鲜卑即古所谓东胡也。其习俗、前事,撰汉记者已录而载之矣。故但举汉末魏初以来,以备四夷之变云。"[②] 在这段话中,陈寿明确地表达了"乌丸"即"东胡"的看法。这样的定位,与他当时所能见到的文字材料有密切关系,也与当时朝内朝外特别是人们的普遍认识有关。但是,在整部《三国志》中,虽有裴松之注引"《魏书》曰"谈到"乌丸者,东胡也",而且是由于"保乌丸

---

① 《古代汉语词典》,第 424 页。
② 《三国志》卷 30《魏书·乌丸鲜卑东夷传》,第 832 页。

山"才"因以为号",并无"乌丸"就是"东胡"的任何直接证据。在《后汉书》等其他相关史籍中,同样也无记载。这样,也就难以将乌桓的习俗上溯到东胡时期,也难以在习俗方面把东胡与乌桓连接起来,进而也不能断定东胡的习俗肯定就是乌桓的习俗。基此,对乌桓习俗的研究,采取具体问题具体分析的方法,应当是比较客观的。按照这样的思路,"《魏书》曰"等有关史料以及相应的考古资料就成为研究乌桓习俗时重点关注的内容了。

应当注意,陈寿在后一句话中清晰地指出,在撰修《三国志》时已经知道"撰汉记者"对乌桓的"习俗、前事"有了文字记载。从行文的口气分析,陈寿极有可能见到了这样的文字记载,所以他才以汉末魏初为起始时间撰写了乌桓的情况。遗憾的是陈寿并没有把"撰汉记者"的文字存留下来,即使有若干存留也未注明。而且,在撰修时,他也确实是从"汉末,辽西乌丸大人丘力居,众五千余落"云云开始陈述乌桓的历史。所以,真正能够揭示乌桓习俗的内容,除了散见于陈寿的"记述随事"①的文中外,裴松之注引"《魏书》曰"留下的内容也就十分珍贵了。

一、婚嫁习俗

在中国北方各游牧民族的历史中,婚嫁习俗独具特色。各族虽然都生活在茫茫草原,习俗大体接近,但也各有约定成俗的规矩。史籍中对乌桓人的婚姻过程粗略地记载为:"其嫁娶皆先私通,略将女去,或半岁百日,然后遣媒人送马牛羊以为聘娶之礼。婿随妻归,见妻家无尊卑,旦起皆拜,而不自拜其父母。为妻家仆役二年,妻家乃厚遣送女,居处财物,一出妻家。"② 这段史料基本勾勒了乌桓人男女从相识到成为夫妇的全过程,如果没有对乌桓人实际生活的全面和细致的了解,很难如此不失重点地概括出其婚嫁习俗的基本面貌。因此可以认为,裴松之注引"《魏书》曰"所选择的史料,已经是中原地区的人们甚至史家对乌桓人

---

① 《三国志》卷30《魏书·乌丸鲜卑东夷传》,第858页。
② 《三国志》卷30《魏书·乌丸鲜卑东夷传》注引"《魏书》曰",第832页。《后汉书》卷90《乌桓鲜卑列传》的记载,总体意思与《三国志》类同,文字表述有所区别,也有若干省略。

有了比较完整的了解后形成的看法。从这样的角度来理解这段史料，也是考虑到王沈的"《魏书》"在对乌桓基本情况表述时所反映出来的系统性和完整性特征。然而，晋代的人们所了解的乌桓，只能是从晋代向三国（历经约60年）、两汉（历经约405年）时期回推，整个时间段大约将近500年。在如此漫长的时间内，中原人通过与乌桓的接触，了解到乌桓人风俗方面的一些情况，由"撰汉记者"记载下来，又由王沈将某些内容收录于《魏书》中，对于研究乌桓人的风俗来讲，这无疑是珍贵的史料。但是，对任何史料的使用都是要经过甄别的，几乎在所有的史籍中都免不了有撰修者对史料的主观性选择，错载、曲载、漏载之处也在所难免。所以，对所有的史料进行细致分析，特别是对与撰修史籍者族别不同的史料的分析，会有利于尽可能客观地认识历史问题。

在王沈《魏书》这段文字简练的史料中，首先应当注意的是在乌桓人的婚俗中存在着"私通"和"抢婚"现象。

所谓"私通"，一般解释为非夫妇的男女之间有性行为的关系。通常来讲，这样解释并无错误。然而，如果把史料中乌桓人从"私通"到"聘娶"的过程联系起来观察就会发现，"私通"是乌桓婚俗中必须经历的一个过程，此"私通"非彼"私通"也。在这个过程中，有一个重要环节，就是"略将女去"，即"抢婚"。所以，乌桓人的"私通"，并非现代意义或法律意义上的"私通"。按照史籍记载，乌桓人有各自的邑落组织，因史料无载，抢者和被抢者是否属于一个邑落很难确定，但至少应当是活动在一个地区内的不同姓氏之人。而且，所抢之女是第几个，或哪一个"私通"之女也未说清，只是肯定了必先"私通"这个事实。如果这条史料是可信的，那么，"私通"的结果应当是双方基本满意，所以才会有"抢"的可能。"略将女去"之后，男女双方还会有一段较长时间的相处过程。所以，史料中才会专门提到"或半岁百日"这个时间段，这是男女之间感情的最早交流期。以此来看，乌桓人的这种"私通"和"抢婚"，通常出现在母系氏族社会晚期的"对偶婚"中，是由群婚向一夫一妻婚姻形态的过渡。从人类社会发展的角度看，应当是一种进步。不过，如果把乌桓人的婚嫁过程整体连接起来却会发现，乌桓人的对偶婚并没有都出现那种男子婚后成为女方大家庭成员的情况，而是"单偶婚"的迹象较为浓厚。当然，这种迹象与史料所记载的乌桓妇女与男子在社会中的地位是基本吻合的。因为，在乌桓人的这个婚姻过程中，男方是否认可已经"私通"和被"略"之女为妇，只要男方满意便可提亲，女方已经没有主动权。这样，至少在婚姻方面乌桓男人的地位正在或已经高于妇女。

在王沈《魏书》的这段记载中，还反映出在乌桓人的婚俗中存在有"劳役婚"的习俗。

所谓"劳役婚"，即男方在成婚前后为女方家从事一定时间的无偿劳动作为对女方嫁女的一定补偿的婚姻。这种婚俗在人类社会发展的早期即出现，延续时间相当长，甚至今天在有些地区或民族中仍然保留。从乌桓人的婚姻过程来看，男方到女方从事"劳役"的时间是在成婚以后。在"婿随妻归"以前，媒人已经联系女方家，并将马牛羊作为聘礼送去，此后夫妻二人相携以归，"为妻家仆役二年"。在此期间，男子必须在礼节上尊重女方家人，两年后由女方家为新婚男女单独建立家庭。而且，新婚男女家庭"居处财物，一出妻家"。不难看出，在整个婚嫁过程中，男方付出的是作为彩礼的一定数量的马牛羊和两年劳役，而女方付出的则是组建新家庭所需的"财物"。乌桓人婚嫁的最后形式是组成个体家庭，而且男子明显地占有主导地位。

另外，在日常生活中，已经出嫁与尚未出嫁的乌桓妇女是很容易通过发型辨认的。在史籍中明确载有乌桓人"父子男女，相对蹲踞，悉髡头以为轻便。妇人至嫁时乃养发，分为髻"[①]并佩戴一些头饰的习俗。对于"髡头"，从中原地区习俗来讲多解释为剃去头发，但从北方游牧民族的习俗角度来讲，并非将头发全部剃掉。作为北方游牧民族的乌桓人，其妇女嫁前的"髡头"不会与男人毫无区别。不过，在即将出嫁的一段时间内，就会"养发"，并可见发"髻"[②]，以区别未嫁的妇女。因乌桓人已嫁妇女有"冠步摇"一类的头饰，所以，其发"髻"当盘在头顶。

在王沈《魏书》中，还记载了与婚姻密切相关的"父兄死，妻后母执嫂"的习俗。此处的"执嫂"，在《后汉书》中载为"报寡嫂"（"嫂"，通"嫂"与"嫂"）。

[①] 《三国志》卷30《魏书·乌丸鲜卑东夷传》注引"《魏书》曰"，第832页。
[②] "髻"音与"记"同，意为盘在头顶或脑后的发结。

这里所说的"妻后母执嫂"习俗，在匈奴等游牧古族的习俗中也有，王昭君就是在呼韩邪单于死后，按照匈奴习俗"复为后单于阏氏"的[①]。同样，柔然、乌孙、突厥等族也都有类似习俗。对于这种习俗，学界贬多褒少，多认为属于"乱伦"行为。但多数生活在中国古代北方草原地区的游牧古族，并没有把这种行为视之为乱伦，所以，"乱伦"只是某些史家或学者根据中原等地的习俗甚至伦理机械地对比乌桓人习俗所得出的结论。仔细研读史料还可以发现，即使汉文史籍也没有对这种"乱伦"行为给予评价，这不能不与类似于王昭君请求归汉时汉成帝令其"从胡俗"有关。在史家撰修《三国志》和《魏书》时，朝野上下甚至民间，均将"妻后母执嫂"确认为乌桓的习俗。如果根据乌桓生活的年代及其生活、生产习俗及其人口发展状况进行综合分析，还不能对这种习俗轻易否定。作为一种习俗，必定与某一地区、民族、人们在一定历史时期的意识和行为有着紧密的联系，是某些自然形成的世代相传的习惯。随着时代的发展，有些习俗因对人类的精神和物质文化的发展存在不利影响而被抛弃，而有些则被长期保留，或在一定的历史阶段被保留，那么，在一定的历史阶段中被保留着的习俗就会有其存在的原因和价值。从史籍记载可以清楚地得知，乌桓人的"妻后母执嫂"习俗，在当时并没有给乌桓社会带来什么不利影响，而是婚嫁过程中约定成俗的规矩。所以，如果以中原地区的传统观念否定北方游牧各族的伦理观念，在理论上就偏离了具体问题具体分析的科学方法。

　　乌桓人"妻后母执嫂"内容中的"执嫂"，在当时也有具体规定。所以，王沈的《魏书》专门又记载了"若无执嫂者，则已子以亲之次妻伯叔焉，死则归其故夫"[②]。这样来看，在乌桓人的习俗中，兄弟之间亦可妻寡嫂或弟媳。这种现象的出现，或有多种原因。而凝聚家族势力，促进本族繁衍，在因战争等因素而导致的男女比例失调的情况下维系人口正常繁衍等，也应当作为这种风俗在较长时期内传承的重要原因。汉人中行说在总结匈奴人的类似习俗时谈到，匈奴"父兄死，则妻其妻，恶种姓之失也"[③]，这应当是从一个角度比较恰切的解释了这个问题。

---

① 《后汉书》卷89《南匈奴列传》，第2941页。
② 《三国志》卷30《魏书·乌丸鲜卑东夷传》注引《魏书》曰，第832页。
③ 《汉书》卷94《匈奴传上》，第3760页。

二、丧葬习俗

乌桓人的丧葬习俗也以王沈《魏书》的记载较为全面,其曰:乌桓人"贵兵死,敛尸有棺,始死则哭,葬则歌舞相送。肥养犬,以采绳婴牵,并取亡者所乘马、衣物、生时服饰,皆烧以送之。特属累犬,使护死者神灵归乎赤山。赤山在辽东西北数千里,如中国人以死之魂神归泰山也。至葬日,夜聚亲旧员坐,牵犬马历位,或歌哭者,掷肉与之,使二人口颂咒文,使死者魂神径至,历险阻,勿令横鬼遮护,达其赤山,然后杀犬马衣物烧之"①。虽然文字不多,但大体可以看出乌桓人从去世到安葬结束的过程。

从史料记载可知,用"棺木"敛尸是乌桓葬俗的一个特点。

在活动于北方草原地区与乌桓人大体处于一个时代的游牧古族中,乌桓人以棺木敛尸的习俗是整个丧葬过程中的重要环节。史料记载的"敛尸有棺",可以视为丧葬的步骤之一。"敛尸",即是将逝者尸体进行必要的穿戴或处理后装入棺材,中原地区称"入材"或"落材"等。乌桓人如何"入材",史籍无载,但史籍中揭示了乌桓人有"入材"的习俗,说明在撰修史书时是有所依据的。对此,考古发掘中也有一丝线索可寻。考古学者认为,在辽宁省西丰县西岔沟古墓群中"保存下来的一些残碎木片和席片,当是敛尸的葬具"②。尽管这些残碎木片和席片是否肯定为敛尸所用还当讨论,但其出现在乌桓人的墓葬中,说明在下葬时会有这两类材料进入墓坑。若从木片和席片在丧葬中的作用分析,可能性最大的应当是葬具。在"敛尸"的过程中,乌桓人以哭泣表达情感和寄托哀思。

乌桓人对逝者的发丧和下葬过程比较复杂,由于要将逝者送往墓地,所以持续的时间也较长。

据史籍记载可知,对于逝者,乌桓人虽然在入殓时表现出悲哀之情,但在送葬时却是"歌舞相送",直至到达葬地。这个过程中的某些细节反映出乌桓人特有的习俗,也存在某些值得推敲的问题。学界争议比较大

---

① 《三国志》卷30《魏书·乌丸鲜卑东夷传》注引"《魏书》曰",第832—833页。《后汉书·乌桓鲜卑列传》所载略有不同,视撰写需要酌情引用。
② 孙守道:《"匈奴西岔沟文化"古墓群的发现》,《文物》1960年第8、9期。

的乌桓人"神灵"归"赤山"就是其中之一。

王沈《魏书》记载,"赤山在辽东西北数千里"。这个"辽东"是一个大致的地理范围。早在战国时期,燕昭王就设置了辽西郡和辽东郡,两郡几乎辖有今天辽宁省的全部,甚至向周边还有延伸。辽东郡的郡治为襄平,在今天辽阳老城区,主要控制辽东地区,大凌河以东,直达今朝鲜清川江下游以北。这段涉及乌桓葬地的史料,以辽东作为起始坐标,其史源依据是什么尚不清楚,如果与乌桓人的几次迁徙联系起来,至少已经是迁徙到五郡塞外以后的情况了。当然,因为有"赤山"作为"神灵"所至的终点,而这个"赤山"的地位又相当于"中国人以死之魂神归泰山",所以颇为学界重视。

至今,虽然关于"赤山"所在地的争论各执己见者多,但视其为乌桓人死后"神灵"的归宿则基本达成了共识。然而,由于对史料中乌桓逝者的"神灵"要由识途之犬引路到达"赤山"①,所以,"赤山"在哪里以及"赤山"与辽东之间的距离就成为讨论的焦点。实际上,史料中的真正意思是"死者魂神"当归"赤山",与"死之魂神归泰山"是类似的,应当属于民间的一种信仰。比如,在当时中原地区的民间信仰中,就认为泰山是主鬼魂的,人死之后,灵魂尚在,但都要集中到泰山,归泰山管理。

不过,史料中既然出现了赤山至辽东的问题,略做辨析亦可在一定程度上更好地理解史料。

如何解析史料中的"赤山在辽东西北数千里"与乌桓人送葬过程中相关细节的关系是问题的关键。实际上,这个"数千里"是一个模糊不清的概念,即使是把古代的"里"与今天的"里"进行换算,也很难准确说明问题。如果是直线距离,那么,在当时是谁、又是用什么方法测量出来的呢?所有史料皆无答案。如果不是直线距离,那就是乌桓人从那里迁徙出来到达辽东后有所估算,但这个估算又有哪些科学依据呢?如若说"赤山"的地位与"泰山"类似,具有祭祀的功能,那么,乌桓人到达辽东后的祭祀活动就会与"赤山"有关,前往"赤山"祭祀之举一年总会有一次,即使不是每年都去,数次、数十次总会有的。如果真

---

① 著作与文章较多,恕不一一列举。

有这样的祭祀活动，按照所经路途凭经验得出里程也不为怪。但"赤山"到底是否肯定就是"乌桓山"，不仅今天的研究者争论很大，就连王沈《魏书》以及《三国志》《后汉书》等史籍也没有明确的印证。史家明明知道"乌桓山"是乌桓最早兴起的地方，且乌桓因山得名，但却为什么没有记载乌桓人逝后要魂归"乌桓山"而是魂归"赤山"！这个问题至今还无确凿的史料证明。硬将"乌桓山"与"赤山"按照山的颜色说成是一座山也未必正确。客观地讲，有一点是可以肯定的，即前往"乌桓山"或"赤山"所经之路绝非直线，而绕路或曲折而行的里程与直线距离的出入肯定是很大的，更何况途经哪里也没有任何线索，这些情况又怎样为中原史家所知也无所据。所以，"数千里"的准确性也值得怀疑。但是，在研讨中如果不去死抠这个"里"数，而是根据史料记载做些符合常理的分析，或许对乌桓送葬过程的认识会有一定帮助。

从史料记载可知，乌桓人在"敛尸"完毕以后，重要的程序就是送葬。在整个送葬的过程中，"特属累犬，使护死者神灵归乎赤山"这个细节值得注意。马长寿对"特属累犬"引用了《后汉书》注的解释，"属累犹付托也"①。可见，此"犬"是可以将死者的"神灵"护送到"赤山"的，所以，这"数千里"的冥冥之路也要靠"犬"来导引。乌桓人爱犬，并以犬殉葬当无疑窦。值得注意的是，在葬礼的过程中会"杀犬马"，说明护送死者"神灵"的"犬"也不是用肉体之身护送，而是用"犬"之神灵作为先导。如果所有的乌桓人死后的"神灵"都要归葬"赤山"，那么，这种"识途"之犬的需求量就是很大的。所以，史家在记载乌桓人的历史时，比较突出地谈到了与"犬"有关的一些内容是符合常理的。

除了上述情况外，还应注意的就是死亡者的数量。如果是死亡一二个人，或是十几、二十几个人，采取史料记载中的送葬办法似乎可行。但是，如果出现战争等导致大批人死亡，就需要备有大批的棺木、犬、马、羊等，这种送葬办法就很不实际了。史料中的"至葬日，夜聚亲旧员坐"一事，也是针对常理而言，应当在送葬条件能够得到基本满足的情况下才能实现。但如果是有更多的乌桓人死后，尤其是因战争导致成千上万地死亡之士，还是以这种俗规送葬就不现实了。

---

① 《后汉书》卷90《乌桓鲜卑列传》，第2981页。

所以，经过上述分析可以认为，王沈《魏书》和《后汉书》记载的乌桓葬俗可以大体概括为：以"棺木""犬""马""生时服饰"等殉葬，这些习俗在西岔沟墓葬中也得到了印证，以哭、歌表达哀思也比较可信，因为北方游牧民族多有此俗。大多数乌桓人死后，用棺木盛殓，按照哭、歌、烧遗物、念咒超度等习俗，在活动地区择地安葬的可能性最大。真正被护送至"赤山"的是"死者神灵"，而护送"神灵"一事，则与"犬"有着密切的关系。从整条史料叙述先后分析，"敛尸"到"至葬日"是祭奠的过程，其间，"犬"始终充当着重要的角色，最后，当咒语开通路径后，"犬"也要被杀，此"犬"已知道可避开"横鬼"的路径。这条被杀之"犬"在冥界的任务，就是替代送葬的亲友护送死者的"神灵"回归"赤山"。

如果将考古发现与史籍记载进行对比，在乌桓人的葬俗中会发现疑点。孙守道先生在对西岔沟墓葬进行叙述时谈到，"从发掘的六十三座墓看，都是单人长方形土坑墓，一般长1.7米，宽0.8米，距离地面约0.2—0.6米左右。墓的方位一律都是坐西北向东南，死者皆头向西北"①。其中，"都是单人长方形土坑墓"的发现，没有反映出史籍记载的乌桓婚俗中"妻后母执嫂""死则归其故夫"的情况。在正常情况下，男女合葬的墓无论如何也会有所反映的。这或许是因为发现的六十余座墓葬的主人皆为因战争而亡的单身；或许是死后归葬"故夫"是乌桓历史发展到某个阶段的习俗。类似扑朔迷离目前无法解答的问题，或许会得到今后考古发现的印证。

第三节　原始崇拜与信仰

在对乌桓历史的研究中，多数学者对于如何确定乌桓人是否存在原始崇拜、原始信仰、原始宗教或萨满教等都比较谨慎，倾向于乌桓人有原始崇拜和信仰的较多。当然，如果从理论上严格地对崇拜、信仰、宗教进行界定，三者是不能视而为一的。对于乌桓这样的以游牧为主要生产和生活特征的古代民族，根据其本族所处的历史时代和生活中出现的

---

① 孙守道：《"匈奴西岔沟文化"古墓群的发现》，《文物》1960年第8、9期。

某些现象,可以认定乌桓人有北方游牧民族历史中普遍出现的萨满教。

阐述乌桓人的萨满教,首先要清楚崇拜和信仰与宗教之间的异同。

崇拜,一般是指对自身之外的某些自然事物或者对人的尊崇或拜服,有高度尊重、信任之意。这种行为,既有心理作用,又有外在表现。与"崇拜"相比较,"信仰"虽然主要也是指对人或某种事物的尊重和相信,但其更是一种发自心灵中的反映,甚至带有某种寄托的特性,信仰会对人的行为产生潜移默化的引导作用。在远古社会中,人们的信仰来自于对天地、日月星辰、山川的神秘感,对雷电等许多自然现象难以解释的困惑,对人类自身的生老病死的恐惧、无助的强烈的心理负担。自然与人类社会许多无法抗拒现象的综合作用,对人的思维不断地产生影响,使人们渐渐地产生了对自然、图腾、祖先的崇拜和信仰。

然而,宗教则是在人们有了崇拜和信仰的前提下产生和发展的。宗教是属于社会意识形态领域的一种文化现象,是随着人类社会的发展而演变的,至今已经经历了漫长的发展过程。原始宗教产生于人类社会发展的早期阶段。那时,人类的生产力水平极为低下,无力抵御各种自然灾害的侵袭,也无法解释人为什么会有生老病死,这样,便将睡梦中的某些幻觉与现实生活联系起来,认为在人类之外还有某种神和力量在操纵自然界和人们的命运,这种力量就是"神灵"。于是,就通过祈祷、祭祀仪式去颂扬参拜这些神灵,企望这种神灵为人们消灾赐福,作为与这些神灵沟通的使者巫觋①便随之产生,并在人们的生产和生活等各项活动中充当着与天、地、神等沟通的角色。中国古代北方草原地区的萨满教就是这样产生的。

在人类古老的历史中,萨满教或类萨满教曾存在于世界许多地区,其崇拜的对象普遍都是天地山川、日月星辰、风云雷电、洪水猛兽等自然事物,都幻想在这些自然事物之外或之上有相对应的"神"在操纵它们,人类要想挣脱这些自然存在的摆布、作弄,就只有企望这些"神"的庇佑。萨满教没有明确的教义,没有明确的宗旨,对未来也没有明确的向往。萨满们所能做的就是要求人们不要亵渎天地,不要违逆神灵,一切都要顺从天意。按宗教学分类标准评判,这样的宗教无疑应是典型

---

① 巫觋,男巫师,亦称"祝",女巫师称"巫"。

的"神宗教"。但是，用历史唯物主义的理论来分析这个问题时还应看到，在生产力不发达的原始社会时期产生这样的宗教并非毫无价值，也是人类向文明迈出的一步，至少它表明了我们"愚蠢"的祖先们在遥远的古代便已经开始了对自然现象的思考。这些思考的对象是各种客观存在的自然事物，而对人们提出的不准亵渎天地，要顺从神的安排等要求，在很大程度上符合了人类要爱护自然、要同自然和谐相处的客观规律。按照萨满教的这些基本特征，综合乌桓人与神灵、祭祀有关的活动，可以基本认定乌桓葬俗中为死者"口颂咒文"①者就是萨满，乌桓人的原始宗教就是萨满教。

在相关的学术论著中，马长寿比较谨慎地谈到了这个问题，认为"乌桓人怕死者灵魂回不到原始家乡，所以延请萨满诵指路经"②；米文平在论述乌桓葬俗时，也提到了"乌丸人由萨满主祭"③。这些研究对继续认识乌桓人的崇拜和信仰都有较好的启迪。当然，如果系统梳理史籍，还可以在较为有限的文字表述中察觉到与乌桓人的原始崇拜和信仰的有关内容，从中了解原始的萨满教与乌桓社会生活的关系。根据王沈《魏书》以及《后汉书》的记载，可以提出以下几个值得研讨的问题。

第一，乌桓人有"敬鬼神，祠天地日月星辰山川及先大人有健名者。祠用牛羊，毕皆烧之"④的原始信仰。

史料中涉及的"祠"这种古老的祭祀形式，并不是乌桓本族的。在《说文解字》中对"祠"的解释为"春祭曰祠，品物少，多文词也。从示司声。仲春之月，祠不用牺牲，用圭璧及皮币"⑤。对此，《礼记·月令》的记载略有出入，其曰："祀不用牺牲。用圭璧。更皮币。"⑥两者行文中有"祀"与"祠"之别。"圭璧"是一种礼神的玉器，祭祀日月星辰时使用。"皮币"亦用来祭祀，而"更"的意思为"换"，当是以皮币替代

---

① 《三国志》卷30《魏书·乌丸鲜卑东夷传》注引"《魏书》曰"，第833页。
② 马长寿：《乌桓与鲜卑》，第114页。
③ 米文平：《平洋墓葬为乌丸遗迹论》，《北方文物》1999年第3期。
④ 《后汉书》卷90《乌桓鲜卑列传》，第2980页。《三国志》卷30《魏书·乌丸鲜卑东夷传》注引《魏书》也有记载，但断句略有问题，不取。
⑤ 《说文解字》，第8页下。
⑥ （清）阮元校刻：《十三经注疏》（上），中华书局影印本，1980年，第1362页。

"牺牲"之意。可见,史籍记载的乌桓人的"祠",本意就是"春祭",是史家依据中原地区的春祭习俗,又经过对乌桓人祭俗的了解后记载于史籍中的。但在记载乌桓的"祠"时,也将其特点记录了下来。史料中所反映的乌桓人春祭的重要特点,就是把对自然界的崇拜和信仰与自己祖先的崇拜相结合。对多种自然物和现象的崇拜,揭示了万物有灵在乌桓人观念中占有很重要的地位,而对"先大人有健名者"的祭祀,说明乌桓人对祖先的崇拜也形成了经常性的行为,而且,不是所有的"大人"都有被祭祀的待遇。

第二,乌桓人的治病过程比较原始,治疗中有"及祝天地山川之神,无针药"[1]的古老信仰。

"祝",有祷告之意。也就是说,乌桓人是没有用针或药等医治手段来治疗疾病的,当其本族传统的医治方法无效时,只能系命于天。这是其信天、敬天的一种反映,在人类对疾病的认识处于模糊不清、医无所求的情况下,听天由命是一种无力的选择,而"祝"于"天地山川",则揭示了一种寄托、企盼的心理。应当指出的是,乌桓人并不是被动地对待疾病。当有病时,乌桓人治病的方法有"艾灸",说明他们对"艾"的药物作用是有所了解和实践的。另外,乌桓人对待病痛还"烧石自熨,烧地卧上,或随痛病处,以刀决脉出血"。这里谈到的类似于"热敷法""阿是穴放血法"的治病方法是有一定的科学性的,也是乌桓人在长期的生活实践中所得出的经验总结。这样,至少可以认为,乌桓人在对待疾病方面,积极的治疗与信天和信神是结合在一起的,在没有任何办法的情况下才告命于天。

第三,乌桓人的萨满担负着与"神"沟通,在葬礼中为死者理顺"魂"归之路的重任。

在有关乌桓人中是否有萨满的讨论中,学界所引用的史料均为《三国志》注引"《魏书》曰"中的"使二人口颂咒文,使死者魂神径至,历险阻,勿令横鬼遮护,达其赤山"。此段文字比较清楚地表明,乌桓人是有灵魂信仰的,人死魂在,要保证"魂神"顺利回归故里——赤山。在灵魂前往"赤山"的途中,可能会出现"险阻"和"横鬼"阻挡的情况。

---

[1] 《三国志》卷30《魏书·乌丸鲜卑东夷传》注引"《魏书》曰",第832页。

其中的"横鬼"，就是本来不应当死亡的人，或属于非正常死亡的人，诸如被诛、溺水、自杀和野兽所害的人，横鬼的灵魂是回不了故里的。所谓"鬼"，也就是人死了以后灵魂会到达另外一个虚幻的空间，在那里活动。实际上，这还是活人的一种精神活动或心理活动，是一种对另一空间无所知的恐惧的心理状态。死后为鬼是正常的，而在活着的人们的心目中，成为"横鬼"似乎就不吉利了。所以，在人死之后，要将其灵魂顺利地护送到故里，就要有具备沟通鬼神的本领的人。史料中涉及的"二人"，就是乌桓人中有这种本领的人，根据其从事的活动可称为"萨满"。在北方游牧民族中，萨满有男有女，念咒施法时有特殊的穿戴、特殊的行为和特殊的语言等。这两个乌桓萨满的具体情况，从这段记载中是难以描述的，只能得知他们用咒语为死者的"魂神"引路，而咒语是什么却不得而知，为什么要两位萨满念咒也无从解释。在日常生活中，咒语是禁止使用的，只有在针对人类以外的另一个世界表达某种意念时由巫觋来使用。乌桓萨满念完咒语后，还要"杀犬马、衣物烧之"而随死者归赤山。应当指出，史料中在谈到萨满时用了一个"使"字，显然，在乌桓人送葬的整个过程中还有可以指派萨满的人，这个人的地位恐怕要高于萨满，也是送葬的指挥者或组织者。

人类的原始信仰，一般都与一些无法解释的自然现象或社会现象有关。随着社会的发展，生活在自然环境不同地区的人们，在生产和生活中产生的原始信仰也不尽一致。乌桓人生活在草原、丘陵、山地、森林地带，其原始信仰也是在这种特殊的环境中产生的，其基本特点可以在操阿尔泰语言甚至北方草原地区其他语族中得到类似的印证。此不详述。

乌桓的族源与东胡有着密切关系。东胡被匈奴击垮以后，其溃逃的一支见诸史并逐步转强，在汉文文献中被称为乌桓或乌丸。平洋墓葬、夏家店上层文化、西岔沟古墓群等重要的考古发现，对探寻东胡和乌桓不同阶段的历史有着重要的学术价值。西汉武帝对匈奴实施比较全面的武装打击以前，乌桓附庸于匈奴，缴纳皮布税以求生存，后因匈奴左部被汉朝击溃远遁，大多数乌桓部众被迁徙到中原郡县可控的塞外地区。此后，又经过二次大规模的迁徙而进入中原地区，最终逐步融入他族之中。

乌桓人以狩猎和游牧为生，粗放稀少的种植业可弥补其日常生活之需，带有民族特色的织纴、制皮、制毡，以及制作首饰和器具的手工产品见于其生活的各个方面。乌桓人生活于草原与山间，食肉、饮酪、衣皮、居帐、骑行代代相传。古老的服役婚以及报嫂、妻寡嫂的婚嫁习俗在本族内被长期遵循。乌桓人嘱托"累犬"导引逝者魂归故地赤山，歌哭相送，告慰于天。乌桓人祭祀先人，崇敬天地日月，以求生者平安。乌桓人以血亲家族结合而成的邑落组织长期延续，直至东汉末年被迁入中原才被打破。东汉中后期是乌桓较为强大的历史时期，"三郡乌丸为天下名骑"之誉遍晓中原。乌桓人始终未能建立本族政权，也没有创制文字，乌桓人语言只见汉字音译，被保留下来的极少。魏晋以后，虽然史籍中也出现过"古乌丸遗人"之类的记载，但已经不能与魏晋时代乌桓的历史相互连接了。

在对乌桓历史的研究中，乌桓源于东胡，乌桓就是东胡，乌桓族名与乌桓山名的由来，乌桓山是否就是赤山等问题长期受到学界重视，但至今争议犹存。许多考古发现以及学者们对相关遗址和文物的研究，为解开东胡历史和乌桓早期历史之谜提供了重要的参考。乌桓源于东胡的思路得到了学界的基本认可。但是，对"乌桓山"所在地的争议，对"乌桓""乌丸"名称由来的讨论一直都未间断过。至今，虽然"乌桓"因"乌桓山"而得名的思路逐步趋于一致，但是，对于"乌桓山"之名从何而来学界还没有恰切的解释。对此，史籍中也没有任何可以为证的记载。在这种情况下，将其看作是当时人们长期的、习惯性的称呼被中原史家记载下来，或可以对今后的进一步研究留有余地。因为，乌桓与乌桓山都是那个时代人们的认知，或是习惯性称呼，而不是后世或现代人们的推演，也不是用后世的语言或史料转音和回推的结果。时隔数百年甚至千年以上，任何一个民族的活动区域、习俗、习惯、语言和文化都在发生变化，语言的变化更是一个十分复杂的问题。其中，不排除有对本族原始语言的保留，也不排除有对他族语言的交融，更会有在不同历史时期在不同活动地区形成的区域性方言等等，这些都会导致对原始乌桓语言发音的冲击与改变，有的语言、语音、单词被准确地保留下来，有的也可能会被改得面目全非。如果有确凿的史料能够证明乌桓语与语言学界研究的阿尔泰语系中的蒙古语族的各族之间有着不可分割历史的渊源，并证明东胡语、乌桓语、鲜卑语、柔然语、契丹语、库莫奚语、室韦语、蒙古语之间有着相传不辍的历史连续性，那么，用阿尔泰语系蒙古语族中的任何一个古族或民族的语言对"乌桓"进行转音都会具有一定的科学性。今天，当我们探寻、研究蒙古民族的族源时，也会在东胡系统的各族中得到有价值的线索。

对于乌桓人消失的原因，学界看法不尽一致。如若从乌桓历史变迁的全过程做些分析，有些现象还是值得注意的。第一，乌桓从"乌桓山"迁徙之后直至进入中原地区渐渐消失，基本上没有稳固的驻牧区，或者没有长期控制某一驻牧区。第二，乌桓没有形成本族的统治中心，也没有出现本族十分优秀的领袖级人物。第三，乌桓蹋顿被曹操打败后，迁入中原的邑落逐步归于各个政权统治之下，改换中原地区姓氏，可以准确考证为乌桓人的甚少。第四，新旧《唐书》中出现的"古乌丸之遗人"是何时从何而来，生产和生活习俗等均无史证。若从行文分析，更接近于乌桓在汉武帝年间被迁徙后留居于原地而生活到唐代的一部分，但这也只是比较接近史料记载的推论。第五，《辽史》中有关"乌丸"以及类似的记载，均为元代史家抄录前人的记载，而且，"本乌丸之地"也未指明具体是哪个时期"之地"。若从"乌丸"这个行文来讲，当为东汉末年至魏晋以后的情况，但这个时期的乌桓人已经被打散，甚至迁入了中原地区，这个"乌丸之地"的时间和空间都有待继续探讨。

中国古代北方民族史是中国历史不可分割的组成部分。因自然环境不同，中国古代北方草原地区与中原地区的历史各有特点，各个民族在不同的生产和生活环境中创造了具有本族特色的历史与文化，这些都是中国多民族历史的宝贵财富。发源、成长在中国古代北方草原地区并最终迁入中原地区的乌桓的历史也是中国古代多民族历史不可分割的内容。在中华多元一体格局的历史框架中，北方草原地区大体上是以现今中国境内从大兴安岭以东、以西、以南地区经燕山、太行山北部、内蒙古高原到昆仑山、阿尔金山、阿尼玛卿山、秦岭以北和以东地区，同时，也要将今天的山西省、河北省、天津市北部等地区在地势上同北方草原地区紧密相连的地带视为古代北方游牧民族的活动区。乌桓人正是在这个区域内的偏东北地区大兴安岭地带逐步迁徙,来到今山西省、河北省北部最终进入中原的。在这个过程中,乌桓与北方草原地区匈奴、鲜卑等族的交往与交融,与中原地区汉人以及其他各族的交往与交融贯穿乌桓历史的始终,直至乌桓消融在中国古代历史之中。乌桓族社会经济的演变与发展,丰富多彩的本族文化,驰骋于边郡草原地区以及中原北部地区的乌桓骑兵,既构成了乌桓历史的精彩篇章,也为中国古代北方地区的历史增添了丰富的内容。事实证明,乌桓虽然比匈奴、鲜卑、突厥、回纥等北方各族留在历史长河中的史迹相对稀疏,没有建立政权的辉煌壮举,但其在战国至魏晋南北朝时期的历史影响却被史家认可。又因乌桓兴起于大兴安岭地区,古老的"大泽",大兴安岭东西地区的神秘史迹,西拉木伦河与老哈河流域的春秋画卷,这些对于研究从森林和草原走向强盛,经济、习俗等方面集中国古代北方游牧民族之大成的蒙古民族的历史源流亦或有所帮助。

参 考 书 目

一、古籍

（汉）司马迁撰：《史记》，中华书局点校本，1959年。

（汉）班固撰：《汉书》，中华书局点校本，1962年。

（东汉）许慎撰：《说文解字》，中华书局，1963年。

（晋）陈寿撰，（南朝宋）裴松之注：《三国志》，中华书局点校本，1959年。

（北魏）郦道元撰，王国维校，袁英光、刘寅生整理标点：《水经注校》，上海人民出版社，1984年。

（南朝宋）范晔撰：《后汉书》，中华书局点校本，1965年。

（南朝梁）沈约：《宋书》，中华书局点校本，1974年。

（北齐）魏收撰：《魏书》，中华书局点校本，1974年。

（唐）房玄龄等：《晋书》，中华书局点校本，1974年。

（后晋）刘昫等：《旧唐书》，中华书局点校本，1975年。

（宋）欧阳修、宋祁：《新唐书》，中华书局点校本，1975年。

（宋）司马光编著，（元）胡三省音注：《资治通鉴》，中华书局点校本，1956年。

（宋）乐史撰，王文楚等点校：《太平寰宇记》，中华书局，2007年。

（元）脱脱等：《辽史》，中华书局点校本，1974年。

（清）阮元校刻：《十三经注疏》，中华书局影印本，1980年。

（清）张穆著，张正明、宋举成点校：《蒙古游牧记》，山西人民出版社，1991年。

（清）顾祖禹撰，贺次君、施和金点校：《读史方舆纪要》，中华书局，2005年。

（清）丁谦：《后汉书乌桓鲜卑传地理考证》，《后汉书各外国传地理考证》，民国四年浙江图书馆校勘本。

黄怀信、张懋镕、田旭东撰，李学勤审定：《逸周书汇校集注》（修订本），上海世纪出版股份有限公司、上海古籍出版社，2007年。

石声汉译注，石定枎、谭光万补注：《齐民要术》（上册），中华书局，2015年。

王国维：《王国维遗书》，上海古籍书店，1983年。

袁珂校注：《山海经校注》，上海古籍出版社，1980年。

二、专著

安介生：《历史民族地理》，山东教育出版社，2007年。

〔日〕白鸟库吉著，方壮猷译：《东胡民族考》，商务印书馆，1934年。

〔德〕恩格斯：《家庭、私有制和国家的起源》，《马克思恩格斯选集》（第四卷），人民出版社，1972年。

国家文物局主编：《中国文物地图集·内蒙古自治区分册》（下），西安地图出版社，2003年。

黑龙江省文物考古研究所：《平洋墓葬》，文物出版社，1990年。

林幹：《东胡史》，内蒙古人民出版社，1989年。

林幹：《中国古代北方民族通论》，内蒙古人民出版社，1998年。

马长寿：《乌桓与鲜卑》，上海人民出版社，1962年。

〔美〕摩尔根著，杨东莼、马雍、马巨译：《古代社会》，江苏教育出版社，2005年。

内蒙古自治区蒙古语文历史研究所历史研究室、内蒙古大学蒙古史研究室编：《中国古代北方各族简史》，内蒙古人民出版社，1977年。

内蒙古自治区博物馆文物工作队编著：《和林格尔汉墓壁画》，文物出版社，1978年。

孙进己：《东北民族源流》，黑龙江人民出版社，1987年。

谭其骧主编：《中国历史地图集》第4、5、6册，地图出版社，1982年。

田余庆：《拓跋史探》，生活·读书·新知三联书店，2003年。

姚薇元：《北朝胡姓考》（修订本），中华书局，2007年。

张碧波、董国尧主编：《中国古代北方民族文化史（民族文化卷）》，黑龙江人民出版社，1993年。

张博泉、苏金源、董玉瑛：《东北历代疆域史》，吉林人民出版社，1981年。

张久和：《原蒙古人的历史——室韦—达怛研究》，高等教育出版社，1998年。

中国北方民族关系史编写组：《中国北方民族关系史》，中国社会科学出版社，1987年。

周振鹤编著：《汉书地理志汇释》，安徽教育出版社，2006年。

《中华大字典》，中华书局影印本，1978年。

《古代汉语词典》编写组：《古代汉语词典》，商务印书馆，1998年。

三、论文集

干志耿、王可宾主编：《辽金史论集》（第八辑），吉林文史出版社，1994年。

河北省文物研究所编：《环渤海考古国际学术讨论会论文集》，知识出版社，1996年。

教育部人文社会科学重点研究基地吉林大学边疆考古研究中心编：《边疆考古研究》（第1辑），科学出版社，2002年。

教育部人文社会科学重点研究基地吉林大学边疆考古研究中心编：《边疆考古研究》（第3辑），科学出版社，2005年。

教育部人文社会科学重点研究基地吉林大学边疆考古研究中心编：《边疆考古研究》（第8辑），科学出版社，2009年。

教育部人文社会科学重点研究基地吉林大学边疆考古研究中心编：《边疆考古研究》（第10辑），科学出版社，2011年。

林沄：《林沄学术文集》，中国大百科全书出版社，1998年。

内蒙古文物考古研究所编，李逸友、魏坚主编：《内蒙古文物考古文集》（第1辑），中国大百科全书出版社，1994年。

四、期刊

陈全家：《内蒙古林西县井沟子遗址西区墓葬出土的动物遗存研究》，《内蒙古文物考古》2007年第2期。

范恩实:《论西岔沟古墓群的族属——兼及乌桓、鲜卑考古文化的探索问题》,《社会科学战线》2012年第4期。

郝思德、杨志军、李陈奇:《平洋墓葬族属初论——为纪念苏秉琦先生从事考古工作55周年而作》,《北方文物》1989年第3期。

吉林大学边疆考古研究中心、内蒙古文物考古研究所:《2002年内蒙古林西县井沟子遗址西区墓葬发掘纪要》,《考古与文物》2004年第1期。

靳枫毅:《夏家店上层文化及其族属问题》,《考古学报》1987年第2期。

李逸友:《内蒙古昭乌达盟出土的铜器调查》,《考古》1959年第6期。

林幹:《略伦两汉时期乌桓人的最初驻牧地及其后的迁徙和分布》,《社会科学战线》1988年第4期。

米文平:《平洋墓葬为乌丸遗迹论》,《北方文物》1999年第3期。

潘玲:《平洋墓葬再研究》,《边疆考古研究》(第10辑),科学出版社,2011年。

孙守道:《"匈奴西岔沟文化"古墓群的发现》,《文物》1960年第8、9期。

田广林:《释乌桓山》,《昭乌达蒙族师专学报》(社会科学版)1988年第1期。

王成生:《概述近年辽宁新见青铜短剑》,《辽海文物学刊》1991年第1期。

王立新:《探寻东胡遗存的一个新线索》,《边疆考古研究》(第3辑),科学出版社,2004年。

王立新:《关于东胡遗存的考古学新探索》,《草原文物》2012年第2期。

王庆宪:《浅谈两汉时期乌桓史中的几个问题》,《内蒙古大学学报》(哲学社会科学版)1989年第1期。

杨军:《乌桓山与鲜卑山新考》,《欧亚学刊》(国际版),商务印书馆,2011年。

亦邻真:《中国北方民族与蒙古族族源》,《内蒙古大学学报》(哲学社会科学版)1979年第3、4期。

张博泉:《乌桓的起源地与赤山》,《黑龙江文物丛刊》1984年第2期。

张久和：《东胡系各族综观》,《内蒙古大学学报》(哲学社会科学版)1990年第2期。

张久和：《室韦地理再考辨》,《中国边疆史地研究》1998年第1期。

朱贵：《辽宁朝阳十二台营子青铜短剑墓》,《考古学报》1960年第1期。

朱泓：《东胡人种考》,《文物》2006年第8期。

朱泓、张全超、常娥：《探寻东胡遗存——来自生物考古学的新线索》,《吉林大学社会科学学报》2009年第49卷第1期。

曾唯一：《乌桓邑落社会性质探讨》,《四川师范大学学报》(社会科学版)1990年第2期。

曾庸：《辽宁西丰西岔沟古墓群为乌桓文化遗迹论》,《考古》1961年第6期。

赵文慧、王海：《乌桓山、鲜卑山新诠——以汉代东北亚生态环境史为视角》,《渤海大学学报》(哲学社会科学版)2017年第3期。

索 引

B

白狼山　60, 61, 62, 63, 64, 88, 103, 110, 113, 115

班固　2

C

曹操　4, 55, 57, 60, 61, 62, 63, 64, 88, 89, 101, 108, 110, 113, 115, 126, 141

单于　13, 17, 24, 25, 26, 28, 30, 44, 45, 59, 61, 62, 65, 70, 84, 87, 92, 94, 97, 99, 100, 101, 104, 105, 106, 114, 115, 131

陈寿　3, 4, 5, 78, 94, 127, 128

赤山　6, 12, 15, 27, 32, 34, 35, 36, 56, 57, 107, 132, 133, 134, 135, 138, 139, 140

赤山乌桓　32, 36, 56, 57, 107

D

大泽　2, 16, 17, 18, 19, 142

代郡乌丸　62

东胡　1, 2, 3, 5, 6, 7, 8, 9, 10, 11, 12, 13, 14, 16, 17, 18, 19, 20, 21, 22, 23, 24, 25, 26, 27, 28, 29, 30, 31, 32, 33, 34, 35, 36, 37, 38, 39, 40, 41, 42, 43, 53, 66, 69, 70, 71, 77, 79, 82, 84, 85, 90, 91, 94, 99, 103, 104, 105, 106, 107, 112, 113, 123, 126, 127, 128, 139, 140, 141

东夷　4, 5, 19, 32, 54, 62, 63, 64, 76, 97, 104

《读史方舆纪要》　6, 32

度辽将军　2, 31, 45, 58, 63, 64, 92, 97, 114, 115, 121, 122

F

范明友　3, 31, 45, 49, 92, 97, 105, 114

范晔　3, 4, 78, 94

房玄龄　1, 5

H

《汉书》　2, 3, 112

《黑鞑事略》　126

《后汉书》　1, 3, 4, 14, 26, 27, 34, 36, 41, 43, 54, 59, 64, 69, 71, 72, 73, 74, 77, 78, 79, 87, 92, 94, 97, 106, 112, 118, 128, 134, 135, 137

护乌桓校尉　9, 44, 47, 49, 50, 54, 104, 107, 108, 113, 116, 117, 118, 119, 120, 121, 122, 125

J

《晋书》　1, 4, 5, 65, 108

《旧唐书》　5, 12, 32, 33, 65

俱伦泊　19

L

辽东郡　11, 31, 34, 43, 44, 50, 71, 114, 133

辽东属国　49, 50

辽东乌桓　49, 96

辽河　32, 38, 46, 47

《辽史》　5, 32, 33, 34, 36, 65, 66, 141

辽西郡　44, 50, 60, 61, 133

辽西乌桓　48, 49, 53, 54, 87, 98, 101, 121

M

《蒙古游牧记》　1, 6, 12, 27, 32, 34, 36

O

瓯脱　25

P

裴松之　4, 5, 26, 27, 127, 128

S

《三国志》 1, 3, 4, 5, 14, 26, 27, 32, 36, 41, 49, 50, 54, 59, 62, 63, 64, 65, 68, 69, 71, 72, 73, 74, 76, 77, 78, 79, 85, 86, 87, 92, 93, 94, 97, 100, 104, 112, 127, 128, 131, 134, 138

三郡乌桓 59, 61, 64, 75, 101

《山海经》 1, 2, 17, 18

山戎 1, 10, 19, 20, 23, 24, 28, 113

上谷郡 43, 51, 57, 59, 107, 117

上谷乌桓 48, 54, 96

上郡乌丸 62

十郡塞外 64

《史记》 1, 2, 3, 16, 17, 19, 22, 24, 25, 28, 29, 31

朔方郡 51, 52, 104

司马迁 2, 19, 24, 28, 29, 31

T

蹋顿 4, 15, 55, 60, 61, 62, 63, 64, 89, 100, 101, 102, 108, 110, 112, 141

推举制 93, 94, 101, 102

拓跋鲜卑 8, 18, 19, 33, 64, 66, 102, 108, 109, 110, 111, 112

W

完水 12, 36

王沈 3, 4, 5, 26, 27, 30, 50, 68, 71, 76, 95, 124, 126, 129, 130, 131, 132, 133, 134, 135, 137

乌桓山 1, 6, 9, 11, 12, 13, 15, 16, 19, 27, 28, 29, 30, 31, 32, 33, 34, 35, 36, 37, 38, 39, 40, 42, 56, 66, 72, 73, 74, 81, 90, 96, 104, 134, 140, 141

乌辽山 12, 27, 32, 34, 36

乌丸 4, 5, 11, 12, 13, 14, 15, 17, 26, 27, 28, 30, 32, 33, 34, 35, 36, 38, 45, 46, 54, 57, 59, 62, 63, 64, 65, 66, 73, 74, 76, 97, 100, 104, 109, 110, 111, 112, 117, 123, 127, 128, 137, 139, 141

乌丸川 32

乌州 5, 32, 33, 34, 66

五郡塞外　9, 31, 33, 36, 37, 38, 40, 41, 42, 43, 44, 45, 46, 47, 48, 49, 50, 52, 53, 56, 68, 69, 71, 72, 73, 74, 87, 96, 97, 98, 103, 104, 105, 106, 113, 116, 119, 120, 122, 126, 133

X

鲜卑　3, 4, 5, 6, 7, 8, 11, 12, 13, 14, 17, 18, 19, 20, 23, 26, 27, 30, 32, 33, 34, 35, 37, 38, 39, 46, 48, 49, 50, 52, 54, 55, 56, 57, 58, 61, 62, 63, 64, 65, 66, 68, 69, 70, 76, 78, 85, 87, 91, 94, 97, 100, 102, 103, 106, 107, 108, 109, 110, 111, 112, 114, 115, 116, 117, 119, 120, 121, 122, 123, 125, 126, 127, 141, 142

鲜卑山　12, 13, 18, 19, 30, 39, 107

《新唐书》　5

匈奴　2, 3, 5, 7, 8, 10, 11, 12, 13, 16, 17, 19, 20, 22, 24, 25, 26, 27, 28, 29, 30, 31, 33, 36, 37, 38, 40, 42, 43, 44, 45, 46, 47, 48, 49, 50, 52, 53, 55, 57, 58, 70, 77, 79, 84, 85, 87, 90, 91, 94, 96, 97, 98, 99, 100, 102, 103, 104, 105, 106, 107, 108, 109, 110, 111, 113, 114, 115, 116, 119, 121, 122, 123, 124, 125, 126, 131, 139, 142

Y

雁门郡　51, 52

燕北　17, 18, 19, 28, 30, 113

夜河　32

邑落　7, 15, 33, 54, 56, 57, 63, 64, 65, 75, 84, 85, 86, 89, 90, 93, 96, 97, 120, 129, 140, 141

《逸周书》　1

右北平郡　58, 61

渔阳郡　43, 51, 59, 121

渔阳乌桓　57, 87, 96

月氏　2, 17, 19, 24, 26, 28, 30, 42, 43, 84, 113

Z

杂胡　109, 110, 112

《资治通鉴》　1, 57, 109

Abstract

Wuhuan (乌桓) was one of the northern nomadic groups in ancient China. In 206 BC, the Donghu people fled when they were defeated by Xiongnu. One group of them, called Wuhuan, had settled in another place and gradually formed as an ancient ethnicity and was recorded by historians of the Central Plains. Donghu was a political entity consisting of several nomadic tribes. Hu, which means barbarian, was the essential connotation of the name Donghu. According to its geographic location, we could discover some historical clues. Da'ze is an important coordinate to study the active region of Donghu, which contributes to research on the relationship of origin of Donghu and Wuhuan. Wuhuan was a Chinese transliteration and named after the Wuhuan Mountain, which was recorded by historians of the Central Plains. The Wuhuan people were forced to migrate several times by the Central Plains regimes and finally moved into the Central Plains. In the Eastern Han Dynasty, the population of Wuhuan rose to its peak when they had been forced to move into the ten border counties. It disappeared gradually after the Northern and Southern Dynasties. A few transliterated words had been recorded in Chinese literature, but Wuhuan did not create its writing system. Its basic economy included animal husbandry, hunting, and extensive farming, and handicrafts adapted to nomadic life as well. It had a tribal organization but never established a regime. Its customs such as marriage, funeral, diet, and residence were adapted to the nomadic production and life and that was formed after the collapse of Donghu. The shamans would communicate with the gods and lead the way for the spirits of the dead. The cavalries of Wuhuan made a name for themselves in northern China at the end of the Han Dynasty and the Wei

Kingdom and the Jin Dynasty period. Wuhuan had kept close contact with the Central Plains as well as Xiongnu and Xianbei. The Eastern Han government had set the Commandant of Protecting Wuhuan to supervise the affairs of the people, military, and economy. Researching the history of Wuhuan, which was distinctive in historical evolution as a branch of Donghu, would help to discover the origin of the Mongols.

后　　记

　　2014年后，赋闲在家二载有余，本想周游祖国各地古迹，增加一些知识和对历史的直观感受。计划初成，尚未全面实施，蒙久和学弟高抬，约撰一部较为系统的乌桓史。对我来说，这真是学习历史以来的一个很大挑战，也是机缘。以往虽曾注意过乌桓历史的内容，也写过若干小文，但都十分肤浅。至今，学界对乌桓的研究已有许多力作，若要再做系统研究，得出一点新的看法，着实很难。现在的这部乌桓史是在久和学弟对北方民族历史研究事业执著进取的鼓励之下，在他精心组织的良好学术氛围中完成的，应当说，这是我们共同努力的结果。

　　在本卷撰写过程中，与其他各卷作者的多次探讨与交流，也给了我许多有益的启发。刘国祥、孟松林、白劲松各位专家的点拨，也使我从不同角度加深了对乌桓史的认识，拓展了思路。

　　王石雨博士对本书的史料、格式规范、错别字等做了通校；曹磊、冯科、任翔三位博士也都针对书中的一些问题提出了可资参考的意见，在此一并致谢。

　　学术之路从来都不平坦，志同道合方可破难共进。愿我们这个集体能够共享十部著作面世的喜悦，共同迎接新的学术挑战。

何天明

2021年6月

总 后 记

在十卷本《中国古代北方民族史》即将出版之际，我们感觉有一些与全书有关的人和事应该记下来，权做一个交代和备忘。

2011年春季，由时任内蒙古自治区呼伦贝尔市委常委、统战部部长孟松林同志召集，中国社会科学院考古研究所内蒙古第一工作队队长刘国祥研究员、呼伦贝尔民族博物院院长白劲松研究员具体组织，辽宁师范大学历史文化旅游学院院长田广林教授、内蒙古大学历史与旅游文化学院院长张久和研究员等人参加，在海拉尔落实论证由时任十一届全国政协副主席、中国社会科学院院长、党组书记陈奎元同志倡议的"蒙古族源与元朝帝陵综合研究"项目方案，填报立项申报书，通过中国社会科学院科研局，报送至全国哲学社会科学规划办公室。2012年8月，"蒙古族源与元朝帝陵综合研究"被列为国家社会科学基金重大委托项目（批准号为12@ZH014），研究周期为10年。中国社会科学院科研局作为项目主管单位，中国社会科学院考古研究所、内蒙古自治区文物局、呼伦贝尔市人民政府作为项目联合实施单位，内蒙古大学历史与旅游文化学院作为项目协作单位之一。王巍、孟松林二位先生担任项目首席专家，设北京和呼伦贝尔两个项目办公室，刘国祥、白劲松分别担任主任，组织全国相关科研机构和高校研究人员，以考古学为主，结合历史学、民族学、人类学、社会学、地理学等开展综合研究，力争取得具有国际影响力的学术成果。根据工作计划，2013—2014年，刘国祥作为考古领队主持发掘了海拉尔区谢尔塔拉、陈巴尔虎旗岗嘎两处墓地，经过研究确认这两处墓地均为室韦人遗存。谢尔塔拉和岗嘎墓地的发现、识别和初步研究，为室韦史、北方民族史研究提供了丰富、直观的珍贵资料，对研究蒙古族族源问题具有重要学术价值。该重大委托项目的设立、室韦考古学文化遗存的发现与识别、共同的学术追求和多年来建立的深厚友谊，为我们开展相关合作研究奠定了坚实基础。

2017年6月末,项目组在海拉尔召开学术研讨会,经过讨论,我们认为组织编写一套北方民族史著作的时机和条件基本成熟,根据项目实施计划,需要编写出版一部系统性的、与蒙古族起源史具有密切关系的历史学研究成果。于是,决定主要依托内蒙古大学培养的北方民族史科研力量组成学术团队编写《中国古代北方民族史》,并作为国家社会科学基金重大委托项目"蒙古族源与元朝帝陵综合研究"的子课题。达成共识后,经过准备,2017年8月16日即在内蒙古大学召开了第一次"中国古代北方民族历史与考古系列学术研讨会"。在这次会议上,组建编写组,确定张久和、刘国祥为主编,何天明、白劲松为副主编,胡玉春、何天明、梁云与白劲松、袁刚、包文胜、吴飞、王洁、冯科、王丽娟、张久和与刘国祥为各卷作者,形成了老中青结合的学术团队。讨论了编写大纲、撰写内容、人员分工、全书体例和编纂要求等事项,标志着该项研究工作的正式启动。考虑到北方民族历史发展的连续性、诸北方民族的重要历史地位、与学界蒙古族起源说有关的北方民族、团队成员的科研主攻方向和前期的学术成果积累等因素,确定了以匈奴、乌桓、拓跋鲜卑、柔然、突厥、回鹘、黠戛斯、契丹、库莫奚和室韦这十个北方民族为研究对象,按族别史体例,一族一卷,形成十卷本的《中国古代北方民族史》。此后,十卷作者分别进入了研究和撰写阶段。

从研究工作启动,截至2021年1月,编写组以"中国古代北方民族历史与考古系列学术研讨会"的名义又召开了六次以推进研究、解决问题为主要目的务实会议。2017年11月11—12日,第二次"中国古代北方民族历史与考古系列学术研讨会"在海拉尔召开,各卷著者就第一部分试写稿内容及相关事宜做了说明,与会人员充分讨论并提出了修改完善建议,并进一步讨论细化了各卷大纲。2018年7月31日—8月1日,第三次会议在内蒙古大学召开,以各卷撰写进展汇报为主题,与会专家围绕各卷完成的基本内容、学术创新、难点等展开了深入的学术研讨。2019年2月16—17日,第四次会议在科学出版社召开,社领导高度重视,专门为每卷书稿选定一位编辑,个别卷甚至配备了两位编辑,开始与各卷作者对接。此次会议以撰写进展汇报为主要议题,作者、编辑和相关专家学者等与会人员围绕编写内容、编写进度、主旨思想、学术重点、学术规范、出版规范等内容进行了深入细致的研讨。

在第四次会议上基本确定了各卷完成和上交初稿的时间段。为了提高效率、保证质量，决定组成由张久和、何天明、冯科、曹磊、王石雨、任翔为主要成员的统稿小组，远离喧嚣闹市，摆脱杂事干扰，进行封闭集中统稿。2019年3月25—30日，统稿小组在赤峰市红山区赤峰宾馆进行了第一次统稿，统阅胡玉春《匈奴卷》、王洁《黠戛斯卷》、王丽娟《库莫奚卷》三部书稿。中国社会科学院考古研究所内蒙古第一工作队承担了后勤保障工作。2019年4月8—13日，在山西省朔州市右玉县进行了第二次统稿，得到右玉县文史学者王泽民先生的热情接待和周到安排。本次集中统阅何天明《乌桓卷》，梁云、白劲松《拓跋鲜卑卷》和张久和、刘国祥《室韦卷》三部书稿。2019年5月6—11日，在赤峰市敖汉旗进行了第三次统稿。统阅袁刚《柔然卷》、包文胜《突厥卷》、吴飞《回鹘卷》、冯科《契丹卷》四部书稿。中国社会科学院考古研究所内蒙古第一工作队负责后勤保障工作，内蒙古史前文化博物馆田彦国馆长给予了热情支持。实际上，每一次统稿所用时间并不止于一周，每次回到呼和浩特后，统稿、校对人员各自又费时十余天才完成了相关工作。统稿小组诸位成员不辞辛苦，认真投入，指出和改正了书稿中存在的一些具体问题，提出了整体修改完善建议，在充分保证学术质量的同时，有效推进了编纂工作。

2019年7月13—14日，第五次会议在中国社会科学院考古研究所召开，主要就全书的统稿情况，各卷的作者简介、内容简介、内容摘要翻译、配图、索引，出版阶段的有关问题及解决方案、下半年工作计划等进行讨论，做出了安排和要求，对此前整体工作做了总结。总体而言，五次会议就全书编写提纲、体例、结构、内容、编纂要求、进展等相关工作展开充分讨论，及时解决出现的问题，为整体工作的顺利进行起到了良好作用，推动了编纂进度，提高了内容质量。在第五次研讨会成果基础上，各卷作者用时近两个月完成相关工作内容，十卷书稿于2019年9月一次性交付出版社，正式进入编辑出版程序。至2020年9月，各卷先后审完作者样。

2020年9月7—12日，第六次"中国古代北方民族历史与考古系列学术研讨会"在海拉尔召开，各卷作者、部分项目组专家、出版社编辑等参会，讨论确定了各卷作者样、索引、英文摘要、后记等最后上交期限以及后期编辑、出版方面的问题，对整体工作做了总结，对下一步工作做了安排。

2021年1月27日，第七次"中国古代北方民族历史与考古系列学术研讨会"通过线上方式举办，本次会议以《中国古代北方民族史》十卷本书稿的外审意见反馈沟通为主要议题，各卷作者与编辑人员围绕相关建议进行研讨，并就书稿进一步的修改与编校深入交流意见。与会专家一致认为，送审意见既体现了对国家有关政策的深入理解，又有对具体写作表述细节的精准见解，是进一步开展书稿修改编校的工作指南，落实好上级部门的送审意见是书籍能够高质量面世的重要前提。各卷作者表示，一定会认真领会送审意见，与责编紧密配合，做好书稿修改工作，用优质学术成果回馈社会。张久和研究员在发言中指出，本套书全体撰写、编辑人员在实际工作中要始终贯彻好"铸牢中华民族共同体意识"的要求，一定要根据送审意见全面解决还存在的各种学术和技术问题，对于一些难点问题可以再次进行讨论，找到最佳解决方案，确保书籍质量。刘国祥研究员在会议总结时强调，习近平总书记在哲学社会科学工作座谈会上的讲话、致中国历史研究院成立的贺信以及2020年9月28日在中央政治局第二十三次集体学习时发表的《建设中国特色中国风格中国气派的考古学 更好认识源远流长博大精深的中华文明》的重要讲话，为历史学研究和考古学研究提供了科学指引，也为我们的工作注入了强劲的动力。在各卷编写的过程中均注重吸收最新的考古学研究成果，促进了历史学与考古学的融合发展，提升了该项成果的学术价值和创新价值。

自决定编写《中国古代北方民族史》开始，从论证体例、结构，斟酌目录、编纂要求，到试写内容的讨论、完成初稿，再到统稿中的增删修改、核对史料、提出总体建议、修改完善书稿，直到选图配图、编制索引、校对书稿等，整个过程大家各尽其责，团结协作，体现了应有的专业素养和团队意识。应该说我们尽了很大努力去组织全书的编纂，各卷作者也克服困难、夜以继日地工作，但从2017年8月启动，到2019年9月正式交稿，撰写时间毕竟太短，作者又各有学习、教学、科研甚至行政工作任务，投入的时间和精力难以保证；加之成果积累程度不同，其中半数有博士论文作基础，有数年或十余年的积淀，编纂起来相对容易；有的纯粹白手起家，从收集分析史料、总结归纳前人成果做起，再进行研究，工作量和难度确实很大；有的作者年轻，刚刚踏入史学门槛，想法稚嫩，功力尚浅，难免存在许多缺陷。吸收青年学人加入团队，也是抱着锻炼、培养和带动他们成长的目的。因此，虽然全书整体体例、编写要求等大体一致，但在内容论述深度、提出和解决问题等方面还各存差异，在学术上尚存在很大的提升和完善空间，一定会有许多不足和遗憾之处。考虑到"蒙古族源与元朝帝陵综合研究"重大委托项目的迫切需要，以及国内外尚无一次性推出以族别史为体例的多卷本北方民族史成果的现实，我们不揣浅陋，把十卷本《中国古代北方民族史》作为一项团队研究北方民族史的阶段性学术成果呈现出来，供学界同仁批评指正，以达到抛砖引玉、锻炼队伍、增进交流、推动研究的目的。

　　从启动编写到正式出版，费时四年。我们能够顺利完成这项研究工作，离不开各位领导、学界同仁、出版社编辑和媒体记者朋友的大力支持和鞭策。"蒙古族源与元朝帝陵综合研究"重大委托项目首席专家王巍先生、孟松林先生宏观指导、鼎力支持，同意将《中国古代北方民族史》列为重大委托项目子课题资助研究。孟松林院长每次会议均到场致辞，亲切关怀，热情鼓励，增强了编写组成员的信心。内蒙古大学党委书记朱炳文同志，校长陈国庆教授，副校长张吉维教授、高光来教授、额尔很巴雅尔教授始终关心关注这项工作，多次询问研究、出版进展，学校并以"双一流"建设经费予以科研资助。中共呼伦贝尔市委书记于立新同志对该项目给予了高度重视和大力支持，多次听取项目组工作汇报，帮助解决诸多实际困难，有力保障了该项目的顺利实施。内蒙古自治区社会科学院院长李春林研究员亲临研讨会，给予指导帮助。中国社会科学院考古研究所的各位领导对该项目始终给予关心和支持，陈星灿所长多次听取项目工作汇报，积极推动本套书的编辑和出版工作。中国历史研究院副院长李国强研究员对该项目给予了学术指导和热情帮助。中国科技出版传媒股份有限公司（科学出版社）副总经理闫向东先生、文物考古分社副社长孙莉女士，高度重视项目进程，并在2017年底将项目确立为出版社的重大项目，极大鼓舞了编写者的士气。同时还为每本图书配备了优秀编辑，积极协调出版事宜，为图书出版提供了有力保障。各卷责任编辑审读校阅，纠错证谬，确保了出版质量。新华通讯社记者李贺、中国新闻社记者孙自法、人民政协报记者付裕、中国社会科学网记者齐泽垚、中国社会科学报记者杨阳、中国文物报记者郭晓蓉等不辞辛劳,追踪项目进展,连续深度报道,提升了该项目的学术和社会影响力。工作组精心组织,周到安排,辛勤付出,全力配合,使历次研讨会成功举办,统稿工作顺利进行,摘要英译、选图配图等取得良好效果,为整体研究工作的顺利进展提供了坚强有力的保障。各卷的英文摘要由中国社会科学院考古研究所蒙古族源研究中心学术秘书王珏女士翻译,美国华盛顿大学王海城副教授审定,特此致谢!总之,在编写该书过程中,支持帮助过我们的人还有很多,难免挂一漏万,要讲的话也一时言不尽意,在此,我们一并表达崇高的敬意和由衷的谢忱!

历史的机缘、共同的学术志趣使我们成为合作者。值得欣慰的是,在收获学术果实的同时,我们也收获了友情、亲情。这一过程中的耳闻目睹、酸甜苦辣丰富了我们的人生阅历和感受,团结融洽、勇于担当、相互砥砺、理解包容成为我们共同的精神财富。

《中国古代北方民族史》编写组

2021 年 6 月